BIBLIOTHÈQUE
DE
L'ORIENT CHRÉTIEN

Collection dirigée

par

Françoise Briquel Chatonnet

et

Muriel Debié

DEUX FRÈRES CAUCASIENS DE PROMÉTHÉE

AMIRAN ET ABRSK'IL

DANS LA MÊME COLLECTION

Saints fondateurs du christianisme éthiopien.
Frumentius, Garimā, Takla-Hāymānot et Ēwosṭātēwos
Introduction, traduction et notes de Gérard Colin
avec la collaboration pour l'Introduction
de Christian Julien Robin et Marie-Laure Derat

Dialogue de Timothée et Aquila.
Dispute entre un juif et un chrétien
Édition, introduction, traduction et notes de Sébastien Morlet

BIBLIOTHÈQUE DE L'ORIENT CHRÉTIEN

DEUX FRÈRES CAUCASIENS DE PROMÉTHÉE

AMIRAN ET ABRSK'IL

Textes traduits
par
ZAZA ALEKSIDZE et JEAN-PIERRE MAHÉ

introduits et commentés
par
JEAN-PIERRE MAHÉ

PARIS
LES BELLES LETTRES
2017

www.lesbelleslettres.com
Retrouvez Les Belles Lettres sur Facebook et Twitter.

95, boulevard Raspail 75006 Paris

ISBN : 978-2-251-44631-8

Avant-propos

Le but du présent ouvrage est essentiellement pratique : il vise à offrir, en traduction française, le texte suivi de deux épopées caucasiennes, celle d'Amiran, transmise en géorgien, et celle d'Abrsk'il, transmise en abkhaze. Pour Amiran, nous nous sommes fondés sur la rédaction synthétique parue à Tbilissi en 1975, à l'initiative du peintre et illustrateur Vaxtang Oniani, avec une préface de Šota Dzidziguri. Pour Abrsk'il, nous avons retenu l'édition, devenue classique, de Bagrat' Šinkuba.

Ayant effectué en 2003 une première traduction des deux textes, je l'ai entièrement revue durant l'été 2013, avec l'aide amicale et attentive de Zaza Aleksidze. On jugera, par les notes et par les commentaires, de ce que cette révision doit à son esprit pénétrant et à sa profonde connaissance de la langue et de l'épopée géorgiennes.

Quant à l'épopée abkhaze, je m'étais d'abord appuyé sur la version géorgienne, qui accompagne l'édition de l'original. Néanmoins, après examen de cette première étape, Zaza Aleksidze m'a mis en rapport avec Teimuraz Gvanceladze, directeur de l'Institut de langue et de civilisation abkhazes à l'Université d'État de Soukhoumi, repliée à Tbilisi. Je lui dois maintes rectifications, ainsi que de précieuses informations lexicologiques, toponymiques et culturelles.

Ces deux traductions n'ont d'autre sens que d'ouvrir à une compréhension plus profonde du mythe caucasien du titan captif. Sur ce point, je renvoie en premier lieu à l'étude fondamentale de Georges Charachidzé, *Prométhée ou le Caucase* (Paris, 1986), aux autres travaux de ce savant caucasologue, et à ses sources géorgiennes, notamment Mixeil Čikovani. J'ai aussi porté une attention particulière à deux légendes arméniennes, Artawazd, enchaîné sur l'Ararat, et Mher, reclus dans la Roche du corbeau.

D'autres personnes nous ont aidés dans cette entreprise, Monsieur Badri Goguia, qui m'a procuré le texte géorgien, ainsi que les travaux de Mixeil Čikovani. Madame Théo Guitsba m'a fait parvenir l'édition d'*Abrsk'il.* J'exprime enfin ma vive gratitude à Madame Maka Girod-Kasradzé qui, par sa connaissance parfaite du géorgien et du français, a aidé Zaza Aleksidze et moi-même à trancher quelques points d'interprétation particulièrement difficile.

Jean-Pierre Mahé

LA LÉGENDE CAUCASIENNE
DU TITAN CAPTIF

Chapitre 1

La découverte du Caucase : langues, écrit et oralité

Vaste pays montagneux, à la fois chaîne et massif, s'étendant entre la mer Noire et la mer Caspienne, sur 1 100 km de long et 60 à 170 km de large, dominant au sud la dépression sub-caucasienne – dont la superficie atteint près de 400 000 km^2 – le Caucase a longtemps été inaccessible à la curiosité des Grecs. Barrière abrupte sur son versant méridional, la chaîne était plus facilement franchissable en venant du nord. Trois cols principaux débouchaient au sud sur la plaine de Sub-Caucasie : celui de Derbent, le long de la mer Caspienne, à hauteur de l'actuelle Bakou, le Darial, « Porte des Alains », au-dessus de l'Ibérie, et enfin la Kleïsoura, le long de la mer Noire à 5 km au sud de Dioscurias, l'actuelle Soukhoumi.

La géographie du Caucase, du mythe à la réalité

Il faut situer au XIe siècle av. J.-C. la légende des Argonautes franchissant les Détroits et commençant à explorer le littoral de la mer Noire[1]. Quand Jason et ses

1. La prise d'Ilion (stratigraphie Troie VIIa), qui eut lieu à la fin du XIIIe siècle av. J.-C. (alors que les chronographes grecs allèguent la date de 1190-1185 av. J.-C.), est postérieure de plus d'un siècle aux premières explorations du Pont-Euxin ; cf. Diakonoff 1984, p. 159, n. 87.

compagnons atteignent les rivages de Colchide, où se trouve la Toison d'or, ils aperçoivent à l'horizon les pentes escarpées du Caucase. Au crépuscule, ils croisent l'aigle de Prométhée, qui s'en va arracher le foie du titan. Ils entendent au loin les cris déchirants de la victime[2]. Les montagnes qu'ils viennent de découvrir leur apparaissent comme le sommet et la fin du monde. Ce qui s'étend au-delà – si tant est qu'il y ait quoi que ce soit – n'appartient plus vraiment à notre terre. Ainsi, dans les temps homériques, au IXe siècle av. J.-C., la Crimée, pays des Cimmériens, est le séjour des morts[3].

À partir du VIIIe siècle, l'usage régulier de la pentécontore – le navire à cinquante rames, résistant à la force des courants – supprime le terrible péril des Symplégades, ces récifs qui semblaient se resserrer l'un sur l'autre pour broyer les marins audacieux qui tentaient de pénétrer dans le Pont-Euxin[4]. Alors que les échanges se multiplient, les marchands de Milet fondent, au VIe siècle, le comptoir de Dioscurias. Les Grecs s'installent aussi à Bathys, Phasis et Pityis, aujourd'hui Batoumi, Poti et Bitchvinta. Bien que la géographie des *Argonautiques* d'Apollonius de Rhodes[5], réécriture alexandrine des légendes anciennes, diffère beaucoup de celle des époques archaïques, la description pittoresque des escales pontiques exprime bien l'anxiété des premiers navigateurs découvrant un univers étrange, à mi-chemin entre cauchemar et réalité.

2. Apollonius de Rhodes, *Argonautiques* II, 1246-1259.

3. Homère, *Odyssée* X, 14-37.

4. L'étymologie apparente du nom « mer hospitalière » résulte d'un contresens sur un nom iranien plus ancien, *aksein*, qui signifie en réalité « bleu sombre ». Comprenant ἄξεινος « inhospitalier », les Grecs ont voulu conjurer ce présage défavorable.

5. Vers 300-235 ou 265-190 av. J.-C. ?

Arrivé au milieu du Pont, en longeant la côte nord de l'Asie Mineure, on atteint le pays des Chalybes, ce peuple de sidérurgistes, qui vivent continuellement dans la fumée des forges, sans jamais percevoir la lumière du soleil[6]. Puis on passe chez les Tibarènes, à l'ouest de Trébizonde : dans ce pays, ce sont les maris qui s'alitent lorsque leurs femmes accouchent[7]. Plus à l'est, vivent les Mossynèques, qui habitent des huttes en forme de montagnes, les Mossynes, d'où vient leur nom. Chez eux, les lois de la décence sont complètement inversées : ils font publiquement tout ce qui se cache, et secrètement tout ce qu'on peut exposer sans blâme. Ils ont un roi qui rend la justice ; mais s'il se trompe, ils le privent de déjeuner[8]. De là enfin, on parvient en Colchide, le pays de la Toison d'or, irrigué par les eaux du Phase, l'actuel Rioni. À l'intérieur des terres, en remontant le fleuve, on rencontre Aïa Cytaea – aujourd'hui Koutaissi, la « Cité des pierres »[9] –, où Jason fut reçu par le roi Aïétès, de force titanesque et à voix de tonnerre. L'acropole est ornée d'un palais magnifique, dont la cour, entourée de murailles tapissées de vignes, s'ouvre sur un portique monumental. À l'intérieur coulent quatre sources intarissables, l'une de lait, l'autre de vin, l'autre d'essence de rose, et la dernière d'une eau miraculeuse, climatisée selon les saisons.

Les récits des navigateurs furent bientôt exploités par les géographes, notamment Hécatée de Milet[10], auteur d'un *Voyage autour du monde*, une des sources d'Hérodote[11]. Dans les représentations de l'époque, le monde habité était un vaste continent, cerné par l'Océan et pénétré de mers

6. *Argonautiques* II, 1003-1008.
7. *Ibidem*, 1009-1014.
8. *Ibidem*, 1015-1029.
9. En géorgien, *kvata* est le génitif pluriel de *kva* « pierre ».
10. Vers 545-480 av. J.-C.
11. 484-425 av. J.-C.

intérieures. Le Caucase se situait à l'extrémité nord-est des terres, entre l'Océan et le Pont-Euxin[12]. Cette cosmologie aurait dû s'effondrer quand Alexandre franchit l'Indus en 326 et apprit l'existence de l'Himalaya. On pouvait en déduire que le monde s'étendait à l'est bien au-delà du Caucase et qu'il existait des montagnes encore plus élevées. Mais on préféra sauver la théorie plutôt que d'intégrer les observations les plus simples. Partant du double postulat qu'Alexandre avait atteint les extrémités de la terre et que le Caucase était à la fois le point le plus haut et le plus éloigné, on s'ingénia à démontrer que les Indes se trouvaient aussi dans le Caucase, juste un peu au-delà du pays des Amazones, ces martiales cavalières qui habitent sur le versant nord des monts Cérauniens[13], aux confins de la Tchétchénie et du Daghestan.

Accomplissant elles-mêmes toutes les tâches masculines – labours, plantations, élevage des troupeaux, et notamment des bandes de chevaux –, elles s'entraînent à la chasse et à la guerre, se brûlant le sein droit dès l'adolescence, pour manier plus librement l'arc et le javelot. Deux mois par an, elles rencontrent les hommes de la tribu des Gargaréens, sur la montagne voisine. Gardant les filles qui naissent de cette union, elles renvoient les garçons à leurs pères[14]. Dans le *Roman d'Alexandre* du Pseudo-Callisthène, dont on possède une ancienne version arménienne, le Macédonien rencontre les Amazones en sortant de chez les Indiens gymnosophistes. Elles dépassent les autres femmes par la taille et par la beauté.

12. Cette théorie géographique permettait d'expliquer pourquoi les Ibères d'Espagne avaient le même nom que les Ibères de Géorgie. Partant de Gibraltar, ils seraient arrivés dans le Caucase directement par l'océan ; Braund 1994, p. 20 ; cf. Mahé 2009, p. 181.

13. Strabon XI, 5, 1.

14. *Ibidem*, 5, 2.

Elles portent des vêtements fleuris et brandissent des haches d'argent. Retranchées dans une île du fleuve Thermodon, elles entretiennent une troupe de deux cent mille cavalières, qui acceptent de parlementer avec le conquérant, de lui payer tribut et de lui assurer, pour un an, le service d'une centaine d'entre elles[15].

Cette géographie fabuleuse fut réfutée par les campagnes de Pompée, qui reçut en 66 av. J.-C., la reddition de Tigrane II le Grand, roi d'Arménie, affaibli par la déroute de son allié Mithridate, les victoires de Lucullus et la trahison de son fils Tigrane le Jeune[16]. Puis Pompée franchit la Koura et traversa l'Albanétie[17] pour aller combattre les Ibères. Après avoir soumis leur roi Artag, en 65, il poursuivit sa marche jusqu'à la Colchide, où il rencontra, à l'embouchure du Phase, Servilius, qui commandait la flotte du Pont-Euxin. Rassuré sur la situation militaire, il regagna l'Albanétie, dont il affronta les troupes près du fleuve Alazoni : soixante mille fantassins et douze mille cavaliers commandés par Cosis, frère du roi Oroisès[18]. Au cours du combat, les soldats romains crurent apercevoir des Amazones, descendues de leurs montagnes pour prêter renfort à leurs compagnons, les Gargaréens d'Albanétie. Pompée voulut en avoir le cœur net : il fit inspecter le champ de bataille, où l'on trouva des boucliers ronds et des brodequins d'Amazones, mais aucun corps de femme[19]. Tout au long de cette campagne, l'*imperator* était accompagné d'un historio-

15. *Roman d'Alexandre*, traduction Wolohojian 1969, p. 141-145.

16. Plutarque, *Pompée*, 34, 1 - 35, 5.

17. Nous proposons ce néologisme, d'après d'autres toponymes caucasiens, par exemple l'Ossétie, pour distinguer l'Albanie caucasienne, pays de langue caucasique, de l'Albanie des Balkans, de langue indo-européenne. Naturellement, les Anciens croyaient qu'une partie des Albanais des Balkans, émigrés vers le Caucase, étaient à l'origine des Albaniens, habitants de l'Albanétie.

18. Dion Cassius 37, 4, 1-2.

19. Chaumont 1984.

graphe, Théophane de Mytilène, qui publia dès 62 le récit des opérations de 66 à 63. D'autre part, à l'aller comme au retour de son expédition caucasienne, Pompée rencontra à Rhodes le plus grand savant de l'époque, le stoïcien Posidonius, dont Cicéron avait jadis suivi les cours, lors de son voyage d'étude en Asie en 77. Le philosophe publia plus tard le récit de leurs entretiens.

Telles sont donc les deux sources principales dont Strabon devait s'inspirer, pour donner, au début de l'ère chrétienne, la première description détaillée du Caucase. Du Pont-Euxin à la Caspienne, le géographe distingue quatre grandes unités territoriales : la Colchide, surtout littorale, qui s'étire le long de la côte depuis Pityis jusqu'à Trébizonde[20], avec la vallée du Phase au centre de l'arrière-pays[21] ; l'Ibérie et l'Albanétie, « qui remplissent presque entièrement l'isthme »[22] transcaucasien ; et enfin l'Arménie s'étend plus au sud, jusqu'à la chaîne du Taurus[23].

Strabon nous renseigne sur la situation politique de ces États, avant et après les campagnes de Pompée. Jadis prospère à l'époque de Jason, le royaume de Colchide a été divisé en petites principautés, puis annexé par Mithridate[24]. Après sa victoire, Pompée en confia le gouvernement à Aristarque et à ses successeurs. Polémon, puis sa veuve Pythodoris, furent les derniers à régner sur une Colchide unifiée. En 23, le pays fut de nouveau morcelé en quatre principautés. Quant à l'Ibérie, elle forme un royaume, dont Strabon décrit la hiérarchie sociale en quatre classes,

20. Strabon XI, 2, 14.
21. *Ibidem*, 2, 17.
22. *Ibidem*, 2, 19.
23. *Ibidem*, 14, 1.
24. *Ibidem*, 2, 18.

mais sans nommer le souverain et sans retracer l'histoire de sa dynastie[25]. Nous savons en fait que le roi Artag[26], qui combattit contre Pompée, était fils d'Artaxias, un prince, marié à une lointaine descendante de Pharnabaze[27], fondateur du royaume à l'âge hellénistique. La même lignée régna sous la protection de Rome jusqu'en 189. L'unité politique de l'Albanétie est beaucoup plus récente : « Aujourd'hui, écrit Strabon, un seul roi règne sur tous les Albaniens, mais auparavant, chaque groupe parlant une langue distincte avait son roi. On compte chez eux vingt-six langues, du fait qu'ils n'aiment pas à se mêler les uns aux autres. »[28]

Cependant, des quatre États caucasiens, l'Arménie est le plus vaste et le plus riche aux yeux de Strabon. Mais cette grandeur n'a été atteinte que graduellement. Petit, à l'origine[29], le pays a d'abord été tributaire des Perses, des Macédoniens, puis des monarques séleucides régnant sur la Syrie et la Médie, qui avaient délégué leurs pouvoirs aux satrapes orontides, jadis institués par les Perses. Paradoxalement, selon le géographe grec, c'est Rome qui est à l'origine de l'émancipation et de l'agrandissement du royaume[30]. En effet, après la deuxième guerre punique, la victoire de Scipion sur Antiochos III, à Magnésie en 189, permit aux Arméniens Artaxias et Zariadris de se proclamer rois, « l'un de la Sophène, de l'Amphissène et de quelques autres territoires, l'autre, de la région d'Artaxata »[31]. Ils élargirent bientôt leurs possessions aux dépens de leurs voisins – Mèdes, Ibères, Chalybes, Mossynèques, Syriens

25. *Ibidem*, 3, 6.
26. 78-63 av. J.-C.
27. 326-234 av. J.-C.
28. Strabon XI, 4, 6.
29. *Ibidem*, 14, 5.
30. *Ibidem*, 14, 15.
31. *Ibidem*, 14, 5.

et Cataoniens – et imposèrent en tous lieux la langue arménienne.

La diversité linguistique : langues caucasiennes et caucasiques

Indépendamment de ces regroupements politiques, le Caucase a toujours étonné ses visiteurs, depuis l'Antiquité jusqu'à nos jours, par la variété déconcertante des peuples qui l'habitent. « La ville de Dioscurias, remarquait Strabon, est le port de commerce où affluent, de l'arrière-pays, toutes les peuplades des alentours. Soixante-dix d'entre elles s'y côtoient, ou même trois cents, selon certains auteurs pour qui la vérité n'a aucune importance. Elles parlent toutes des langues différentes, en raison de leurs habitats dispersés, ainsi que de leur arrogance et de leur férocité, qui excluent toutes relations entre elles. »[32]

Contrairement à ce que croit le géographe, le chiffre de trois cents n'a rien d'invraisemblable à l'échelle du monde caucasien dans son ensemble. Les linguistes contemporains distinguent au moins trente-six familles principales, et l'on peut aisément décupler ce nombre si l'on compte séparément les langues et les dialectes inclus dans chacune d'entre elles. Ainsi, l'ethnie tchétchène se divise en Tchétchènes proprement dits, Tchétchènes montagnards, Itchkériens, Avoukhs, Ingouches, Lamours, Galgaïs, Chalkhas et Kists. De la même façon, les Kouris du Daghestan regroupent dix tribus[33]. On parvient ainsi à comptabiliser trois cents peuplades, chiffre que Strabon jugeait invraisemblable. S'il l'était sans doute

---

32. *Ibidem*, 2, 16.

33. Bien que vieilli, l'inventaire dressé par Byhan 1936, p. 19-31, offre une vue d'ensemble assez pratique ; voir aussi Klimov 1969.

pour les seuls environs de Soukhoumi, il n'apparaît nullement excessif si l'on prend en compte l'ensemble des parlers du Caucase.

Mais au-delà de la perception empirique de ce foisonnement, l'inventaire et la classification raisonnée des langues du Caucase exigeaient des conditions politiques et intellectuelles qui ne furent guère réunies avant la fin du XIXe ou le début du XXe siècle, avec la conquête russe (1801-1867) et la découverte de la grammaire comparée. Aujourd'hui, on distingue entre « caucasien » et « caucasique ». Le premier terme désigne toutes les langues qui, autochtones ou adventices, se rencontrent dans le Caucase. Le second, uniquement ce qui est autochtone. Par conséquent les langues caucasiennes incluent les langues caucasiques et d'autres langues. Celles-ci peuvent être indo-européennes – comme l'arménien, qui appartient au groupe balkanique[34], l'ossète et le kurde, l'un et l'autre iraniens –, sémitiques, comme divers parlers araméens, ou turciques comme l'azéri.

Les langues caucasiques se répartissent entre trois familles différentes[35]. Au sud, les langues kartvèles (*kartveluri*), avec le svane, le mingrèle, le laze, le géorgien (*kartuli*), ainsi que ses dialectes montagnards. À l'ouest de l'Ossétie, les langues caucasiques du Nord-Ouest incluent notamment l'abkhaze, l'oubykh et le tcherkesse. À l'est de l'Ossétie, les langues caucasiques du Nord-Est sont principalement le tchétchène, l'avar, les dialectes lezghiens et les parlers du Daghestan. Déjà considérable entre le groupe nord-est et le groupe nord-ouest, l'écart entre le Nord et le Sud est encore plus important. Il est difficile d'imaginer

34. Avec le grec et l'albanais ; cf. Holst 2009 ; Lamberterie 2013.
35. Quatre, selon Creissels 1977, p. 16, qui scinde la famille du Nord-Est entre Centre-Nord (Tchétchénie) et Nord-Est (Daghestan).

une époque reculée où une telle diversité aurait émergé d'une langue mère.

Officiellement christianisés au IVe siècle[36], les trois États sub-caucasiens – Arménie, Albanétie et Géorgie – se sont séparément dotés d'alphabets spécifiques destinés en premier lieu à produire des traductions écrites de la Bible. La seule source qui propose une explication historique de ce phénomène est la *Vie de Maštocʿ* composée par l'Arménien Koriwn, sans doute trois ou quatre ans après la mort du saint (439), et très certainement avant 451. Selon cet auteur, les trois alphabets ont été inventés par Maštocʿ[37].

En 1976, la découverte de palimpsestes albaniens au monastère Sainte-Catherine du Sinaï a permis de confirmer d'indéniables affinités entre les écritures albanienne et arménienne[38]. En revanche, quoique la forme externe des lettres présente certaines ressemblances, la structure interne de l'alphabet géorgien diffère de celle des deux autres. C'est pourquoi les savants géorgiens récusent le témoignage de Koriwn. En se fondant sur une chronique de date incertaine (VIIIe ou XIe s.), certains font remonter l'origine de leur écriture au roi Pharnabaze, du IIIe siècle avant notre ère. D'autres la situent sept cents ans plus tard, au IVe siècle[39]. En pratique, il n'existe pas d'indices matériels qui réfutent les indications de Koriwn. En effet, aucune inscription géorgienne connue, même en Palestine, n'est datable avec certitude avant 420-430.

---

36. Vers 314 pour l'Arménie, 335 pour la Géorgie et après 370 pour l'Albanie caucasienne (Albanétie).

37. Vers 405 pour l'arménien, 416 pour le géorgien, 422 pour l'albanien ; cf. Mahé 2005-2007.

38. Gippert 2011.

39. Gamkrelidze 1989.

Quoi qu'il en soit de cet épineux débat chronologique, l'invention des trois alphabets caucasiens n'a nullement supplanté l'oralité primitive. Dans la seconde moitié du ve siècle, l'Albanétie est dominée par une aristocratie arménophone, qui impose la liturgie arménienne dans les églises, et crée une historiographie locale en langue arménienne[40]. Rapidement marginalisées, l'écriture et la langue albaniennes ne semblent guère avoir eu le temps de produire autre chose que des recueils scripturaires du genre de ceux qu'on a retrouvés au Sinaï[41].

Dès le ve siècle, l'Arménie[42], puis la Géorgie[43], se sont dotées d'une abondante littérature ecclésiastique : liturgique, exégétique, homilétique, hagiographique et historique. Jusqu'au XIXe siècle, l'Arménie, à de rares exceptions près, est restée confinée dans cette spécialisation religieuse. Cependant, aux XIIe-XIIIe siècles, les Géorgiens créent une littérature profane, d'ailleurs vigoureusement combattue par les autorités ecclésiastiques[44]. Loin de supprimer l'oralité, cette ouverture la prolonge et la diversifie : en effet, les auteurs contaminent la littérature ecclésiastique officielle, la poésie persane et les traditions orales autochtones ou empruntées à l'Iran.

C'est pourquoi les ethnologues des XIXe et XXe siècles ont trouvé devant eux, en Sub-Caucasie, un foisonnement de proverbes, d'énigmes, de chants, de contes et de légendes, largement aussi luxuriant que dans le Nord-Caucase. Dans

40. Aleksidze, Mahé 2008, vol. 1, p. XVIII-XIX.
41. Fragments d'un Lectionnaire et d'un Évangile de Jean ; cf. Renoux 2012.
42. Thomson 1995.
43. Tarchnišvili 1955.
44. Lang 1966, p. 168-178.

le domaine arménien, la source a été tarie par le génocide de 1915. Du côté géorgien, la collecte a été fructueuse jusqu'au lendemain de la Seconde Guerre mondiale.

Dans la masse des documents recueillis, on constate que la légende prométhéenne du titan mis aux chaînes[45] par Zeus, que les Grecs avaient rencontrée dès leurs premiers contacts avec le Caucase, est connue de toutes les ethnies, autochtones ou allogènes, à l'exception du groupe caucasique du Nord-Est[46]. Cette absence n'est probablement pas très ancienne. En effet, le nord-est du Caucase, fortement islamisé aux XIXe-XXe siècles[47], a conservé en général moins de mythologie locale que les autres régions. Il est donc vraisemblable que, dans l'Antiquité, le héros était largement connu d'un bout à l'autre du massif montagneux et de son piémont méridional.

C'est en quelque sorte ce que reflète le titre du récit de Lucien de Samosate, *Prométhée ou le Caucase*. Reprenant ce titre à son compte, Georges Charachidzé a replacé l'épopée géorgienne d'*Amiran*, recueillie par tradition orale entre 1810 et 1945, dans le contexte caucasien en général. Il a discuté pas à pas les différentes variantes de cette légende et leurs harmoniques dans l'oralité svane et géorgienne, mais il n'a pas donné de traduction suivie des textes. Il a enfin minutieusement confronté toutes ces données au mythe grec de

---

45. Olrik 1922.

46. Charachidzé 1986, p. 15-16 et 76-103.

47. De 1829 à 1864, les trois imams de la secte des Mourides, Qazi Mullah (1829-1832), Hamzat (1832-1834) et Chamil (1834-1865), luttant contre la conquête russe, imposent par la terreur une forme d'islam particulièrement radical ; Mahé 2012, p. 428-429.

Prométhée. Toutefois, le lecteur peut difficilement se contenter d'une étude contrastive, séquence par séquence, des différents épisodes de l'épopée. Il éprouve le besoin de suivre, d'un bout à l'autre, un fil conducteur, quitte à lire dans les notes les principales variantes et à en découvrir, dans une analyse d'ensemble, la pertinence narratologique.

Le texte que nous avons pris pour base ne coïncide entièrement avec aucune des quelque cent variantes connues, mais emprunte à maintes d'entre elles, de façon à composer un récit aussi complet que possible. Le rédacteur n'a pas cherché à pallier l'hétérogénéité des matériaux ; par exemple, le père d'Amiran est nommé Darlaǯan au début, puis Dareǯan par la suite. Inévitablement, beaucoup de variantes remarquables ont été tacitement exclues de la narration.

Quant à l'épopée abkhaze d'*Abrsk'il*, le choix du texte de base est plus facile. En effet, la version de Bagrat' Šinkuba est aujourd'hui reconnue comme la plus sûre et la plus complète[48].

Enfin, il nous a semblé indispensable de confronter les traditions géorgienne et abkhaze aux données arméniennes sur le mythe du héros captif[49], dont la traduction française a été excellemment publiée[50].

48. Nous avons utilisé la réédition effectuée en 2001 à l'initiative de Zurab Šengelia, directeur de l'Institut des relations abkhazo-géorgiennes.

49. Mahé 1982.

50. Feydit 1964.

Chapitre 2

L'épopée géorgienne d'*Amiran* entre paganisme et christianisme

« Dieu » (*Ğmerti*), le « curé » (*xucesi*) et le « vin » (*ğvino*) sont les trois seuls noms irréguliers qui s'écartent de l'unique modèle de déclinaison en géorgien ancien[1]. Les débutants qui découvrent cette curieuse jonction morpho-sémantique pourraient croire qu'elle reflète la place centrale que le christianisme occupe, dans la société géorgienne, du IVe siècle à nos jours. Ce serait une double illusion, géographique et culturelle.

En effet, le relief est si tourmenté que ce qui est vrai des plaines et des vallées ne l'est pas nécessairement des cantons montagnards. Les ethnologues ont depuis longtemps observé que le christianisme, le vin et les noix pilées, en faveur dans les régions basses, cèdent en altitude à des valeurs inverses : le paganisme, la bière et le beurre[2].

On pourrait y ajouter un écart culturel encore plus profond entre l'écriture et l'oralité. L'origine de l'alphabet géorgien et la date de sa création restent une question disputée, mais son lien étroit avec la pratique du culte chrétien n'est pas contestable. L'une de ses premières applications fut sûrement la traduction géorgienne de la Bible, au Ve siècle[3] ou peut-être

1. Marr, Brière 1931, p. 75, § 90.
2. Charachidzé 1968, p. 7-10.
3. Beaucoup de spécialistes admettent que les premières traductions bibliques géorgiennes se firent non pas d'après le grec, mais d'après l'arménien, qui date de 405.

encore plus tôt[4]. Il s'y ajouta bientôt, avec les principaux recueils liturgiques[5], une abondante littérature patristique et hagiographique[6]. Apparaissent aussi des œuvres originales, toutes empreintes du même esprit religieux[7].

INTRODUCTION AU PAGANISME GÉORGIEN

Pendant ce temps, les cinq tribus montagnardes de Géorgie – Xevsur, Pšav, Moxev, Mtiul et Tuš –, que les plus anciens chroniqueurs nomment globalement les Pxoelni[8], rebelles à toute tentative de christianisation, restent farouchement attachées à leur oralité païenne.

Pourtant, quelle que fût la profondeur du fossé culturel opposant le royaume chrétien de la plaine aux alpages et aux forêts réfractaires à l'Évangile, les contacts et les influences réciproques étaient inévitables, d'autant plus qu'avant le baptême du roi Mirian, vers 335, tout le monde était païen. Le premier récit historique de la christianisation du pays, conservé dans l'*Histoire ecclésiastique* de Rufin[9], ainsi que ses dérivés plus tardifs[10]

4. Sophio Sarjveladze (dans Amphoux, Keith Elliott, Outtier 2012) explique les affinités du géorgien avec l'arménien, non comme un substrat, mais comme le remaniement d'une première traduction géorgienne d'après le grec, qui daterait du IVe siècle : c'est une hypothèse hardie.

5. Selon Tarchnišvili 1955, p. 439, les traductions géorgiennes liturgiques commencent par l'Anaphore eucharistique et le Lectionnaire vers le milieu du Ve siècle. Cette hypothèse est confirmée par Renoux 2012, p. 707-711, qui tire les conclusions de tous ses travaux antérieurs sur les versions caucasiennes du Lectionnaire de Jérusalem.

6. Outtier 1993, p. 282-285.

7. Lang 1956.

8. Charachidzé 1968, p. 8.

9. Édition et traduction du passage d'Eusèbe (*Histoire ecclésiastique* I, 11) sur la conversion des Ibères dans Thelamon 1981, p. 87-90.

10. La chronique géorgienne (VIe-IXe s.) de la *Conversion du Kartli* (cf. Pätsch 1975), la postérité byzantine d'Eusèbe de Césarée (Socrate, Sozomène, Théodoret) et l'Arménien Movsēs Xorenacʿi II, 89.

laissent transparaître une trame fabuleuse reposant sur un substrat mythologique.

Ainsi, la « femme-apôtre », anonyme chez Rufin et nommée Nino ou Nunē dans les sources ultérieures, qui convertit le roi, est d'abord apparue aux Géorgiens comme une sorte de chamane[11], parlant et agissant au nom d'une divinité particulière comparable aux nombreuses idoles (*xat'i*) de la région. D'autre part, le miracle de la « Colonne vivante » (*Svet'i cxoveli*), qui autorise la construction de la première église dans le parc du palais royal, est en réalité la transposition du rituel païen de fondation des sanctuaires[12]. Il est donc clair que le narrateur chrétien module son récit selon un schéma inspiré de l'oralité païenne.

Dieux païens travestis sous des noms chrétiens

En sens inverse, les populations montagnardes, soumises de gré ou de force à la prédication chrétienne, ont fini par affubler de noms bibliques leurs divinités autochtones. Un conte populaire illustre ce détournement[13] :

Une fois, Jésus-Christ, le prophète Élie et saint Georges cheminaient ensemble. Quand ils eurent beaucoup marché, ils se sentirent fatigués et s'assirent en quelque lieu pour dîner et se reposer. Là même, non loin des voyageurs, un berger faisait paître un troupeau de moutons. Ils envoyèrent Élie près du berger

---

11. *Kadagi* en géorgien moderne, *kandara*, en géorgien ancien, c'est-à-dire « perchoir » de la divinité ; Charachidzé 1968, p. 113-117.
12. Thelamon 2014 ; cf. Eadem 1981, p. 107-122.
13. J̌avaxišvili 1979, t. 1, p. 81-83, d'après un texte transcrit en russe par S. Baraleti en 1894.

pour lui dire : « Donne-nous un agneau pour le dîner. » Élie s'approcha du berger et lui dit : « Berger, toi qui as bon cœur, offre-nous un agneau ! – Prends même la moitié du troupeau, mais dis-moi seulement qui tu es, lui répondit le berger. – Je suis le prophète Élie ! C'est moi qui vous donne la moisson de froment, j'envoie la pluie à votre champ et j'étends ma protection sur la récolte du paysan, lui dit Élie. – Malheur à moi ! Si je n'avais la crainte de mon Dieu, je te fracasserais la tête avec ce bâton, lui répondit le berger. – Pourquoi et de quoi es-tu courroucé contre moi ? lui demanda Élie. – De quoi ? Eh bien, voici : chaque fois qu'une misérable veuve ou un pauvre bougre sème du froment sur un lopin de terre, tu leur tombes dessus et, sans que cela te fasse ni chaud ni froid, tu dévastes tout le champ avec ta grêle ! »

Le prophète Élie s'en retourna les mains vides près de ses compagnons et leur rapporta tout ce que le berger lui avait dit. Alors Jésus-Christ en personne se rendit près du berger et lui demanda un agneau. « Prends, s'il te plaît, même la moitié du troupeau, mais dis-moi seulement qui tu es, lui répliqua le berger. – Je suis ton Seigneur, le créateur du monde ! – Malheur à moi ! répondit le berger, si je n'avais la crainte de mon Dieu, je te fracasserais la tête avec ce bâton. – Mais enfin, en quoi t'ai-je autant offensé ? demanda Jésus-Christ au berger. – Voici en quoi : combien de fois forces-tu un jeune gars à dire adieu à cet ici-bas d'un instant, alors que tu laisses traîner encore vif, sur le dos de la Terre-mère, un vieux si décati que l'existence n'est pour lui qu'un ennui », rétorqua le berger.

Ainsi Jésus-Christ s'en retourna bredouille. Alors, saint Georges à son tour se leva et partit rejoindre le berger. Quand ce dernier demanda : « Qui es-tu ? », il lui répondit : « Je suis saint Georges, et c'est moi que vous implorez chaque fois que vous êtes dans la gêne. C'est moi qui vous protège des mauvais esprits et des diables, et, à chaque fois, je vous arrache aux mains de celui qui vous tourmente. » Quand le berger entendit les paroles de saint Georges, il s'écria : « Sers-toi, prends tout mon troupeau ! » Et il plia le genou devant lui.

Lorsqu'ils eurent fini de dîner, Jésus-Christ, comblé, s'exclama : « Qu'en ce champ la moisson prospère pour toujours ! Que chaque gerbe rende cent setiers[14] *de récolte ! » Saint Georges rapporta au berger les propos de Jésus-Christ et lui donna ce conseil : « Achète donc le champ ! » Le berger agit ainsi.*

Le temps s'écoula et, par hasard, ces prodigieux voyageurs vinrent à repasser sur le lieu où ils avaient naguère dîné. Désormais s'étendait là un dense champ de blé. Quand saint Georges informa Jésus-Christ que ce champ appartenait justement au berger qui leur avait refusé un agneau, Jésus-Christ ordonna au prophète Élie : « Appelle la grêle sur le champ de blé de ce berger et dévaste-le ! » À l'instant même saint Georges prévint le berger et le mit en garde : « Un péril menace ton champ. » En hâte le berger vendit son champ à une veuve contre deux bœufs. La grêle survint et brisa si bien en tous sens le champ de cette femme qu'on n'y voyait plus trace de labours ni de semailles.

Mais dès que Jésus-Christ apprit l'astuce du berger, il commanda au prophète Élie : « Restaure le champ de la veuve dans son état ancien ! » Le prophète Élie n'avait pas encore exécuté l'ordre de Jésus-Christ que le berger, à l'instigation de saint Georges, racheta le champ à la veuve. Et quand Élie rétablit la récolte dans son état ancien, le berger se mit à la moisson et, de chaque gerbe, il obtint cent setiers de froment.

14. En géorgien : cent *k'odi*, soit enviton 4 800 kg.

Le plus surprenant dans ce conte est le bouleversement de la hiérarchie légitime des trois protagonistes. On attendrait que Jésus-Christ, qui se présente au berger comme le créateur du monde, apparût comme le Dieu tout-puissant, supérieur à ses deux compagnons et respecté par tous les humains de la terre. La réalité semble assez différente. Certes, il a le pouvoir de commander qu'une jachère servant de pâturage devienne un champ de blé florissant, et que le blé qui vient d'être dévasté par la grêle repousse miraculeusement. Ses deux compagnons le reconnaissent pour chef, mais les égards qu'ils lui prodiguent cachent des comportements opposés. Élie obéit aveuglément ; saint Georges, au contraire, n'en fait qu'à sa tête et s'oppose secrètement à ses ordres et à ses desseins.

Quant au berger, l'interlocuteur humain confronté à ce trio immortel, il est clair qu'il ne reconnaît pas comme légitime l'autorité divine revendiquée par Jésus-Christ. Il se rebelle contre elle. Aussitôt après avoir entendu Jésus décliner ses noms et qualités, il s'écrie : « Si je n'avais la crainte de mon Dieu, je te fracasserais la tête avec ce bâton ! » Qui est donc le Dieu du berger ? C'est à l'évidence saint Georges, à qui, en pliant le genou, il offre tout son troupeau.

Le culte qu'il lui voue n'a donc rien de chrétien, puisqu'il s'oppose à Jésus-Christ lui-même, dont il outrage la divinité. C'est un vestige de l'ancien paganisme, qui prévalait depuis des temps immémoriaux parmi les populations montagnardes, avant que le christianisme ne leur fût imposé officiellement. Et encore, cette contrainte ne fut effective que par intermittence. C'est pourquoi la Bible, l'Évangile et la vie des saints n'affleurent qu'à la surface, comme des noms propres qui désignent ce que le peuple appelle des *xat'i*. Ce mot renvoie ordinairement aux saintes icônes, mais les tribus païennes l'appliquent aussi à leurs divinités.

Ainsi, selon le double sens du mot *xat'i*[15], les noms de Jésus-Christ, Élie et saint Georges signifient à la fois des entités chrétiennes et des dieux païens. À son homonyme de l'Évangile, le Jésus-Christ de notre conte emprunte deux traits essentiels. Tout d'abord sa figure humaine et son aptitude à converser avec les mortels[16], ensuite son lien avec une divinité souveraine dont il accomplit la volonté.

Morige, K'wiria et saint Georges

Bien qu'on puisse appeler Dieu (*Ğmerti*) sans autre précision cette divinité, elle n'est ni le Dieu d'Israël ni le Père céleste du Nouveau Testament. Son nom propre est Morige, dérivé de *rigi* « ordre », ce qui fait de Dieu le créateur et surtout l'ordonnateur du monde[17]. Mais l'« ordre » (*rigi*) est indissociable de la « loi » (*c'esi*). Ainsi, selon la tribu géorgienne montagnarde des Xevsur, « Morige donne à l'univers

---

15. Outre le sens ancien d'« apparence extérieure », les deux sens actuels du mot *xat'i* sont clairement distingués dans le *Dictionnaire* 1986, p. 576 : d'une part « représentation picturale de la Sainte Face ou des saints » ; d'autre part « divinité païenne ».

16. Toutefois, dans le paganisme montagnard, l'humanité de Jésus-Christ ne résulte pas de l'Incarnation du Verbe éternel qui entre dans le temps humain, grâce à son « Économie » miséricordieuse. Comme tous les autres *xat'i* du paganisme géorgien, Jésus-Christ est homme à l'origine. Il n'a été divinisé que secondairement ; Charachidzé 1968, p. 279.

17. Comme le montre la variante *me-rig-e*, nom d'agent, avec le morphème parasynthétique *me-...-e* encadrant le mot simple. Autres exemples de la même formation : *me-p'ur-e* (« boulanger, faiseur de pain », *p'uri* « pain »), ou les nombres ordinaux *me-or-e* (« faiseur de 2 », « 2ᵉ »), *me-sam-e* (« 3ᵉ »), etc.

l'ordre et la loi », en sorte que le prêtre, spécialiste de ces deux notions, est dit *mc'ese, mrige*[18].

Voilà pourquoi Morige, qui veille exclusivement à l'ordre et à la loi, n'est pas un Dieu de miséricorde, comme le Créateur biblique. Il n'a aucune compassion pour les hommes pécheurs, et encore moins pour leurs épouses, créées non par lui-même, mais par son indigne sœur, le démon[19]. Ce n'est point par bonté qu'à chaque nouvel an il dispense aux *xat'i* des « orges d'or », c'est-à-dire de belles moissons à répartir entre les humains méritants[20] : ces faveurs sont uniquement incitatives. Elles sont le pendant positif des nombreuses punitions que les *xat'i* infligent à ceux qui se rebellent contre l'ordre cosmique.

Les requêtes adressées à ce gouverneur inflexible n'aboutissent que si elles ne sont pas contraires à ses desseins universels. Plutôt que de le prier directement, on charge quelque *xat'i* de transmettre les demandes que l'on formule[21]. Parmi les entités divines, il semblerait, d'après les textes de « glorification » (*sadidebeltay*), qu'un certain K'wiria (ou K'wira) tienne la première place. Assurément, le nom K'wiria dérive du grec Κύριος « Seigneur », qui désigne, dans la Septante, l'Éternel lui-même, Yahweh-Adonaï, et que le Jésus de l'Évangile revendique comme son titre légitime[22]. Néanmoins, il serait assez risqué d'identifier à K'wiria le Jésus-Christ de notre conte.

En effet, K'wiria est le « portier de Dieu » (*Xtis mek'are*), ou plus exactement « celui qui séjourne à la Porte (*K'ari*) du

18. Charachidzé 1968, p. 278.
19. *Ibidem*, p. 279.
20. *Ibidem*, p. 281.
21. *Ibidem*, p. 282.
22. Jean 13, 13.

Dieu-Roi ». Cette Porte est un lieu céleste où se réunissent les *xat'i*. C'est là que K'wiria a planté sa tente (*k'aravi*). Contrairement aux autres *xat'i* caractérisés par des attributs mobiles (massue, arc, cuirasse, fouet, etc.), K'wiria ne saurait transporter sa tente en dehors de « l'enceinte divine »[23]. Au contraire, le Jésus-Christ de notre conte se promène librement sur terre et converse directement avec les humains, en compagnie de saint Georges et d'Élie.

Il faut donc admettre que ce conte, qui provient peut-être de la plaine, reflète un degré plus avancé de christianisation du mythe païen. Par conséquent, quoique Jésus-Christ ne soit pas identifiable à K'wiria, il lui ressemble sous différents aspects. Tout d'abord, c'est le supérieur hiérarchique de ses compagnons, tout comme K'wiria domine les *xat'i*. De plus, les reproches que lui adresse le berger montrent qu'il est le gardien fidèle des plans de Morige. Pourquoi faut-il que tel garçon meure dans la fleur de sa jeunesse, tandis qu'un vieillard à bout de forces prolonge une vie à quoi il a perdu goût ? C'est une conséquence de l'ordre universel dont Morige est l'auteur et le garant. Si les individus sortaient comme bon leur semble des couloirs du temps et de l'espace qui leur ont été assignés, le monde deviendrait un chaos. Mais Jésus-Christ est chargé d'appliquer à chacun sa mesure, selon la volonté de Dieu.

Gare à ceux qui désobéissent ! Dieu dispose, pour les punir, de toutes sortes de fléaux naturels. Notre conte ne mentionne que la grêle du prophète Élie, qui parcourt le ciel sur son char de feu[24]. Mais il y a en outre « le froid, l'inon-

---

23. Charachidzé 1968, p. 292-294.
24. 2 Rois 2, 12.

dation, la sécheresse, les épidémies, les maladies, la mort »[25]. Le juge chargé d'appliquer ces peines ou d'éventuelles récompenses n'est autre que K'wiria, « responsable auprès de Dieu de la justice et apportant la grâce aux êtres de chair »[26]. C'est exactement la fonction que remplit Jésus-Christ dans notre conte, lorsqu'il ordonne que la jachère se change en champ fertile ou qu'Élie punisse le berger en dévastant la moisson. Mais le prophète ne décide rien par lui-même : c'est un simple exécutant.

L'homme n'a-t-il donc plus qu'à s'incliner devant l'arrêt inéluctable du grand Dieu, ordonnateur du monde ? La conscience répugne à une telle abdication de sa liberté. C'est ici que saint Georges intervient. À la différence des autres *xat'i*, il n'est pas aveuglément soumis à Morige. Notre conte le montre rusant avec l'autorité suprême et enseignant, aux hommes qui l'honorent, à contourner la volonté divine. Certes, les catastrophes décidées par Dieu se produisent immanquablement ; mais il n'est pas sûr qu'elles atteignent les individus visés par le châtiment divin, si saint Georges leur a enseigné à s'en prémunir par leur intelligence.

C'est sans doute ce qui explique l'extraordinaire ubiquité de saint Georges en Géorgie. Comme le note le prince géographe Vaxušt' Bat'onišvili (1696-1757), « Il n'est pas en Géorgie une colline ou une montagne où ne soit édifiée une église Saint-Georges »[27]. Le saint est si présent qu'on a dérivé

25. Charachidzé 1968, p. 298.

26. *Ibidem*, p. 284.

27. Cité par Charachidzé (1968, p. 437), qui se réfère non pas à l'œuvre elle-même, mais à l'histoire du peuple géorgien d'Ivane J̌avaxišvili, t. 1, p. 43. Toutefois, nous n'avons pas retrouvé cette citation dans l'index précis et détaillé de la *Description du royaume de Géorgie* de Vaxušt' Bat'onišvili par Q'auxčišvili 1973.

de son nom, par étymologie populaire, le toponyme préchrétien de Gurji, qui désigne le pays tout entier. Analysant le caractère de « saint Georges multiple et instable », Georges Charachidzé observe qu'il est le maître de la nature sauvage, non pour la protéger des entreprises humaines, au contraire des autres *xat'i*, mais pour la placer tout entière au service de la société[28].

Qu'est-ce qui rend saint Georges si flexible, si proche des individus et prompt à inventer pour eux des accommodements personnalisés avec la loi universelle ? On a depuis longtemps souligné ses affinités avec la lune, astre changeant par excellence[29]. Populairement, le saint martyr cappadocien est souvent appelé Georges le Blanc (*Tetri Giorgi*). Cette épithète n'est pas une simple allusion poétique à la pâle clarté de la lune, elle pourrait faire écho au nom de la « Blanche Déesse » (Λευκοθέα) par lequel Strabon[30] désigne la divinité lunaire des Albaniens du Caucase[31], voisins immédiats des Géorgiens, à l'est. Comme la lune porte, en grec, un nom de genre féminin, Strabon est naturellement enclin à croire que les Albaniens se représentent le luminaire nocturne sous les traits d'une déesse. Mais le genre grammatical n'existe ni en albanien, ni en géorgien. En fait, en Géorgie, la lune (*mtovare*), dérivé de *ttue* « mois » (« qui fait le mois »), est plutôt conçue comme une entité mâle, par opposition à un soleil femelle.

Plus encore, le sanctuaire lunaire de la « Divinité blanche » des Albaniens se situe, selon Strabon, à la « fron-

28. Charachidzé 1968, p. 471-472.

29. Ce point a été vivement contesté par l'éminent spécialiste du paganisme géorgien qu'était Georges Charachidzé ; cf. Charachidzé 1999.

30. Strabon XI, 4, 7.

31. Sur l'Albanie du Caucase (Albanétie) en général, voir Baïs 2001.

tière de l'Ibérie », comme les Grecs nomment la Géorgie orientale. Cette région est le K'axeti, où les ethnologues ont observé, à la fin du XIXe siècle, un rituel de mise à mort simulée, pratiqué durant le mois d'août selon les phases de la lune : les esclaves (*mona*) du *xat'i* – saint Georges en l'occurrence –, portant depuis un an de lourds colliers de chaîne, s'abattaient au seuil de l'église et, inertes comme des cadavres, se laissaient piétiner par tous ceux qui pénétraient dans le sanctuaire. On y a reconnu une réminiscence des sacrifices humains que les Albaniens du voisinage présentaient au dieu Lune. De la même façon, selon Strabon, les victimes étaient choisies un an à l'avance parmi les hiérodules, enchaînées par le cou, engraissées à la bouillie de châtaignes et abattues le jour de la fête du dieu par un prêtre porteur de la lance sacrée[32].

Giorgi Laša ou la coutume apprivoisée

Le caractère lunatique de saint Georges et toute la réflexion liée au comput lunaire pourraient justifier son humeur accommodante, son habileté à trouver des artifices pour infléchir la loi, si rigide, de Morige. Dans une société régie par l'oralité, la norme du groupe se distingue à peine de la loi naturelle ; ou plutôt l'une semble prolonger l'autre, non par une suture, mais par une transition presque imperceptible. Car la coutume est « non écrite », au propre comme au figuré. On ne la trouve pas gravée sur les stèles des rois, ni dans l'esprit des êtres raisonnables, comme l'éthique d'une Antigone. Elle ne concerne ni l'individu ni la morale, mais la structure et le comportement de la collectivité, dans ce qu'ils ont de moins libre, de moins réfléchi, de plus inéluctable.

32. J̌avaxišvili 1979, t. 1, p. 91-94 ; Mahé 2010, p. 188-189.

Chacun doit s'y conformer quels que soient l'appel de son cœur ou la voix de sa conscience. Cela est particulièrement frappant, par exemple, dans les coutumes de mariage. Sans entrer dans le détail de ces usages complexes, il est constant qu'au sein d'une famille patriarcale, ou d'une tribu regroupant plusieurs familles, les jeunes gens des deux sexes, réputés « frères » et « sœurs » les uns des autres, ne peuvent pas se marier entre eux, mais seront inéluctablement conduits, pour les garçons, à s'unir à une épouse venue de l'extérieur, et pour les filles, à quitter leurs proches, pour être livrées à telle ou telle tribu inconnue.

Ce genre d'échanges est négocié par les anciens, sans l'avis ni l'accord des intéressés. Dès la puberté, on sait d'avance que l'on n'épousera jamais celui ou celle qu'on aime, à qui on est lié par une histoire ou des souvenirs communs, mais une figure étrangère envoyée par le destin. Et s'il advenait par hasard qu'on sentît quelque inclination pour ce partenaire de rencontre, on serait bien en peine d'espérer être aimé en retour, alors que l'ordre intérieur du foyer clanique interdit toute intimité visible entre un homme et son épouse, tout signe d'affection d'un père à ses propres enfants[33]. Il faut donc se contenter de rapports sexuels furtifs en dehors de la maison.

Cette perspective aurait de quoi désespérer la jeunesse et tarir les sources de la poésie lyrique, si le dieu Lašari n'en avait inventé le remède[34], grâce à la coutume du

33. Charachidzé 1968, p. 73-83, sur la répartition entre les sexes de l'espace intérieur de la pièce unique de la maison caucasienne, et sur la semi-clandestinité des relations conjugales.

34. *Ibidem*, p. 651-652.

« frère-époux » et de la « sœur-épouse »[35]. Or cette divinité, que les Pšav ont identifiée au roi Giorgi Laša, fils et successeur de Tamar[36], entretient avec saint Georges une sorte de lien homonymique. L'hymne chantée au Tušeti, lors de la fête du *xat'i*, nommée Lašaroba, souligne bien cette affinité entre le saint et le roi : « La fête d'aujourd'hui, de qui est-elle la fête ? De saint Georges ! Giorgi, accrois le nombre des fils, si tu veux des célébrants ! »[37]

La coutume, appelée *c'ac'loba* chez les Pšav et *sc'orproba* chez les Xevsur, institutionnalise l'appariement, ou pour mieux dire l'assortiment[38] de deux adolescents du même clan ou du même village, dont la relation, connue de toute la communauté, n'a que deux limites : elle doit être « sans semence (*uteslot*) », en sorte que la jeune fille ne se trouve pas enceinte[39], et elle doit prendre fin dès que le clan dispose de l'un des partenaires pour lui imposer un mariage arrangé, car il est, bien entendu, exclu qu'on leur permette de se marier entre eux.

Combien de siècles, voire de millénaires, a-t-il fallu à saint Georges, à Lašari ou à Giorgi Laša, pour inventer les ruses permettant de déjouer le destin et de contourner la loi naturelle en aménageant les coutumes ? Si l'on tenait pour une vérité historique l'affirmation des Pšav, selon qui Giorgi Laša aurait institué le *c'ac'loba*, cet usage ne remonterait pas plus haut qu'au XIIIe siècle. Mais en réalité, il précède cette date de plus de deux millénaires.

35. *Ibidem*, p. 96-105.
36. De 1213 à 1223.
37. Charachidzé 1968, p. 651.
38. En géorgien *sc'orperi*, qui désigne les deux partenaires du couple, signifie littéralement « d'égale (*sc'ori*) couleur (*peri*) ».
39. Charachidzé 1968, p. 99.

En effet, bien qu'il ne se pratique pas chez les autres tribus montagnardes de la Géorgie orientale (Tuš, Moxev, Mtiul)[40], le *c'ac'loba* présente de telles analogies avec l'usage svane du *lintural* qu'il faut postuler une origine commune. Or les Svanes se sont séparés des Géorgiens au cours du IIe millénaire avant notre ère[41]. En tout cas, l'oralité populaire se plaisait à imaginer des temps fort anciens où le genre humain, encore en enfance, exposé aux attaques des monstres et des géants démoniaques (*devi*), ne sachant pas ruser avec la destinée, se plaçait sous la protection de héros titanesques qui luttaient directement contre Dieu et contre la cruauté de l'ordre universel.

AMIRAN
LA TRANSMISSION ORALE ET SES TÉMOINS

La plus célèbre de ces légendes est l'épopée d'Amiran, qu'on présente depuis le XIXe siècle, comme le Prométhée géorgien[42]. Amiran partage en effet plus d'un trait commun avec le titan de la mythologie grecque : sa force, sa philanthropie, son défi lancé à Dieu et sa captivité dans le Caucase.

Longtemps véhiculée par tradition orale, l'épopée d'*Amiran* est aujourd'hui connue par une centaine de

40. *Ibidem*, p. 105.

41. *Ibidem*, p. 106. Quoique cette datation n'ait rien d'invraisemblable, il faut observer qu'elle semble aujourd'hui moins certaine qu'en 1968, quand Georges Charachidzé publiait son ouvrage. En effet, elle repose sur les théories glottochronologiques de G. A. Klimov (citées par Lang 1966, p. 77-78), qui sont aujourd'hui discutées. Néanmoins, il est assuré qu'un trait commun aux Svanes et à l'un des dialectes géorgiens remonte nécessairement à l'époque très ancienne de l'unité linguistique des peuples kartvèles.

42. Charachidzé 1986, *Prométhée ou le Caucase* : ce titre emprunté à Lucien de Samosate fait de Prométhée l'incarnation même de la variété ethnique du Caucase dans son ensemble.

variantes transcrites en russe, en géorgien et dans diverses langues régionales, entre 1810 et 1945. Sporadique durant la première moitié du XIXe siècle, la collecte s'accélère à partir des années 1860. L'essentiel de ces textes a été réuni et analysé en 1947 par Mixeil Čikovani (1909-1983)[43].

La répartition géographique des transcriptions[44] montre que la légende s'est diffusée dans l'ensemble de la Géorgie (Sakartvelo), de part et d'autre des monts Lixi, perpendiculaires, au sud, à la chaîne du Grand Caucase. En Géorgie orientale, le titan est bien connu dans le Kartli, le K'axeti, les régions montagneuses des Pšav, des Moxev, des Mtiul et des Tuš, mais non chez les Xevsur. Il est aussi présent dans les régions méridionales du Mesxeti et du J̌avaxeti. En Géorgie occidentale, on le rencontre dans l'Imereti, le Rač'a, le Guria, le Samegrelo et le Svaneti. Mais aucune variante n'a été relevée chez les Adjars[45].

La littérature géorgienne médiévale

L'épopée orale a laissé des traces évidentes dans la littérature géorgienne médiévale. Le cas le plus clair est celui d'un cycle d'aventures chevaleresques intitulé *Amiran Dareǰaniani*[46] et attribué par la tradition à un certain Mose Xoneli[47]. L'opinion commune a longtemps vu, dans cet auteur, « un secrétaire de la glorieuse reine Tamar [...] et l'un des personnages les plus

43. Čikovani1947, 1959, 1965, 1966.

44. Čikovani 1959, p. 35-43.

45. La région de Batoumi, où de nombreux Géorgiens ont été islamisés par les Ottomans. Théoriquement, le paganisme d'Amiran devrait être aussi incompatible avec le christianisme qu'avec l'islam. En fait, un syncrétisme s'opère avec le christianisme, mais non avec l'islam.

46. Traduction annotée par Stevenson 1958.

47. Originaire du village de Xoni, dans l'Imereti.

distingués de sa cour »[48]. Aujourd'hui, on incline plutôt à situer la rédaction de cette œuvre, non sous le règne de Tamar[49], mais dans la seconde moitié du règne de son arrière-grand-père, David II le Constructeur[50]. À cette époque circulaient, par tradition orale, des récits d'aventures imputés à divers agiles combattants (*č'abuk'i*)[51], dont certains portent les noms d'Amiran, Usib et Badri. Un romancier géorgien, Mose Xoneli, en a repris quelques-uns en les amplifiant et en y mêlant de la poésie persane, comme celle de Firdaûsi[52]. Les allusions et parallèles thématiques ou textuels à l'épopée d'*Amiran* sont nombreux et variés[53].

L'épopée en vers de Šota Rustaveli, *Le Chevalier à la peau de panthère* (*Vepxis t'q'aosani*)[54], s'inspire clairement du roman courtois en langue persane de Nizami de Gandja[55], *Leïla et Medjnoun*. Dans la dernière strophe, d'authenticité contestée, l'auteur cite Mose Xoneli comme le premier de ses prédécesseurs en langue géorgienne ; mais il connaît aussi, évidemment, la geste orale d'Amiran. L'une de ses héroïnes, nommée Nest'an Darejan, est prisonnière du roi des Kaǰi. L'expédition qui permet de la délivrer[56] s'inspire à coup sûr du récit de l'enlèvement de Q'amar.

48. Brosset 1834, p. 145-146, citant une lettre du prince royal « Théimouraz, membre de la Société Asiatique, dont il est l'ornement ».

49. 1184-1213.

50. 1089-1125.

51. Ce mot d'origine persane désigne en géorgien un jeune homme. Étymologiquement c'est un adjectif signifiant « rapide, agile, frétillant comme un poisson ».

52. C'est l'avis de Stevenson 1958, p. XXVIII-XXIX ; analyse utile de l'ensemble du recueil par Brosset 1837.

53. Čikovani 1965, t. 2, p. 46-47 et 56-61.

54. Tsouladzé 1978. Véritable prouesse poétique, la traduction de Gaston Bouatchidzé en vers rimés (1989), moins proche de l'original, est peut-être d'un usage plus ardu.

55. 1140-1202.

56. Charachidzé 1968, p. 537-543.

D'autres rapprochements ont été constatés[57] avec les chroniques géorgiennes de Leont'i Mroveli[58] et de J̌uanšer[59], dont la date, très disputée, se situe entre les VIIIe et Xe-XIe siècles[60]. On notera cependant qu'aucune de ces œuvres n'est antérieure à l'expansion arabe au milieu du VIIe siècle. Aussi bien, certains noms propres de l'épopée d'*Amiran*, comme Badri et Q'amar, sont d'une origine arabe avérée. Ambri est censé être arabe lui-même. Il est donc clair que la forme actuelle de la légende s'est cristallisée, dans la tradition orale, après l'arrivée des Arabes. Mais la structure mythique est évidemment bien antérieure. Le meilleur gage en est qu'elle est commune à tous les peuples parlant une langue kartvèle (sud-caucasique) : géorgien, mingrèle ou svane, dont l'unité précède le IIe millénaire avant notre ère.

Art et archéologie

Est-il possible de trouver, dans l'art ou l'archéologie, des indices matériels de cette haute antiquité ? La seule représentation picturale qui dénote un lien avec l'épopée d'*Amiran* est encore plus tardive que les témoignages littéraires : c'est une fresque du XIVe siècle ornant la façade nord de l'église de l'Archange (Taringzel)[61], à Laštxveri dans le Haut-Svaneti[62].

---

57. Čikovani 1965, p. 10-18.

58. C'est-à-dire Léonce, archevêque de Ruisi ; il y a peut-être eu plusieurs prélats du même nom entre le VIIIe et le XIe siècle.

59. Prince de la fin du VIIIe siècle ; mais la chronique qu'on lui prête n'est pas forcément contemporaine.

60. La date traditionnelle est le XIe siècle. Toumanoff 1963, p. 29-35, plaide pour le VIIIe siècle (cf. Rapp 2003) ; Aleksidze 2014 soutient que les deux œuvres ont été remaniées au XIe siècle, quoiqu'elles remontent à un noyau plus ancien.

61. Forme dialectale haplographique de Mtavarangelozi (« Arch-ange »).

62. Cf. Cheishvili, Buchukuri 1983, p. 1-18 ; Beridze, Alibegašvili, Volskaja, Xuskivadze 1984, p. 100-101. Je remercie Madame Nicole Thierry de m'avoir communiqué cette documentation.

Figure 1
La fresque de Laštxveri dans le Haut-Svaneti, XIVe s.

De part et d'autre du tableau central, qui représente le combat d'un preux cavalier contre un *devi*, apparaissent des compositions secondaires : le preux à côté du cadavre d'un dragon, et trois autres cavaliers qui ont passivement assisté à la bataille. Les inscriptions en lettres capitales (*asomtavruli*), qui expliquent les trois tableaux, ne laissent aucun doute sur l'identité des personnages.

Au centre, on lit sur deux lignes :
HOMI AMIRANISI DA | BAQ'BAQ' DEVISA
« Combat d'Amiran et de Baq'baq' devi »

Figure 2

À gauche, sur quatre lignes (fig. 2) :

ODES AMIRANI VEŠAP'MA | N ČANTKA VEŠAP'I M | OK'LA DA GA | MOVIDA

« Quand le dragon avala Amiran, celui-ci tua le dragon et sortit »

À droite, à côté de chaque cavalier, figurent trois noms propres :

BADRI SEPEDA | VLA USI | B

À l'exception de Sepedavla, tous les noms propres de la fresque nous sont connus par l'épopée d'*Amiran*. Sepedavla Darisp'anidze est le héros d'une des nouvelles du recueil de Mose Xoneli, *Amiran Darejaniani*[63]. Mose associe le nom d'Usib (et non Usip') à Badri, fils d'Iaman ; toutefois, Usib n'est pas le frère de Badri, mais un ami. On pourrait donc

63. Chap. x (ix), Stevenson 1958, p. 124-167.

se demander si la fresque illustre *Amiran Darejaniani* ou l'épopée d'*Amiran*. La question est vite résolue. Certes, dans la nouvelle « Amiran Darejanisdze »[64], le héros est avalé par un dragon noir, d'où il sort par la force de son glaive[65]. Mais c'est un autre preux, Nosar Nisreli, qui tue Baq'baq' devi[66]. Il est donc clair que la fresque s'inspire essentiellement de l'épopée d'*Amiran* et ne suit Mose Xoneli que sur des détails accessoires. Par exemple Baq'baq' devi n'est pas représenté comme un monstre à trois têtes, mais comme un géant cyclopéen, unicorne et velu[67], qui chevauche un dragon.

La présence d'Amiran dans le décor d'une église, comprenant d'autre part le miracle de saint Eustathe (à l'est), les saints militaires – Georges, Démétrius et Théodore (au sud) – et la Déisis (à l'ouest), montre que les peintres et leurs commanditaires ne sont pas conscients de ce qui sépare ces images chrétiennes d'une épopée, teintée d'un léger vernis de christianisme, mais foncièrement païenne. Luttant tour à tour contre les Turcs, les Mongols et les Turcomans, Svanes et Géorgiens ne faisaient pas grande différence entre les démons exterminés par Amiran et les ennemis en tous genres combattus par saint Georges et autres saints stratélates[68].

---

64. Chap. v (iv), *ibidem*, p. 31-38.

65. *Ibidem*, p. 34.

66. *Ibidem*, p. 37.

67. Assez proche de « l'homme énorme avec un seul œil sur le front », que décrit Mose Xoneli ; cf. Stevenson 1958, p. 35.

68. Je serais tenté de mentionner ici un bas-relief, sans doute aussi tardif que cette fresque, dont la photographie me fut communiquée vers 1988 par le regretté Jean-Michel Thierry. On y voit un guerrier casqué, revêtu d'une cotte de mailles, qui émerge du ventre d'un dragon en brandissant un petit poignard. Ce pourrait être Amiran, tenant son « couteau de diamant ». Mais aucune inscription ne le confirme. Au dos de la photo, Jean-Michel Thierry avait seulement écrit « Amirani », sans mentionner ni date ni provenance. Peut-être avait-il vu l'objet en Turquie, dans la région pontique ? En tout cas, selon les experts que nous avons consultés, ce bas-relief ne provient d'aucun monument connu dans l'actuelle République de Géorgie et ne présenterait que peu d'affinités stylistiques avec l'art géorgien.

Figure 3
Héros sortant de la gueule d'un dragon
photo Jean-Michel Thierry (cf. p. 47, n. 68)

Les statuettes, figurines et gravures recueillies dans les sites archéologiques des IIe-Ier millénaires avant notre ère pourraient apporter, sur le mythe d'Amiran, des témoignages bien datés, d'une grande importance, pourvu qu'on démontrât qu'ils sont incontestablement liés à un épisode précis de l'épopée. Mais les indices dont on dispose pour établir ce lien sont souvent bien ténus. Examinons plusieurs objets allégués par Mixeil Čikovani[69].

Le gobelet en argent repoussé du Trialeti[70], attribué à la fin du IIe millénaire, est orné de frises disposées sur deux registres. En dessous apparaissent différents cervidés ou autres espèces de gibier convoitées par les chasseurs. Au-dessus, des adorateurs apportent des offrandes à une déesse qui siège sur un trône. Il semble assez probable qu'il s'agisse d'une protectrice de la chasse comparable à Dali. Mais la simple existence d'un tel culte ne confirme nullement que Dali ait conçu un fils avec l'un des humains qui lui ont rendu hommage.

Quelques figurines en bronze des VIe-Ve siècles avant notre ère, retrouvées à St'epan C'minda, ont été rapportées à divers épisodes de la légende. Par exemple, la cime d'une enseigne représente une sorte d'échelle constituée de trois paires de cornes de bélier empilées les unes sur les autres. Au sommet se dresse un homme tenant dans sa main droite un objet non identifié : coin de fer, torche ou rhyton[71]. On a voulu y reconnaître le chasseur Sulk'almax, qui a planté des pieux métalliques dans la paroi rocheuse pour s'élever jusqu'à la caverne de Dali, enceinte d'Amiran (§ 2).

---

69. Čikovani 1947, p. 437. On trouvera de bonnes photos de ces objets dans Sharabidze 2012, p. 55-63.

70. Sharabidze 2012, p. 62.

71. *Ibidem*, p. 58.

Une barre de bronze à laquelle une cloche est suspendue est ornée de deux personnages marchant l'un derrière l'autre. Nettement plus petit et courbé vers le sol, celui qui est devant semble encourir les reproches de celui qui le suit[72]. On a supposé que la scène représente Amiran tançant le guide perfide que lui a légué Baq'baq' devi (§ 39).

Une figurine de cavalier des ve-ive siècles, provenant d'Axalgori[73], a été identifiée à Badri chevauchant Tetroni.

Comme on le voit, le lien avec la trame narrative est trop vague pour n'être pas incertain : on a là, au mieux, d'ingénieuses hypothèses. On entrevoit toutefois une légère probabilité, dans une ceinture, en bronze gravé des viiie-viie siècles avant notre ère, découverte à Mcxeta, près de l'église Samtavro[74].

Figure 4
Dessin au trait de la ceinture
de l'église Samtavro à Mcxeta : viiie-viie s. av. J.-C.

72. *Ibidem*, p. 59.
73. *Ibidem*, p. 56.
74. *Ibidem*, p. 60-61.

Elle représente un groupe de trois chasseurs traquant des animaux : loups, cerfs, oiseaux, lapins, et peut-être même des monstres composites évoquant les *devi*. L'un des chasseurs, beaucoup plus grand que les deux autres qui marchent derrière lui, tient une arme gigantesque. Il n'est pas invraisemblable de supposer qu'il s'agit du titan et de ses deux frères humains, mais cela reste une hypothèse.

Il est donc excessif d'alléguer des preuves archéologiques de l'existence du mythe aux IIe-Ier millénaires avant notre ère. Mais ce que l'archéologie nous refuse, il faudra le demander à la linguistique, l'ethnologie et la mythologie comparée.

Chapitre 3

Amiran ou le combat contre l'inéluctable

La réclusion d'Amiran semble sanctionner une double faute : l'offense commise par le titan, qui prétend se mesurer directement à Dieu, son parrain, et la menace que ses exploits font planer sur l'équilibre des éléments et sur la diversité des espèces. Si on le laissait continuer sans entrave, il n'y aurait bientôt plus de gibier pour les chasseurs. La race des *devi*, ces géants démoniaques qui font partie de l'ordre naturel, s'éteindrait, elle aussi. Mais la terre elle-même risquerait d'être impuissante à porter un colosse capable, à lui seul, de soulever toute la masse de la matière. C'est pourquoi sa mise à l'écart est indispensable à la préservation du monde. La chaîne de fer qui le retient dans son cachot rocheux, au sommet du mont Gerget'i, symbolise à la fois la loi du monde, qu'Amiran a contestée en s'en prenant à Dieu lui-même, et les contraintes de la destinée, à quoi il a tenté de se soustraire.

L'épopée tout entière est construite en vue de cette issue fatale, prévisible dès la conception du héros[1].

---

1. Cf. Charachidzé 1986, p. 25-61, pour la trame générale du récit.

I. Naissance et enfance d'Amiran

Amiran est né d'une transgression. Sa divine mère, Dali, protectrice des mouflons et du gibier cornu, attire par ses cris de détresse le chasseur Sulk'almax jusqu'à la caverne où elle s'abrite en haut d'une abrupte paroi rocheuse[2] : « J'ai commis, lui dit-elle, un péché, j'ai trahi la loi de ma féminité divine » (§ 4). En s'éprenant d'un mortel, le chasseur Darǰalan[3], et en concevant un enfant avec lui, elle a porté à l'ordre universel une atteinte qui doit être compensée d'une façon ou d'une autre. Elle-même en a été punie, car l'épouse de Darǰalan, douée de la prescience d'une magicienne, s'empare de ses ciseaux d'or et, lui coupant ses tresses d'or[4], les emporte avec elle, en la privant ainsi temporairement de sa vigueur divine (§ 5-6). Mais cette peine est bien trop légère pour restaurer l'équilibre rompu, qui persiste nécessairement dans le fruit de cette union sacrilège.

Amiran est donc frappé d'une fatalité congénitale, qui le voue à commettre une faute inexpiable et à subir un châtiment perpétuel. À une époque où l'on n'avait pas encore appris, avec saint Georges, à déjouer, au fur et à mesure, les pièges du destin, sa mère croit pouvoir le soustraire une fois

2. Cette caverne en altitude préfigure, d'une certaine façon, le lieu où le titan sera plus tard retenu captif au sommet du mont Gerget'i (§ 111).

3. La tradition svane, où, comme dans notre texte, Dali est la mère d'Amiran, passe sous silence le nom du père. D'autres traditions montagnardes le nomment Darǰalan (§ 4-6) ou Dareǰan (§ 35, 46-47, 53, 58, etc.). La forme primitive de la légende implique probablement l'anonymat du père. Un simple mortel importe peu en face d'une déesse, et encore moins dans une société très ancienne où prévaut le matriarcat. Mais dans une société patriarcale, supposée plus tardive, le nom du père devient indispensable ; cf Čikovani 1959, p. 150-154.

4. L'éclat de l'or, métal inaltérable, qui joue un si grand rôle dans l'art antique des Colches et des Ibères, ancêtres des Géorgiens, est assurément un symbole de la divinité.

pour toutes à l'entraînement inéluctable de la transgression. Elle confie au chasseur Sulk'almax : « Mon fils sera un héros. Hélas, s'il restait dans mon ventre jusqu'au terme, il deviendrait tel qu'il s'en prendrait à Dieu » (§ 6).

Inutile précaution d'une mère

En conséquence, elle lui prescrit de lui ouvrir le ventre avec « un couteau de diamant » et de compenser cette naissance prématurée par césarienne, au moyen de divers traitements, à mi-chemin entre magie et technologie de l'élevage.

Il est significatif que la déesse fasse appel au concours d'un simple mortel pour contrecarrer l'arrêt du destin. Mais, à la différence des œuvres divines, les produits de l'industrie humaine se défont avec le temps. Il faut donc sans cesse y revenir par de nouvelles astuces. Ainsi, à peine Amiran a-t-il reçu les soins ordonnés par sa mère, que Sulk'almax l'expose à la « source d'Iaman, où viendra le parrain qui doit le baptiser » (§ 6).

Dali semble ignorer que ce parrain n'est autre que Dieu lui-même, qui va rendre à l'enfant une partie des forces dangereuses qu'elle lui a confisquées pour son bien. En guise de cadeau de baptême, Dieu donne à Amiran « l'inflexibilité d'une avalanche dévalant la pente, la force de douze attelages de buffles et le genou d'un loup ». Il lui souhaite : « Que nul sur terre n'ait sur toi le dessus ! », et il ajoute à tout cela un « poignard en diamant » (§ 9), comparable à celui dont sa divine mère a doté le chasseur qui lui a ouvert le ventre. Amiran saura s'en servir plus tard, à son tour, pour naître une seconde fois, en ouvrant le ventre du dragon qui l'a englouti (§ 47).

La redoutable efficacité des présents divins est immédiatement constatable, même chez un enfant presque nouveau-né. Irrité par les railleries des porteurs d'eau d'Iaman (§ 10), Amiran les assomme et fracasse leurs jarres. Leur maître, Iaman, se rend lui-même à la source. La désignation du lieu et le nom du personnage sont liés par une sorte de jeu de mots. Au sens propre, le substantif *iaman* signifie une agate, pierre semi-précieuse d'une couleur bleutée, qui peut évoquer l'eau ou la pupille de l'œil. D'autant plus qu'une gemme se dit en ancien géorgien *tuali*, qui signifie à la fois « œil », « source » et « pierre précieuse »[5]. On ne sera donc pas surpris de voir attribuer à Iaman ici une source (*c'q'aro*), et plus tard un œil (*tvali*) arraché par le démon de la variole (§ 14).

Formation d'une fratrie humaine

Cependant, même avec le seul œil qui lui reste, Iaman a une excellente vue des réalités divines et surnaturelles. Dès qu'il aperçoit Amiran – bébé rayonnant dans un berceau d'or –, il décide de l'adopter pour en faire le frère d'adoption[6] de ses deux fils Usip' et Badri, encore tout petits. Bien que le caractère des enfants ne soit pas affirmé à un âge aussi tendre, leurs noms sont évocateurs. Emprunté à l'arabe *badr*, *badr-i* désigne, en géorgien, non pas la lune en général, mais la pleine lune[7], associée à l'idée d'une beauté lumineuse, d'un éclat parfaitement harmonieux. De fait, l'enfant qui porte

5. Cf. Tchoubinof 1840, p. 225 ; Abuladze 1973, p. 182.

6. La légende dit ici (§ 11) *dzma*, c'est-à-dire « frère en général » ; mais le terme propre est *dzmobili* « frère d'adoption, ou frère par serment » (si l'on considère le cas de deux adultes qui deviennent frères en vertu d'un rituel de fraternisation et d'un serment) ; cf. Tchoubinof 1840, p. 626-627.

7. *Dictionnaire* 1986, p. 57.

ce nom deviendra un homme d'une beauté presque féminine, avec la lune peinte entre les omoplates (§ 27) ; c'est un excellent chanteur (§ 47). De son côté Usip'[8] porte le nom d'une herbe aromatique, fortement parfumée[9], ce qui convient à un esprit sagace, prompt à éventer les ruses de l'ennemi (§ 38-39).

Iaman a tout de suite perçu qu'Amiran était un demi-dieu[10]. Mais ce n'est pas le cas de son épouse, qui accueille d'abord l'enfant adoptif comme un domestique au service des deux autres. Par une nouvelle ruse du destin, le choc de cette humiliation conduit Amiran à se rappeler qu'il est en fait – sous des apparences dissimulées par les artifices de sa naissance – le fils de la déesse Dali. Le voilà donc conscient de son identité divine, que sa mère avait cru salutaire de lui cacher.

Dès qu'elle est informée du secret, la femme d'Iaman l'adopte selon un rite particulier. Comme, selon un adage caucasien, « le lait va aussi loin que le sang », l'usage est d'organiser l'allaitement, réel ou fictif, de tout frère d'adoption[11]. Apparemment, on ne procède pas ainsi avec un demi-dieu. À défaut d'allaiter Amiran, la mère de famille « le baigne dans le lait » et ne fait « plus de différence entre lui et ses fils » (§ 12-13), quelle que soit la croissance surnaturelle du héros.

On assiste donc à la formation d'un trio, où le demi-dieu et ses frères humains jouent des rôles complémentaires. Amiran

8. Variantes, Usup ou Usib, peut-être par confusion avec diverses formes de Joseph : Iosebi (géorgien), Yusuf (arabe).

9. Čikovani 1965, p. 50.

10. En se fondant sur deux indices : l'or de son berceau et celui de son corps « au-dessus des reins » ; en dessous, il est en argent (§ 11).

11. Darinsky 1900.

apporte sa vigueur titanesque, son inégalable puissance. Mais c'est là une force brute et aveugle, proche du cataclysme et de l'animalité. Au contraire, Usip' et Badri ont pour eux l'intelligence et l'industrie humaines. Théoriquement, il n'en faut pas plus pour protéger Amiran contre la fatalité qui le guette. Mais en pratique l'écart est trop grand entre le héros et ses compagnons. Ceux-ci n'ont aucun moyen d'imposer leurs avis, si judicieux soient-ils. Dans les circonstances décisives, c'est Amiran qui tranche et s'isole de plus en plus dans une funeste solitude.

Les trois compagnons font leurs premières armes en se battant avec des gamins de leur âge ou des voyageurs étrangers. Ils passent ainsi des jeux de l'adolescence à la formation guerrière des jeunes gens.

II. Exploits titanesques

Parmi ses cadeaux de baptême, Dieu avait promis à son filleul « l'indigence et la misère dans son enfance, la guerre et le malheur à l'âge adulte » (§ 9), c'est-à-dire la précarité ordinaire de toutes les tribus montagnardes. Dans un monde de pénurie chronique, la guerre et le pillage sont des activités économiques routinières.

Apprendre à venger son père

Mais il y a aussi des combats exigés par l'honneur et par le devoir de vengeance, contre les enlèvements de femmes, le meurtre ou la mutilation des proches ou des membres de la tribu. S'acquitter d'un tel office est la marque d'une bravoure arrivée à maturité. C'est l'épreuve que doivent affronter les trois frères mis au défi par les victimes de leurs pillages : « Si vous êtes des garçons valeureux, ce n'est pas nous que vous devez battre ; apprenez donc plutôt ce qui est arrivé à l'œil de votre père Iaman ! » (§ 14).

Comme leur mère, l'épouse d'Iaman, les juge encore trop jeunes pour connaître ce secret de famille et affronter les périls d'une expédition punitive, les garçons n'hésitent pas à la torturer pour lui arracher la vérité. Un *devi* a placé leur père devant un choix cruel : ou lui livrer l'un de ses deux enfants, ou s'éborgner lui-même pour lui faire don de son œil droit. Finalement, le *devi* a emporté cet œil comme un trophée, qu'il garde précieusement, caché dans la colonne en bois de sa maison (§ 21).

Aussitôt les trois jeunes gens s'équipent des armes qu'ils estiment nécessaires pour accomplir leur vengeance. Au terme d'une longue marche, ils rejoignent leur adversaire, auquel ils cachent leur identité et leur intention. Voyant en eux des proies faciles et appétissantes, le *devi* leur propose des épreuves de force et d'adresse auxquelles Usip' et Badri échouent, mais dont Amiran triomphe, grâce à l'arc qu'il s'est fait faire et à son extraordinaire vigueur. Mieux encore, il sinistre tout le troupeau de moutons de son ennemi. Celui-ci, fort courroucé, les enferme dans sa maison. Lui-même s'endort après un repas pantagruélique, en promettant de manger Amiran le lendemain matin (§ 16-18).

Pendant la nuit, le titan séduit la sœur du *devi*, enchaînée dans un coin de la pièce. Avec son aide, il réussit à tuer le géant démoniaque, non pas avec les armes dont il s'est muni, mais avec l'épée magique de son adversaire. Dès qu'il a récupéré l'œil d'Iaman, Amiran délivre sa complice, mais il refuse de l'épouser, contrairement au serment qu'il lui avait fait. Puis il pille la maison du *devi* et repart avec ses deux frères.

Début de la rupture avec Dieu

Loin d'être une péripétie anodine, cette promesse de mariage non tenue est la première offense grave du héros envers Dieu. Le lien de familiarité qui unissait le parrain à son filleul subit alors une lésion irréversible. Non que ce lien soit tout à fait rompu, puisque Dieu le mentionnera plus tard, juste avant de lutter avec le titan (§ 109). Mais tant qu'Amiran n'avait pas manqué à son serment, il « vivait avec Dieu et n'avait pas besoin de manger ». Toutefois, « puisque la sœur du *devi* lui avait rappelé Dieu », le prenant à témoin, « et qu'il ne l'avait pourtant pas épousée, la faim se mit à le poindre » (§ 22).

Cette mutation a plusieurs conséquences funestes. La plus grave est qu'en se détachant de l'immortalité divine pour passer du côté des mortels, le héros remplit sans le savoir la première condition qui rend possible un éventuel affrontement avec Dieu. De plus, son addiction alimentaire le met en concurrence avec les *devi*, qui ne cessent eux aussi de manger, et avec le même gigantesque appétit (§ 18, 27). Enfin, le combat qu'il a engagé contre un seul de ces géants démoniaques l'entraîne dans une guerre inexpiable avec toute l'espèce, qui détruit sa maison paternelle, et le voue, lui et ses frères, à une perpétuelle errance (§ 23-25).

À première vue, on pourrait avoir l'impression d'un retour en arrière. Si légitime qu'elle fût, la vengeance opérée par les trois frères ne les a pas promus au rang des héros reconnus. Elle a fait d'eux des « orphelins endeuillés » (§ 26), qui ont encore besoin d'apprendre. Au lieu de quitter chaque matin la maison paternelle (§ 14) pour faire leurs exercices guerriers, ils n'ont plus que des logements de fortune, des silos de maïs qui leur servent de huttes, et ils besognent pour gagner une maigre pitance en rendant des services aux voisins. Mais le temps passe, ils surmontent leurs regrets, et s'en vont loin, jusqu'en Asie centrale. Là-bas, ils s'accoutument à combattre les *devi* comme des ennemis ordinaires.

Bientôt ils atteignent leur plein développement physique : Amiran, comme un colosse toujours affamé, Badri, comme un homme d'une rare beauté, Usip', comme un géant respirant la force.

L'appel du destin

C'est à ce moment que se présente l'épreuve décisive qui va engager l'avenir du trio. Franchissant neuf chaînes de montagnes, Amiran et ses frères rentrent d'Asie centrale en Géorgie. Ils se mettent à chasser dans les monts d'Algeti, tout proches de la montagne où le héros finira enchaîné. Autre signe du destin, la bête qu'ils poursuivent est un cerf à cornes d'or (§ 29), qui ne peut venir que du monde divin.

L'animal les entraîne jusqu'à une tour isolée, qu'on pourrait d'abord croire semblable aux nombreuses tours de guet des hautes vallées du Caucase. Mais ce n'est pas un édifice ordinaire. Elle est « bâtie en pierre de cristal » et elle n'a pas de porte. Pour l'ouvrir, Amiran doit user, pour la première fois, du « genou de loup » dont Dieu lui a fait don lors de son baptême (§ 9). Autrement dit, le secret enfermé dans la tour n'était réservé qu'à lui et à ses deux frères.

À l'intérieur les attend, tenant son testament entre les doigts, la dépouille mortelle du héros Camcum, « fils de la sœur d'Usip' », c'est-à-dire un neveu de la fratrie. Il lègue, à qui l'enterrera et saura le venger de son meurtrier, le *devi* Baq'baq', ses trésors, sa lance, son cheval et son épouse. Amiran s'apprête aussitôt à tout emporter, comme s'il dépouillait un ennemi vaincu. Mais ses frères le ramènent à plus d'humanité, et au respect dû aux défunts (§ 30).

On a observé que cet épisode, attesté dans presque toutes les variantes géorgiennes de l'épopée, manque dans les variantes svanes, généralement conservatrices. En revanche, seules ces dernières relatent l'épisode précédent, sur l'œil d'Iaman (§ 13-25). Dans les deux cas, les frères sont appelés à remplir un devoir de vengeance digne de leur vocation héroïque. Faudrait-il en conclure que, dans la logique du récit, les deux épisodes, loin de s'enchaîner, alternent avec la même fonction ? S'il en est ainsi, il conviendrait de choisir l'un ou l'autre, en évitant de les juxtaposer[12].

On peut soutenir en sens contraire que les deux épisodes n'ont pas le même poids narratif, ni le même niveau d'implication dans la trame du destin. Il faut donc les placer dans une perspective de gradation. Certes, le châtiment du *devi*, agresseur d'Iaman, a jeté les trois frères dans une errance irréversible, qui accélère leur accession à l'âge adulte. Mais le testament de Camcum détermine l'enchaînement de tous les épisodes suivants, jusqu'à l'affrontement final d'Amiran et de Dieu.

Première désunion du trio

Les trois frères n'ont aucune peine à retrouver l'ennemi qu'ils veulent châtier : c'est Baq'baq' devi lui-même qui se met sur leur route, attiré par la friande odeur du cadavre de Camcum, qu'il entend dévorer[13] (§ 31). Le nom redoublé du

12. Cf. Charachidzé 1986, p. 34-35.

13. Ce thème folklorique de nécrophagie barbare est mentionné dans la *Conversion de la Géorgie* (I : Abuladze 1963, p. 81, lin. 9-11), à propos des plus

démon suggère sa malfaisance toujours réitérée, d'autant plus efficace qu'il est tricéphale. Dans les vers folkloriques qu'on appelle *baq'baq'ani*, Baq'baq' devi est une sorte d'« homme des bois » (*t'q'isk'aci*)[14], ennemi du genre humain (§ 33).

L'affrontement avec Amiran se déroule dans les formes épiques ordinaires : approche de l'ennemi, qui fait trembler la terre sous ses pas (§ 32), échange d'invectives (§ 32-33), corps à corps violent comme l'orage, et chute du *devi* (§ 34), qui demande grâce (§ 35). Amiran, qui a déjà coupé deux têtes sur trois, serait prêt à épargner la troisième. Mais ses frères l'en dissuadent. Baq'baq' devi demande alors une ultime faveur : qu'Amiran ne tue pas les trois vers qui sortiront de ses têtes coupées. Ses frères tentent à nouveau de le mettre en garde, mais le titan ne les écoute pas (§ 36-37).

C'est la première fois qu'un désaccord survient dans ce trio habitué à tout faire ensemble. Amiran coupe les trois têtes à lui seul et refuse de suivre jusqu'au bout les conseils judicieux de ses deux frères. Pis encore, il leur répond par la dérision : « Que m'a fait le *devi* ? Que me feront les vers ? Que m'a fait le manger ? Que me fera le lécher ? » (§ 37). Ces sarcasmes reflètent une confiance arrogante en ses propres forces et un rejet de la sagesse humaine, qui l'a jusqu'ici protégé contre son destin.

En demandant grâce, Baq'baq' devi s'était vanté de faire conduire Amiran jusque chez une fiancée, nommée Q'amar, dont la robe est si gigantesque qu'elle réclame sept jours de lessive et sept jours de séchage au soleil. Mais, à vrai dire, l'intérêt de cette quête amoureuse réside moins dans la fiancée

---

anciens habitants du pays, les Jébuséens, descendants de Cham le réprouvé (cf. Genèse 10, 16), qui « mangeaient tout ce qui est chair et n'avaient point de tombeaux, car ils dévoraient les morts ».

14. Čikovani 1965, p. 54.

elle-même que dans les aventures de la route menant à la demeure de Q'amar et les combats qu'il faudra livrer pour réussir son enlèvement (§ 35). Le monstre n'est pas plus tôt mort que les trois frères se mettent en route. Le guide perfide que leur a donné Baq'baq' devi les fait tourner en rond, mais Usip' réussit à le confondre (§ 38-39).

Le guide conduit alors directement les trois frères dans la prairie où les attendent les trois dragons – blanc, rouge et noir – issus des trois vers imprudemment épargnés par Amiran (§ 40). Voyant arriver les trois monstres, le titan croit pouvoir rétablir l'unité rompue en partageant le combat entre lui et ses frères. Mais, pour la première fois, ceux-ci refusent de remédier aux conséquences d'une décision qu'ils n'ont pas prise (§ 41).

Amiran fait alors l'expérience cruelle de la solitude. Ses exhortations sarcastiques n'ébranlent ni Usip', ni Badri (§ 42-43). Il ne lui reste plus d'autres alliés que ses propres armes. Tuant les deux premiers dragons, tandis que ses frères quittent le champ de bataille, il appelle ceux-ci en vain à son secours. Usip' lui réplique : « À cause de ton épouse, nous, tes frères, sommes éliminés » (§ 44). Ce n'est pas un simple cri de jalousie, mais l'expression d'un principe plus profond. Dans les clans montagnards, toujours menacés par la faim et la précarité, les femmes passent souvent pour des bouches inutiles à nourrir[15], dont il faut limiter le nombre. C'est pourquoi les épouses appartiennent souvent à l'ensemble des « frères », et le projet d'en revendiquer une pour soi tout seul constitue une offense à la solidarité clanique[16].

15. S'adressant à son frère Oreste, l'Électre de Sophocle qualifie les femmes de « fardeau superflu » (περιττὸν ἄχθος).

16. Darinsky 1900. Dans un milieu géographiquement proche du Caucase, on pourrait évoquer, au IIe millénaire avant notre ère, la lettre du roi hittite

La seconde naissance d'Amiran

Épuisé par la bataille, Amiran est englouti par le troisième dragon, qui retourne aussitôt dans la maison où sa mère l'attend, au fond de la mer Noire. Pris de remords, les frères poursuivent le monstre, et Usip' a le temps de lui couper « neuf empans de queue » (§ 45) avant qu'il ne leur échappe. Ce faible dommage va avoir son importance.

En effet, la demeure du dragon ressemble aux maisons kartliennes[17] traditionnelles, où l'espace central de l'unique pièce quadrangulaire est surmonté d'une coupole faite d'arbres entrecroisés. Au sommet, s'ouvre une lucarne par où s'échappe la fumée du foyer, situé juste en dessous. La coupole est soutenue par des poutres reposant sur des colonnes, dont la principale[18] est normalement au centre, face au mur de l'entrée. C'est la place canonique du maître de maison. Son épouse siège au pied de la colonne qui lui fait face.

Comment cette architecture, conçue pour des êtres humains qui demeurent sur la terre, s'accommode-t-elle du séjour sous-marin d'un monstre cracheur de feu ? Le narrateur nous laisse l'imaginer. Mais il précise que la colonne est en fer et non en bois. Avalant goulûment toutes les proies qui se présentent, le dragon noir est habitué aux brûlures d'estomac. D'ordinaire il les calme en s'enroulant autour du pilier métallique pour mieux broyer les malheureuses créatures qu'il a

Suppiluliuma au roi du Hayasa : l'épouse qu'il lui envoie est à son usage individuel et non pas à l'usage collectif de toute la fratrie, comme c'est d'habitude le cas dans son pays barbare ; Diakonoff 1984, p. 50.

17. Du Kartli, c'est-à-dire de la Géorgie orientale ; cf. Lang 1966, p. 120-123, figures 29-32 (dessins de ces maisons).

18. *Dedabodzi* « colonne-mère », pilier principal de la maison.

englouties vivantes. Mais cette fois-ci le raccourcissement de sa queue affaiblit son emprise (§ 45).

Cependant, Amiran, s'agitant dans son ventre, lui déchire les entrailles et lui cause d'atroces douleurs : « Un feu qui ne me lâche pas » (§ 46), confie-t-il à sa mère. Celle-ci, d'après le signalement que son fils lui donne, identifie aussitôt « Amiran, fils de Dareǰan ». C'est alors que les frères du titan s'avisent du moyen de le faire sortir : ils l'exhortent à user du couteau de diamant que Dieu lui a donné lors de son baptême (§ 9). Amiran fend le ventre du monstre et se libère aussitôt (§ 47).

Ainsi, le trio semble avoir recouvré son unité. Tout a fonctionné normalement. Usip' a trouvé l'ingénieux moyen d'entraver la digestion du monstre. Il s'est rappelé juste à temps l'existence de l'arme divine. Badri a usé de sa grâce et de sa belle voix pour persuader Amiran. En somme, l'intelligence humaine est venue éclairer la force aveugle du titan. S'il continuait sur cette voie, Amiran échapperait peut-être à l'engrenage du destin.

Mais en réalité, tout a changé. Le couteau magique dont le titan s'est servi rappelle celui grâce auquel Sulk'almax l'avait jadis extrait du ventre de sa mère (§ 6-7). Autrement dit, Amiran vient de naître une seconde fois. Cela est confirmé par le fait qu'il a laissé barbe et cheveux dans l'estomac du monstre (§ 47). C'est pourquoi, le voyant tout pelé, Usip' se moque de lui : « Amiran est né, semblable à un cochon de lait ! » (§ 48).

Voici donc annulées les précautions que Dali avait prises en mettant son fils au monde pour lui éviter de s'affronter à Dieu. En effet, cette nouvelle naissance tend à doter le héros, jusqu'alors simplement gigantesque, d'une dimension cosmique qui l'entraînera fatalement à rivaliser avec l'Ordonnateur de la nature. Toutefois, cela n'apparaît pas également dans toutes les rédactions de la légende.

Acquisition d'une taille cosmique

Notre texte désigne le dragon par deux termes successifs. Le premier, *gvelvešap'i*, est assez banal ; c'est un mot générique signifiant un « serpent » (*gveli*) « dragon » (*vešap'i*)[19], c'est-à-dire d'une taille monstrueuse[20]. Le second mot, *karcecxli* « souffle embrasé, vent-feu », est plus précis ; il évoque une grosse nuée noire orageuse déroulant dans le ciel ses gigantesques volutes chargées de la foudre et de la tornade. Si spectaculaire que soit l'image, elle ne se dilate pas encore à la mesure de l'univers.

Mais un épisode, reporté par erreur à la fin du récit (§ 107), précise qu'Amiran « ouvrit le flanc du dragon-démoniaque (*dev-vešap'i*), lui enleva des côtes et mit à la place une claie de bois. La claie devait bientôt brûler, et le soleil avalé par le dragon-démoniaque illumina de nouveau la terre ». On pressent que cet exploit titanesque devait figurer, primitivement, juste au moment où le héros sort du ventre du dragon.

---

19. *Vešap'i* est un emprunt à l'iranien, également attesté dans l'arménien *višap*. Littéralement, c'est un serpent « à la bave empoisonnée » ; Benveniste 1927, p. 7. Dans le Caucase, le terme s'applique souvent à un monstre mythologique à qui le héros de l'orage fait rejeter, sous forme de pluie, toute l'eau qu'il a indûment extraite de la terre et des rivières pendant la canicule ; cf. Ačaṙyan 1971-1979, t. 4, p. 431 ; Abeghian [Abełyan] 1899/1975, p. 531-535 ; Gippert 1993, t. 1, p. 317-329 ; t. 2, p. 354-379.

20. C'est ainsi qu'en arménien ancien on peut qualifier de *višap* une baleine ou un éléphant ; cf. Mahé 1980. Dans la version géorgienne de la *Sagesse de Barlaam*, les deux monstres se dédoublent : un homme poursuivi par un éléphant finit dévoré par un dragon, cf. Mahé 1993a, p. 76-77. En règle générale, dans les langues chrétiennes du Caucase, « dragon » veut souvent dire « énorme » (*ingens*).

De fait, dans certaines versions, quand le monstre est averti de l'identité de celui qu'il a eu l'imprudence d'avaler, il tente de négocier sa sortie par en haut ou par en bas. Mais Amiran, jugeant indigne de lui tout orifice naturel, entend tailler lui-même l'issue de sa délivrance. Le dragon le supplie alors de le réparer avec une plaque de fer. Par bonheur, le héros ne l'écoute pas et tresse à la place une claie en bois. Sage précaution ! En effet, tous les soirs le monstre avale le soleil, dont les rayons achèvent chaque matin de brûler la claie. Si l'obstacle avait été métallique, le monde aurait été privé définitivement de la lumière du jour[21].

Du même coup, on se trouve confronté à un mythe étiologique, expliquant le fonctionnement de l'univers. L'erreur serait de croire que l'engloutissement du soleil et celui d'Amiran sont deux événements distincts. Certes, le titan n'est pas le soleil personnifié, mais il en est un équivalent symbolique, comme cela est plus d'une fois rappelé. Dès la naissance d'Amiran, le chasseur Sulk'almax « coucha dans un berceau d'or ce bébé au front rayonnant comme le soleil » (§ 7 ; cf. § 11, 30). Par conséquent, ce qui lui arrive à lui, une seule fois, dans le ventre du dragon, est l'événement fondateur d'un mythe solaire régulant l'alternance des jours et des nuits, de l'hiver et de l'été. De ce fait, par sa nouvelle naissance, le titan acquiert une taille cosmique. Ses faits et gestes le dépassent en tant qu'individu : ils retentissent sur l'ordre et l'équilibre de l'univers.

21. Charachidzé 1986, p. 39. Observons que, d'habitude, Amiran n'est prévoyant que sur les conseils de ses frères. Faudrait-il en déduire qu'il les a entendus dans le ventre du monstre ? Cf. § 47.

Retour apparent à une taille normale

Mais Amiran n'a pas encore conscience des conséquences de son aventure. Il croit qu'il « est le même gaillard qui filait hier comme la tempête. Peu fut enlevé à sa taille, rien n'est dérobé à ses bras » (§ 49). Ses deux frères ne remarquent rien non plus, sauf qu'il n'a plus ni cheveux, ni barbe, ni moustache, ce qui est bien normal, puisqu'il est « nouveau-né » (§ 48).

Après un échange de railleries et de reproches entre Usip' et Amiran (§ 50), Badri trouve des mots de consolation et propose un remède purement cosmétique : les postiches fabriqués par le « Seigneur » (*Bat'oni*) Igri. Le statut de ce personnage et le titre dont il s'affuble sont assez énigmatiques. Notre texte le présente comme une sorte d'artisan qui travaille avec un marteau, peut-être un forgeron, mais cela n'est pas clairement confirmé. Par quelle extravagante vanité exige-t-il d'être appelé « Seigneur » ? Déclinant la demande d'Amiran, il se prétend le « serf du monarque », ne pouvant rien faire sans sa permission écrite. Courroucé de cet obstacle, Amiran coupe la tête du monarque et la rapporte à Igri terrifié, qui lui fabrique aussitôt barbe et moustache (§ 53-54).

Dans une autre variante[22], Igri n'apparaît pas comme artisan, mais comme détenteur d'une source thermale qui fait repousser la barbe et les cheveux. Comme Amiran a négligé de l'appeler « Seigneur », Igri lui interdit la source. Amiran coupe la tête d'Igri, se baigne dans l'eau curative, puis dérive le réservoir pour que chacun puisse en user après lui.

---

22. Sharabidze 2012, p. 29.

Le récit change ainsi de tonalité : de l'habileté artisanale, on passe à la magie. Le titre de « Seigneur », exigé par Igri, semble justifié par le fait qu'il dispose à son gré d'une eau miraculeuse. Comment a-t-il acquis ce droit ? Il semble qu'il l'ait usurpé aux dépens de la population locale. Peut-être est-il une sorte de sorcier[23] ? Rappelons à ce propos qu'on appelle « seigneurs » (*bat'onebi*) les démons des fièvres.

Quant à l'action d'Amiran, elle ne lui est pas seulement utile à lui-même, mais à la collectivité humaine. Sur un mode mineur, elle rejoint l'exploit cosmologique accompli sur le ventre du dragon. L'humanité doit au titan la libération de la lumière du jour et des eaux les plus salubres. De ce fait, Amiran commence à se poser en redresseur de l'ordre universel et en rival de la divinité.

Aventure ou sédentarité ?

En apparence, Usip' et Badri consentent à se mettre en quête de Q'amar. Mais au fond d'eux-mêmes ils ne partagent pas les intentions d'Amiran, son projet de conquête aventureuse d'une épouse (§ 44). Différant sans cesse un voyage aller, que Baq'baq' devi leur promettait court et facile – alors que le retour serait périlleux –, ils suivent Amiran dans toutes sortes d'opérations belliqueuses avant de lui avouer leur véritable aspiration : retrouver un foyer semblable à celui de leurs parents (§ 55).

La dernière maison où on les a reçus est celle d'une famille de *devi*, où l'on célébrait un mariage. Comme d'usage en de telles circonstances, on invite au banquet tous les passants

23. Charachidzé 1986, p. 43.

(§ 56). Les hôtes forment un véritable clan réunissant neuf frères *devi*, leurs ancêtres, leurs épouses et leur descendance : « Ils avaient un immense foyer, d'innombrables filles et brus, des enfants et des vieillards » (§ 58). C'est la transposition, dans le monde démoniaque, de la grande famille patriarcale caucasienne.

Au premier abord, l'hospitalité des *devi* semble appétissante : ils font cuire des gâteaux semblables à ceux des humains. Mais l'horreur de leurs mœurs diaboliques ne tarde pas à se manifester : les marmites débordent de restes humains, les cruches à vin sont pleines de reptiles. Les trois frères sont pris d'une telle nausée qu'ils n'ont plus faim, sans avoir rien mangé. D'autant que ce cannibalisme les vise en premier lieu. Leur réputation est légendaire : même les tout petits enfants ont déjà appris à les haïr. L'un d'entre eux rêve de tuer Amiran pour s'amuser, de ronger les os de Badri et de ceindre les armes d'Usip'. Ces deux derniers sont terrifiés, seul Amiran conserve son sang-froid (§ 57).

Le lendemain, tous trois décident de s'emparer de cette « demeure convenable ». Laissant ses deux frères aux abords de la maison, Amiran avance seul jusqu'à la porte. Il est aussitôt repéré par une femme *devi* qui donne l'alerte. Pour s'assurer qu'il s'agit bien du « fils de Darejan », les *devi* ordonnent à la femme de sourire au héros et de vérifier, quand il lui rendra son sourire, qu'il a bien une dent en or, vestige de son origine divine (§ 58-59).

Vaine précaution ! Amiran n'est pas plutôt reconnu qu'il passe seul à l'attaque et fait un carnage, tant et si bien que la maison s'emplit « jusqu'au plafond » du sang des victimes. Le titan s'y serait noyé, s'il n'avait, au dernier moment, brisé la porte en projetant le corps d'un *devi* blessé qui flottait à sa portée. La maison se vide d'un coup. Ses deux frères la nettoient et la rendent habitable (§ 60-63).

Georges Charachidzé[24] a comparé cet épisode aux combats menés, dans les temps primordiaux, par le dieu K'op'ala et par Iaxsar, son frère par serment, pour libérer les premiers hommes des menaces d'extermination que faisaient peser sur eux les attaques continuelles des *devi*[25]. Un hymne à Iaxsar raconte comment le dieu pénètre dans une maison, habitée comme celle de notre texte, par neuf frères *devi* et leur mère. Il massacre tout le monde et poursuit l'un des *devi* blessé dans un lac souillé, où il se trouve aussitôt englué dans le sang. Ses esclaves le sauvent de la noyade en immolant « un mouton à quatre cornes et quatre oreilles »[26]. Si l'on retient ce parallèle, on accentue le caractère universaliste des exploits d'Amiran. On confirme qu'il est un des bienfaiteurs de l'espèce humaine en général.

Mariage par enlèvement

« Amiran ne put demeurer longtemps dans cette maison » (§ 64). La sédentarité n'est pas son fort. Il se croit amoureux d'une Q'amar, qu'il ne connaît en fait que par la description de Baq'baq' devi, précisant seulement qu'elle habite « au-delà de la mer » et revêt une robe de géante (§ 35). Son imagination prête à cette fiancée une blancheur « semblable au soleil » (§ 64). Il se figure d'avance la douceur de son étreinte (§ 62).

Cet érotisme conventionnel ne doit pas occulter le prestige chevaleresque qui s'attache à l'enlèvement d'une épouse.

---

24. *Ibidem*, p. 44-46. Sur le frère-juré ou frère par serment, cf. *supra*, p. 56, n. 6.
25. Charachidzé 1968, p. 342-344.
26. *Ibidem*, p. 416-417.

Dans le monde caucasien, cette forme de mariage passe pour une preuve de virilité guerrière. En effet, elle est doublement transgressive : à l'égard du clan de l'époux et de celui de l'épouse. D'un côté, elle substitue l'union individuelle à la communauté des femmes qui prévalait dans les époques les plus anciennes. De l'autre, l'enlèvement d'une épouse appelle en principe une vengeance de sang contre le ravisseur. Toutefois, comme les clans montagnards jugent souvent inopportunes les guerres où les entraîne ce devoir d'honneur, ils ont inventé au cours des siècles différents modes de réparation, avant ou après coup.

Les meilleurs moyens sont évidemment préventifs : on négocie d'avance le mariage et on se met d'accord sur le prix de la fiancée. Cependant, pour ne pas priver le jeune homme d'une glorieuse épreuve de virilité, on le laisse organiser une sorte d'enlèvement simulé. Arrivant à cheval avec des compagnons en armes, il feint d'entraîner de force la jeune femme et s'enfuit avec elle au galop. Les garçons de la belle-famille lui laissent prendre un peu d'avance, puis se lancent à sa poursuite. S'il est rattrapé, il doit rendre la future, mais il a droit à une seconde chance. En cas de nouvel échec, le projet de mariage est rompu. Chez certaines ethnies du Nord-Caucase, la jeune femme elle-même repousse avec mépris son ravisseur, en lui disant : « Tu n'es même pas capable de voler une vache. »[27]

Dans notre texte, l'enlèvement de Q'amar est bien réel et les représailles de son père ne sont pas simulées. C'est pourquoi Amiran sollicite le concours de ses frères : « Je vais partir chercher Q'amar. Si vous venez avec moi et me rendez ce service, attendez-moi de ce côté-ci de la mer » (§ 64). La

27. Darinsky 1900.

tactique est claire : pour l'aller, il compte sur l'effet de surprise. Il faudra un certain temps avant que le père de Q'amar se lance à sa poursuite. Lui-même en profitera, avec Q'amar, pour retraverser la mer Noire en sens inverse, et c'est sur la côte géorgienne, en un lieu choisi d'avance, qu'il affrontera l'ennemi avec l'aide de ses deux frères.

Mythe et parodie épique

Néanmoins, le récit est marqué d'une double empreinte, mythique d'un côté, et satirique de l'autre. En effet, Q'amar n'est pas une fiancée ordinaire. C'est la fille du roi des Kaǰi, redoutables démons forgerons[28], qui n'habitent pas la terre où vivent les hommes, comme les *devi* que le titan a combattus jusqu'ici, mais demeurent dans une sorte d'au-delà, ou d'univers séparé[29]. Notre texte énonce une triple séparation : la mer, qu'Amiran traverse, non par survol ou par navigation, mais en la « fendant » pour passer à pied sec ; la tour, où demeure Q'amar, suspendue au ciel par une chaîne ; et enfin le ciel lui-même, où résident le père et la mère de Q'amar.

La chaîne qui soutient la tour rappelle celle qui est attachée à la cime du chêne sacré de Lašari, « menant au ciel comme une échelle ». Le dieu s'en servait pour visiter régulièrement son sanctuaire terrestre, puis pour regagner son séjour aérien[30]. Q'amar est donc en lien direct avec des Kaǰi célestes. Son nom[31], emprunté à l'arabe, désigne la lune comme

---

28. C'est en tant que forgeron que les Kaǰi affrontent saint Georges, qui prend et détruit leur cité, d'où s'élève « une terrible flamme ». Le dieu « brise en morceaux forge… forgerons et forgeries » : Charachidzé 1968, p. 530-531.

29. Charachidzé 1986, p. 46.

30. Charachidzé 1968, p. 661-663.

31. Q'amar Q'amareli est le nom d'un héros masculin dans le recueil de contes épiques *Amiran Darejaniani* ; cf. Brosset 1837, col. 11 ; Stevenson 1958, p. 218.

planète, plutôt que comme luminaire[32]. Pour rejoindre une telle fiancée, il faut une monture particulière, le coursier Tetroni, que le héros emprunte à son frère Badri. Bien que le nom puisse s'appliquer à n'importe quel cheval blanc, celui de notre texte a des aptitudes hors du commun : « En un jour il parcourt le chemin d'une année ; mer ou terre ferme, pour lui c'est tout un » (§ 75). Mieux encore : il s'élance vers le ciel et s'y meut comme s'il avait des ailes.

Grâce à lui Amiran gagne sans peine la fenêtre aérienne de Q'amar, qu'il trouve en train de laver la vaisselle. Alors qu'il l'invite à le suivre, comme s'il la connaissait depuis toujours – mais peut-être a-t-elle été avertie de sa venue par un songe ou quelque sortilège ? –, elle accepte aussitôt, pourvu qu'il l'aide d'abord à ranger les écuelles (§ 66). Amiran s'acquitte de cette mission, en prenant d'amusantes précautions pour que les écuelles ne remarquent pas sa présence et ne le dénoncent pas. C'est peine perdue. D'un geste maladroit, il brise l'une d'entre elles, dont les morceaux donnent aussitôt l'alerte. Les deux amants doivent fuir au plus vite.

Georges Charachidzé[33] a observé que, jusqu'alors, le héros n'avait jamais pris la fuite. Il a comparé[34] l'enlèvement de Q'amar au *Sasimğero* – poème chanté, transmis par tradition orale – relatant l'expédition de saint Georges chez les Kaǰi. Le dieu enlève trois de leurs sœurs, Samdzimari[35], Femme-Soleil et Aše-Kali. Comme le chamane à qui saint Georges s'est associé[36], Amiran arrive chez Q'amar en chevauchant une

32. Čikovani 1965, p. 53 ; au contraire, Badri désigne la pleine lune rayonnante de lumière.

33. 1986, p. 47.

34. Charachidzé 1968, p. 516-533.

35. Sur cette entité, voir Mahé 2008.

36. Charachidzé 1968, p. 521 (texte 2).

monture qui n'est pas la sienne. Cependant, il ne cherche pas à se déguiser lui-même, ni à dissimuler son identité, comme le fait saint Georges en s'enveloppant dans une peau de cheval[37].

En réalité, « enlever une femme » (*kalis mit'aceba*) implique forcément de prendre la fuite avec elle ou de l'entraîner au loin. Ce genre de fuite n'a rien d'une déroute. Mieux vaut être discret si l'on espère prendre un peu d'avance sur les poursuivants. Amiran ne perd pas son sang-froid : il se hâte simplement de franchir la mer Noire pour organiser une contre-attaque avec ses deux frères.

La suite du récit est empreinte du même mélange d'humour et de mythologie. Q'amar feint de s'effaroucher de la cotte de mailles de son ravisseur. Elle lui reproche sa perfidie bien connue à l'égard des femmes (§ 20-21). Amiran ne répond pas à ses objections, mais la compare à une plantation de baumiers. Cependant, il ne s'attarde pas à cette métaphore poétique : il constate prosaïquement qu'il faut traverser les montagnes avant que la neige ne se mette à tomber (§ 68). Chargé de choisir pour Q'amar un vêtement de voyage dans une garde-robe inaccessible, taillée dans une paroi rocheuse et fermée d'une lourde porte de fer, le héros, plein d'impatience, fracasse la porte d'un coup de pied et, découvrant suspendues une foule de robes de peau avec une « forêt de boutons en or », met tout sens dessus dessous (§ 69). Après avoir été trop lente à s'habiller, Q'amar, qui se rappelle soudain que son père est à sa poursuite, trouve que Tetroni ne galope pas assez vite. Amiran prend facétieusement le cheval à témoin que sa cavalière va lui faire perdre ses fers et lui décortiquer la peau du dos (§ 70).

37. *Ibidem*, p. 520 (texte 3).

La description de la poursuite conserve le même style parodique. Les deux amants se croient soudain surpris par un orage que rien ne laissait présager. Q'amar explique aussitôt le phénomène en prenant à la lettre les exagérations épiques habituelles en ce genre de circonstances : la tornade et les nuées noires ne sont que vent et poussière soulevés par l'avance rapide des innombrables troupes de son père ; la pluie torrentielle provient des larmes de sa mère (§ 70).

Comme la jeune femme semble craindre d'affronter la multitude des poursuivants (§ 72), le héros la rassure avec superbe : il n'est pas de ce gibier qu'on attrape avec des chiens de chasse ou des oiseaux de proie[38] ! Mais il abattra tous ses adversaires avec l'aide de ses deux frères (§ 73). Tandis que l'armée des Kaǰi, uniquement composée de démons, couvre la mer de ses navires, Amiran et Q'amar y entrent avec Tetroni et la traversent sans encombre, comme à l'aller (§ 74).

Deuil et amertume de la victoire

Cependant, la bataille se révèle beaucoup plus difficile que le héros ne l'avait escompté. D'abord, à cause de l'extraordinaire immensité de l'armée ennemie. Dépêché en éclaireur pour en faire le tour, Badri plante une flèche à son point de départ. Elle est aussitôt arrachée par l'ennemi, en sorte que le héros galope en rond pendant neuf jours et neuf nuits, malgré la prodigieuse célérité de sa monture (§ 77). Amiran, dont la flèche résiste aux efforts de tous les démons, fait le tour de

38. Contrairement à Charachidzé 1986, p. 47, nous ne pensons pas qu'Amiran se plaigne d'avoir à fuir pour la première fois de sa vie. Sa réplique respire plutôt l'assurance, et même une certaine impatience de combattre.

leurs troupes en une seconde. Aussitôt après, il charge Usip' d'engager le combat.

À lui seul, « ce preux renommé » tue la moitié des ennemis, mais il succombe sous le nombre (§ 78). Amiran apprend la nouvelle et envoie Badri à son tour : lui-même se réserve comme renfort. Badri périt également (§ 79). L'impensable s'est donc produit : les deux frères, que le titan pouvait croire aussi invincibles que lui, sont tombés l'un et l'autre, avant qu'il n'ait eu le temps de leur porter secours. Amiran est sous le choc. Son plan a complètement échoué.

C'est sans doute pour cette raison que Q'amar propose de prendre les armes à sa place. Dans notre texte, le héros refuse avec indignation. La guerre est une affaire d'hommes (§ 81). Q'amar accepte de se laisser reléguer au sommet d'une montagne (§ 82) pour assister de loin au combat. Mais elle exige qu'Amiran la rejoigne, sabre au clair, après la bataille, comme si elle voulait lui donner une leçon d'escrime – ce qu'elle fera en effet sous peu (§ 84).

Le paradoxe d'une femme maniant les armes aussi bien qu'un homme est attesté ailleurs dans les épopées caucasiennes. Par exemple, dans la geste arménienne des *Trompe-la-mort du Sasun*, Gohar, future épouse de Mher le Jeune, l'aborde sous l'aspect d'un homme revêtu d'une armure, le provoque au combat et teste sa vigueur, avant de se laisser reconnaître comme femme et de lui déclarer son amour[39]. Dans certaines variantes de l'épopée géorgienne, Amiran meurt lui aussi au combat. Q'amar revêt alors les armes de son époux et tue son propre père, puis elle ressuscite Amiran[40].

39. Feydit 1964, p. 385-387.
40. Charachidzé 1986, p. 48.

Selon notre texte, le héros massacre tout ce qui reste de l'armée ennemie, puis affronte directement son beau-père. Les deux antagonistes semblent d'abord de force égale. Ils se portent l'un à l'autre des coups terribles, mais aucun des deux ne triomphe. Q'amar intervient alors pour donner à son époux un précieux conseil de méthode : quand on lutte contre un éléphant, c'est en bas[41] qu'il faut frapper pour qu'il s'effondre sur lui-même (§ 84). Profitant aussitôt de cet avis, Amiran tue son adversaire (§ 86). On rapprochera cet épisode du passage où Badri et Usip' conseillent au héros de fendre le ventre du dragon noir avec son couteau de diamant (§ 47). La force aveugle du titan a toujours besoin d'avis éclairés. Maintenant que ses deux frères sont morts, leur intelligence est relayée par celle de son épouse.

L'intervention de Q'amar donne lieu à un véhément échange entre la jeune femme et son père. Ce dernier lui rappelle que la parenté du sang vaut mieux que la parenté par alliance. Il allègue aussi la sollicitude de sa mère. Q'amar réplique en évoquant la rudesse de l'éducation des enfants, qu'on jette « dans un coin de la maison, un vrai nid de souris », et qu'on menace de la pointe d'un couteau quand ils dérangent (§ 86).

Voyage dans l'autre monde : mort et résurrection

La tension nerveuse et l'ivresse du combat ont détourné Amiran de songer à son deuil. Les sarcasmes d'un Kaǰi blessé, qui le traite de Tatar sans cœur pour avoir exterminé

41. Selon Charachidzé 1986, p. 179, cet adverbe est un euphémisme : il s'agirait des parties sexuelles.

la race de son épouse, lui rappellent le reproche d'Usip' (§ 44) d'envoyer ses frères à la mort dans un but purement personnel. Aucun bien ne compte plus pour lui, dès lors que ses proches ne peuvent plus partager sa joie. « Il oublie, et Q'amar, et lui-même, et la victoire » (§ 88), projetant de se suicider près des corps de ses frères dès qu'il les aura retrouvés.

Il s'enfonce une épée dans le cœur, mais n'en est même pas blessé. Une fois de plus, un Kaǰi, doté d'une clairvoyance démoniaque, lui révèle le secret : toute sa personne est invulnérable, sauf son petit doigt ! (§ 91). Les parallèles avec Achille, Siegfried et l'Ossète Sosryko, évoqués par Georges Charachidzé[42], confirment l'origine mythologique de ce motif. Connaissant son point vulnérable, Amiran réussit à se suicider, ayant juste le temps d'une dernière pensée pour Q'amar avant de rendre l'âme (§ 92).

Logiquement, l'épopée devrait s'arrêter ici puisque les trois héros sont morts. Mais cette fin prématurée soustrairait Amiran au destin qui le guette dès sa conception : provoquer Dieu et payer le prix de son insolence ! C'est pourquoi la tradition propose un autre dénouement, qui semble d'abord tout à fait factice. Q'amar, fille du roi des Kaǰi, ressuscite son époux et ses deux beaux-frères.

À serrer le texte de plus près, Q'amar n'use pas des pouvoirs démoniaques de sa race, mais d'un artifice révélé par Dieu. En effet, ce sont bien les Kaǰi qui provoquent le suicide d'Amiran (§ 88, 91), mais c'est une chétive créature, envoyée de Dieu, qui montre à Q'amar la plante miraculeuse de la résurrection (§ 96). On pourrait soupçonner que cette intervention divine

42. 1986, p. 49.

est due à un reste de sollicitude de Dieu pour son filleul et qu'elle n'est d'ailleurs pas dépourvue d'arrière-pensées. Mais le contexte ne confirme pas cette interprétation.

En réalité, le Dieu qui intervient ici n'est ni le Morige du paganisme montagnard, impitoyable gestionnaire de l'ordre universel, ni son implacable ministre K'wiria. Il ressemble plutôt à la Providence biblique. En effet, il s'inquiète du bonheur de ses créatures. Il permet que les arbres laissent tomber leurs feuilles par compassion pour Q'amar. Lui-même, pour se renseigner, dépêche des oiseaux en discrets éclaireurs. Comme dans l'histoire du Déluge[43], le corbeau et la colombe présentent tour à tour leur rapport à Dieu (§ 94).

C'est donc pour secourir Q'amar que Dieu envoie une petite souris. Mais la géante la tue par méprise, ne comprenant pas que l'animal a le projet de nettoyer les corps ensanglantés des héros. Accourant aussitôt, la mère de la petite victime flétrit cette beauté égoïste, qui vient de provoquer la mort de son père, de son mari et de ses beaux-frères. Elle-même entend donner l'exemple en ressuscitant sa défunte fille. Apprenant la recette, Q'amar l'applique aussitôt aux trois preux, mais non à son père.

Tous rentrent chez eux et coulent en apparence des jours heureux, loin des enlèvements de femmes et des expéditions guerrières (§ 95-98). En réalité, ce paisible bonheur ne concerne que Badri et Usip'. Malgré la présence de Q'amar, Amiran, nullement tranquillisé, se mure dans la solitude. Les noms de ses proches ne sont même plus mentionnés jusqu'à la fin de l'épopée.

---

43. Genèse 8, 6-12.

Faudrait-il considérer que la conquête de la fiancée est une sorte de parenthèse, sans lien essentiel avec ce qui précède et sans conséquence pour la suite ? Si important dans les romans de chevalerie, où il est la suite naturelle des « enfances » du héros, ou dans les gestes épiques, où il marque l'aboutissement d'une longue quête aventureuse, le thème de l'amour et du mariage semble extérieur à l'épopée d'*Amiran*, car il est totalement étranger au caractère du titan. Le bilan narratologique de l'épisode est nul, puisque la mort des trois héros a été abolie, et que l'épouse, une fois conquise, ne joue plus aucun rôle.

Néanmoins, on pourrait chercher une signification plus profonde et un lien plus subtil avec la trame épique. L'expédition d'Amiran au pays des Kaǰi, le combat, la mort et la résurrection du héros, constituent un véritable voyage dans l'au-delà[44]. Cette épreuve est nécessaire à la formation du héros. Contrairement à la *nekyia* de l'Odyssée ou à la descente aux Enfers de l'*Énéide*, il ne s'agit pas, pour un homme d'âge mûr, de régler des comptes avec son passé. Le titan n'a gardé aucun souvenir de son enfance et de sa jeunesse. Mais il faut qu'il acquière une complète connaissance du monde et qu'il se mesure à l'échelle des êtres, à toute la hiérarchie des démons, pour en venir à la conclusion que nul ne peut le vaincre sur terre (§ 99) et que Dieu est le seul adversaire à sa taille. Telle

44. Charachidzé 1986, p. 49, va jusqu'à comparer la mort et la résurrection d'Amiran à l'expérience du chamane Gaxua Megrelauri, qui accompagne saint Georges chez les Kaǰi. À l'aller, le dieu (*xat'i*) « retire ses âmes » à Gaxua et les transforme en une « mouche bourdonnante ». Il laisse le corps du chamane inerte dans le creux d'un rocher. Au retour, Gaxua retrouve son cadavre grouillant de vers, qui reprend vie quand le *xat'i* y réintroduit les âmes qu'il avait retirées. Pour le détail de ce récit, voir Charachidzé 1968, p. 516-520. Il nous paraît contestable de comparer Amiran à un chamane : il n'est pas le serviteur d'un dieu, mais agit toujours de sa propre initiative.

est la portée véritable de cet épisode, qui précède l'ultime défi d'Amiran.

III. L'affrontement avec Dieu

Désormais, nulle victoire ne l'étonne ni ne le gratifie. Aucune considération ne l'arrête, pas même le sentiment de sa mortalité. Depuis sa résurrection, c'est comme s'il était devenu immortel. Ses exploits ne sont plus qu'une statistique insipide, une foule indistincte dont rien ne se détache (§ 99). Ils s'étendent à la terre entière. À peine émergent de temps en temps les noms de quelques preux légendaires, comme Črdilaver, le héros du Nord-Caucase, et Siarsamul, qui le suit jusqu'au Balxeti (§ 100).

Première défaite d'Amiran

Contre toute attente, celui qu'aucun adversaire vivant n'a pu vaincre va devoir s'incliner devant le corps inerte d'un mort. Amiran croise par hasard, sur la route du Balxeti, le convoi funèbre de son ennemi Ambri. Le folklore et la tradition romanesque ultérieure représentent ce personnage comme un champion arabe[45]. Est-ce seulement un être humain ? S'il l'était, ce serait l'unique adversaire humain d'Amiran. Mais sa taille gigantesque l'apparente plutôt à un *devi*. À présent, c'est un poids mort que douze paires de bœufs tirent à grand-peine sur un immense chariot. Les cahots de la route ont déplacé l'une des jambes du défunt : la voilà qui traîne à terre en « creusant un sillon » (§ 101).

45. Mose Xoneli le nomme Ambri Arabi ; dans le folklore svane, il s'appelle Andrerobi ; cf. Čikovani 1965, p. 53-54. Jusqu'au début du XXe siècle, lors du carnaval de Tbilissi, on promenait en ville le mannequin d'un géant nommé Arabi ; cf. Charachidzé 1986, p. 55.

L'organisatrice des funérailles est la mère d'Ambri, qui a loué l'attelage et marche à côté du convoi. Reconnaissant l'ennemi de son fils, elle lui lance un défi pour le mettre à l'épreuve. Quoi de plus facile pour lui que de replacer cette jambe, par décence pour le défunt ? (§ 102). Tout, dans la description des faits, suggère qu'Ambri n'est plus qu'une masse inerte, qu'on transporte comme une chose et non comme une personne[46].

C'est précisément cette inertie qui tient en échec le titan, que nulle force vive n'avait pu ébranler. « Amiran s'arc-boutait vainement sur la jambe d'Ambri. Il n'arriva pas à la bouger, il ne put même pas l'écarter de la terre ; à plus forte raison, il ne put la remettre sur le chariot » (§ 103). Tout se passe comme si ce membre mort ne faisait plus qu'un avec le sol sur lequel il reposait, comme s'il concentrait en lui toute la pesanteur de la matière. En arménien, langue indo-européenne qui voisine, dans le Caucase, avec le géorgien, « force » et « poids » sont deux notions connexes, qui s'expriment souvent par les mêmes racines lexicales[47]. Si Amiran avait la force de soulever la jambe d'Ambri, il triompherait sans peine de la gravité de la terre et menacerait l'équilibre universel[48].

C'est pourquoi il essuie alors la première humiliation de son existence. Malgré les sarcasmes dont le couvre la mère d'Ambri, il est impuissant à sauver son honneur et tombe dans une profonde dépression (§ 104-105). Cet échec efface

---

46. Les verbes du texte se rapportent sémantiquement à des actants inanimés, comme l'a bien souligné Charachidzé 1986, p. 52.

47. Lamberterie 1982, p. 21-55.

48. Charachidzé 1986, p. 53, relève, d'après Georges Dumézil, plusieurs mythes indo-européens où une entité héroïque ou divine (Indra, Thôrr, etc.) affronte la résistance d'une masse entièrement passive.

tous ses exploits. C'est comme s'il était mort ; pis encore, comme s'il n'avait jamais existé. Fuyant le regard du soleil et des hommes, il se terre dans un lieu sombre, oublie l'alternance des jours et des nuits et se coupe de tout contact extérieur, animal ou humain (§ 106). Cette réclusion mentale préfigure en quelque sorte son châtiment futur. Si, là où il est, il ne voit plus rien, perd le sens du temps, c'est comme s'il était déjà enchaîné dans sa caverne, au sommet du mont Gerget'i.

Cadeaux divins ou ruse du destin ?

À quoi bon différer sa marche vers le destin ? Dieu lui rajoute encore « la force de trois rivières en crue, la puissance et la promptitude de trois coulées d'avalanche » (§ 106). Ces nouveaux dons ne sont pas un simple supplément aux cadeaux de baptême (§ 9), ils leur sont très largement supérieurs. Trois avalanches au lieu d'une, plus trois rivières en crue ! Dans certaines variantes[49], Dieu limite cette rallonge aux « neuf[50] attelages de buffles qui tiraient le chariot » d'Ambri. Toutefois, même réduite, cette mesure est dangereuse : « Je sais bien, dit Dieu au titan, que tu ne feras pas bon usage de cette force, que tu en useras pour le mal, et que tu seras encore humilié. »[51]

Serait-ce par compassion que le Dieu omniscient de notre épopée accorde à son filleul une faveur dont il connaît les conséquences funestes ? On pourrait alléguer qu'en secourant Q'amar (§ 95) le Créateur s'est comporté en Dieu de miséricorde. Ce n'est pas exclu dans ce contexte, mais cela n'est pas

49. Charachidzé 1986, p. 51.
50. « Douze » dans notre texte.
51. Charachidzé 1986, p. 51.

explicite. De toute façon, même le Morige le plus inflexible n'a aucune raison de refuser au titan le surcroît de force à quoi il aspire : cela ne fera qu'accélérer le cours du destin. En soulignant que désormais Amiran est si fort qu'il ne peut plus lui inspirer la moindre pitié, Dieu laisse clairement percer son irritation devant un éventuel rival (§ 106). C'est pourquoi il le tente et le pousse à la faute par une flatterie. En lui disant : « De ce côté-ci, tu arrêtes la mer, de l'autre, tu t'adosses à elle », il lui laisse entendre que sa nouvelle puissance s'égale à la sienne, qui a séparé la terre et la mer[52] en ordonnant à celle-ci : « Tu viendras jusqu'ici et tu n'iras pas plus loin ; ici, se bornera la superbe de tes flots. »[53]

Après un tel compliment, le titan ne peut que s'endurcir dans son orgueil. Cet aveuglement fait partie du piège que Dieu a décidé de mettre en place pour punir un coupable depuis longtemps condamné. En effet, Amiran n'a cessé, pendant des années, de multiplier les offenses. En particulier, il a trois fois[54] rompu un serment juré au nom de Dieu (§ 112). Mais surtout, depuis qu'il est devenu invincible, ses exploits portent atteinte à l'ordre universel, à l'équilibre des espèces et à la hiérarchie des êtres. Par exemple, il a tant chassé qu'il ne reste plus sur terre que « trois *devi*, trois porcs sauvages et trois taureaux » (§ 117).

Libérés de l'oppression des géants démoniaques, les hommes, protégés d'Amiran, se sont multipliés ; ils sont devenus « trop puissants ». Pour les remettre à leur place, les dieux[55] leur ont confisqué le feu, qu'ils retiennent sur la plus

52. Genèse 1, 9-10.
53. Job 38, 11.
54. Chiffre symbolique de la récidive : par exemple le reniement de Pierre.
55. Notre texte dit *ǯmrteebi*. Dans le cadre du paganisme montagnard, on attendrait plutôt *xat'ebi* ou *xtišvilebi* « les fils de Dieu », c'est-à-dire « les anges » ;

haute cime du Caucase. Comme la froidure s'installe sur la terre, Amiran le restitue à l'humanité (§ 107). Cette dernière indication pourrait sembler trop conforme au mythe grec de Prométhée pour ne pas éveiller quelque soupçon. Mais elle est confirmée par de rares variantes[56]. En tout cas, il est clair que Dieu ou les dieux ont décidé de punir le titan qui menace leur ordre et leur souveraineté.

Cependant, Amiran n'est pas un prévenu ordinaire qui se laisserait arrêter sans résistance. Il est risqué d'agir par force. Dieu doit donc recourir à une ruse[57] préparée de longue main. Elle repose en premier lieu sur l'intoxication mentale de l'adversaire. Devenu invincible, le titan s'est coupé de toutes ses affections humaines et a éliminé tous ses ennemis. Le voilà donc tenaillé par une soif obsédante de bataille, qu'il ne pourra pas assouvir. En effet, il n'a plus d'adversaire animal ou démoniaque. Quand bien même il en trouverait un, le combat n'a plus aucun charme, puisque le résultat est connu d'avance. En flattant l'orgueil d'Amiran, son parrain lui a insidieusement suggéré la seule issue possible : « Dieu, ce mien parrain qui m'a donné la force, si seulement je pouvais lutter contre lui ! J'éprouverais quel gaillard il est ! » (§ 108).

dans le Proche-Orient antique, « fils de » signifie souvent « d'un niveau égal à », comme en syriaque « fils des pieds » signifie « étriers », ou en arabe « la clef est chez son père », c'est-à-dire « dans la serrure ».

56. Charachidzé 1986, p. 249-251 et 258-259, signale deux variantes qui relatent le vol du feu. Selon la plus explicite, l'événement a lieu pour ranimer le foyer d'Iaman qui s'est éteint pendant l'absence d'Amiran.

57. On verra ci-dessous, dans l'épopée d'*Abrsk'il*, que les Apehambar, chargés par Dieu d'arrêter le géant, y échouent à maintes reprises, car ils n'ont ni la force ni l'agilité nécessaires. Ils doivent donc recourir aux ruses d'une sorcière. Le Dieu d'Amiran est mieux organisé : il n'a jamais songé qu'à la ruse.

Une épreuve truquée

Notre texte laisse à Amiran l'initiative de la provocation. Le Dieu-Christ, délégué aux affaires terrestres, feint tout d'abord de refuser une proposition, dont son père est en réalité le secret inspirateur (§ 109). Selon d'autres variantes, c'est le parrain qui lance le défi : « Allons nous mesurer ! »[58]. Contrairement à ce qu'on attendrait, les deux adversaires ne s'affrontent pas corps à corps. Dieu propose une épreuve sportive. Il s'en explique en invoquant la coutume : parrain et filleul n'ont pas le droit de combattre entre eux (§ 109). S'ils se mesurent l'un à l'autre, ce ne peut être qu'en jouant.

L'argument est d'autant plus imparable que la coutume fonctionne comme une loi naturelle. Mais est-ce bien la raison profonde de la proposition divine ? Si, par impossible, Dieu acceptait de lutter directement, comme Amiran l'aurait souhaité, qui garantit qu'il aurait eu le dessus ? Muni des forces prodigieuses qu'il a successivement accumulées, le héros eût été bien difficile à vaincre. Au contraire, une épreuve sportive peut être aisément truquée.

Dans notre texte, Amiran doit arracher un bâton de chêne planté par Dieu. Le jeu lui paraît si facile qu'il s'en irrite et réclame une épreuve plus sérieuse. Dieu commence alors à tricher : plantant le bâton une nouvelle fois, il ordonne secrètement qu'il lui pousse des racines enserrant tout le tour de la terre. Cette fois-ci Amiran ne peut plus l'arracher. Dieu maudit le titan et l'enchaîne sur place (§ 110).

58. Charachidzé 1986, p. 67, 70.

Sur le même schéma, les nombreux narrateurs de la légende ont brodé toutes sortes de variantes. Tantôt, au lieu d'un bâton, Dieu a préparé un poteau en fer muni d'une grande chaîne. Tantôt Amiran lance à plus de quarante verstes une pierre presque aussi grande qu'une montagne. Le Christ la ramasse et la projette avec une telle violence qu'elle survole neuf cimes montagneuses puis s'enfonce profondément dans le sol. Incapable de l'arracher, le titan y est enchaîné[59].

Dans d'autres cas, la captivité d'Amiran ne suit pas immédiatement sa défaite. Le Christ le laisse repartir, mais le fait ensuite subrepticement enchaîner par les Kaǯi[60]. Aucune variante ne relate un combat direct et loyal entre le filleul et son parrain. De toute façon, Amiran est condamné bien avant l'épreuve. Celle-ci n'est qu'un simulacre, dont divers narrateurs de l'épopée font aisément l'économie.

Cependant, le châtiment du titan ne se limite pas à la chaîne qui l'immobilise. Dieu le retranche « de la lumière et de la joie » ; il lui interdit « de voir le ciel et la terre » (§ 111). Pis encore, il le coupe de toute approche humaine pour éviter une solidarité éventuelle. C'est pourquoi, provoquant une sorte de cataclysme, Dieu empile sur le lieu du supplice deux hautes montagnes aux pentes couvertes de neige et de glace, qui forment une sorte de geôle souterraine où est enfermé le condamné. Amiran revient en somme à la grotte sombre où il est né, au sommet d'un abrupt vertigineux (§ 2-3). La

59. *Ibidem*, p. 67-68.

60. *Ibidem*, p. 70. Charachidzé mentionne aussi une tradition isolée selon laquelle c'est saint Georges qui demanderait à Dieu le châtiment d'Amiran. Requête paradoxale, si l'on songe aux affinités du titan et du *xat'i*, l'un et l'autre foncièrement philanthropes et farouches adversaires des *devi* et des Kaǯi. Mais dans le texte cité, saint Georges a un grief particulier à l'égard d'Amiran : celui-ci a séduit l'une de ses filleules et encourt donc une vengeance de sang ; Charachidzé 1986, p. 71.

transgression de ses origines est définitivement purgée. C'est comme s'il n'avait jamais existé.

Q'urša, le codétenu d'Amiran

Il emprisonne à ses côtés un autre criminel, le chien Q'urša, qui a tué « tant d'aurochs que, pour un peu, il eût exterminé l'espèce » (§ 113). La présence soudaine d'un animal, jusqu'alors inconnu, ne laisse pas de surprendre. Certains narrateurs isolés ont tenté d'atténuer la difficulté en faisant de Q'urša le chien d'Amiran, ou celui qui l'accompagnait lors de sa dernière chasse, juste avant qu'il ne se mesurât à Dieu[61]. Cette explication n'est pas convaincante, car la familiarité du chien et de son maître n'est mentionnée nulle part ailleurs.

Le plus simple semblerait donc d'accepter les faits tels qu'ils se présentent. Dieu a regroupé, côte à côte, dans la même cellule, deux condamnés coupables de crimes analogues. Amiran et Q'urša ont été des chasseurs intempérants, dangereux pour la pérennité des espèces. Mais Q'urša, dont le nom signifie *q'uri šavi* (« oreille noire »), n'est pas un simple chien de chasse. C'est un hybride d'aigle et de chien, doté d'un lourd passé mythologique et bien connu dans le folklore sud-caucasien.

Notre texte le décrit comme « le fils d'une aigle, qui rejoignait un auroch en deux bonds » (§ 113). Le mot « chien » (*dzağli*) n'apparaît pas, mais il est attesté par d'autres variantes. D'ailleurs, un aigle ne « bondit » pas, il vole. De plus Q'urša « lèche la chaîne d'Amiran » (§ 114), ce qui convient mieux à un chien qu'à un aigle.

61. Charachidzé 1986, p. 67, 131.

Selon une tradition svane, « Q'urša est le chiot d'une aigle ». Il faut sans doute comprendre que, dès son éclosion, il a quatre pattes de chien et deux ailes d'aigle. Constatant cette anomalie dans sa couvée, la mère aigle l'emporte du nid et le précipite de très haut. Il doit sa survie au secours d'un chasseur[62]. Sa nature hybride fait de lui un précieux auxiliaire pour son maître, et un redoutable assaillant pour le gibier.

Une lamentation svane, sans doute à réciter rituellement sur un monument cultuel appelé « tombe du chien courant » (*mc'evris saplavi*), permet d'établir que Q'urša appartient à une race de chiens divins auxiliaires des dieux, chargés d'aider les guerriers ou les chasseurs[63]. Il n'est donc pas étonnant que, enchaîné avec Amiran, l'animal se mette aussitôt à lécher ses liens pour les user.

Pourquoi Dieu a-t-il pris le risque de créer un voisinage aussi dangereux ? Il faut croire que c'est par un raffinement de cruauté, pour ajouter aux tourments d'Amiran l'affliction d'un espoir constamment déçu. Chaque année, quand la chaîne « est sur le point de se rompre » et que le captif se voit déjà libre, « le maudit forgeron frappe le marteau sur l'enclume, le jour du Grand Jeudi, et la chaîne s'épaissit de nouveau » (§ 114).

Christianisation du calendrier païen

La mention du Grand Jeudi, c'est-à-dire du jeudi saint, laisse pressentir la christianisation d'un ancien mythe du

---

62. *Ibidem*, p. 133.
63. *Ibidem*, p. 136-139.

temps et du cycle de l'année. Du fait que le concile de Nicée, en 325, a fixé la célébration de Pâques au premier dimanche après la pleine lune suivant l'équinoxe de printemps, la semaine sainte coïncide avec la venue de l'an nouveau, tel qu'on le concevait généralement dans l'Antiquité gréco-latine[64], dont les normes s'étaient imposées à l'orthodoxie géorgienne.

Les lectures liturgiques[65] du lundi au samedi saint assimilent chacun des jours de la création nouvelle, qui se prépare par la mort et la résurrection du Verbe incarné, à ceux de l'Hexaméron primordial[66], qui culmine le vendredi avec la création de l'homme, que le Christ rachètera plus tard sur la croix. La semaine s'achève par le septième jour où l'Éternel, se reposant des œuvres qu'il a faites, préfigure le Christ reposant au tombeau. Dans l'imagination populaire, la semaine sainte – limite d'un cycle annuel qui se termine, et amorce d'un cycle nouveau – est perçue comme une période de transition, marquée par l'usure et l'ébranlement de l'ordre ancien, qui commence à s'effacer devant le futur.

Pour que ce dangereux passage s'effectue heureusement, le concours des rites est indispensable. Les Svanes et les montagnards géorgiens imputent le péril aux démons. D'habitude confinés dans les espaces sauvages, ces êtres maléfiques se sont peu à peu rapprochés des pâturages, des terres cultivées et des lieux habités par les hommes. Si

64. Les noms de mois, de septembre à décembre, ne sont compréhensibles que si l'an neuf commence en mars.

65. Dans toute une série de travaux, Charles Renoux a montré que les trois Lectionnaires sud-caucasiens (arménien, géorgien, albanien) remontent au même modèle hagiopolitain (hiérosolymitain) du ve siècle ; cf. Renoux 1969, 1971, 1989, 2012.

66. Genèse 1, 1 - 2, 4.

l'on n'arrête pas leur avance, ils s'empareront des foyers et pénétreront dans les corps des personnes. C'est pourquoi durant la semaine sainte, que les Svanes appellent « semaine des démons », surtout pendant les cinq jours qui précèdent le vendredi de la crucifixion, la population des villages accomplit toutes sortes de rites prophylactiques, hommes et femmes séparément, chacun dans sa sphère spécifique[67]. Le jeudi saint, début du Triduum de la Passion, il est prescrit aux forgerons de façonner en silence n'importe quel objet en fer, « une croix, un fer à cheval ou toute autre chose »[68]. Aussitôt, la chaîne d'Amiran, amincie par un an d'usure, retrouve son épaisseur pour une année encore[69].

L'efficacité magique de ce geste rituel résulte d'une sorte de télépathie symbolique. Le martelage sonore des forgerons traverse l'espace et le temps : il rejoint le titan dans sa geôle inaccessible et remonte au moment où la chaîne fut forgée, pour effacer l'usure des années écoulées. D'une façon générale, certains bruits obtenus par percussion semblent avoir une valeur prophylactique contre les démons. Leur résonance symbolique peut avoir une longue portée. Par exemple, dans la *Conversion de la Géorgie*[70], lorsque le bourreau cloue Jésus sur la croix, avec « un marteau de forgeron » (*k'ueri mč̌ dlisay*), le bruit qu'entend le pieux juif Élioz, assistant au supplice sur le Golgotha, parvient jusqu'à Mcxeta en Géorgie, aux oreilles de sa mère.

Toutefois, dans notre épopée, le vacarme de la forge contraste avec le silence rituel imposé aux forgerons par la

67. Charachidzé 1986, p. 112-113.

68. *Ibidem*, p. 109.

69. Nous évitons de contaminer ici les données géorgiennes avec les parallèles arméniens concernant Artawazd : cf. *infra*, p. 227-233.

70. Abuladze 1963, p. 128, l. 35-39.

coutume. Un seul mot de leur part gâterait tout le fruit de l'opération. Le mutisme des hommes est d'autant plus méritoire qu'ils sont rituellement harcelés par les questions incessantes des femmes de leur entourage, qui s'efforcent de leur faire transgresser l'interdit. Cette épreuve s'inscrit dans un « réseau symbolique » de « communication restreinte ou ritualisée », imposant à chacun des deux sexes des attitudes complémentaires ou opposées[71].

Temps cosmique et ordre universel

Par quel paradoxe le renforcement de la chaîne d'Amiran s'insère-t-il dans un rituel magique destiné à chasser les démons, à les écarter des demeures et des activités humaines ? Tant qu'il était libre, Amiran a pourtant lutté contre les *devi*, les Kaǯi et les *ešmak'i*, c'est-à-dire toutes les classes démoniaques. Mieux qu'un autre, il a contribué à débarrasser l'humanité de ces fléaux. Et pourtant, la fin de sa captivité apparaîtrait comme une menace : « Malheur si Amiran brisait ses chaînes ! Malheur s'il arrivait à prendre son épée ! » (§ 128).

Pour vivre, l'homme a besoin du monde et de la nature. Or ceux-ci ne peuvent exister sans l'ordre (*rigi*) universel établi et conservé par Dieu (Morige). Au lieu d'aménager cet ordre par l'ingéniosité humaine ou d'en esquiver les inconvénients par des ruses astucieuses, comme l'enseigne saint Georges, Amiran s'y est opposé avec une force sans cesse accrue par l'engrenage du destin. L'union illicite dont il est issu a porté atteinte à la loi divine. Loin de se réduire, cette fracture s'est aggravée, malgré les précautions de sa mère, son adoption par une famille humaine et les efforts de ses frères pour l'assagir.

71. Charachidzé 1986, p. 109 ; Charachidzé 1968, p. 80-87.

L'ordre de Morige a une forte dimension temporelle. En effet, le temps est beaucoup plus puissant que l'espace : c'est le temps qui fait apparaître ou disparaître les êtres ; l'espace ne peut que les réunir ou les séparer. Par conséquent, le cours du temps joue un rôle essentiel dans la conservation et la continuité du monde. Si l'an nouveau ne s'ouvrait pas pour accueillir l'avenir, tout tomberait en désuétude, rien de neuf ne pourrait plus émerger. Voilà pourquoi la jonction des deux cycles est une période critique. Il suffirait que les démons, qui profitent, durant la semaine sainte, de l'usure du temps pour subvertir l'ordre établi, vissent leurs méfaits coïncider avec la sortie d'Amiran, pressé de prendre sa revanche sur Dieu en imposant sa volonté par la force, pour qu'il en résultât une catastrophe, une sorte de conflagration eschatologique.

On comprend que les hommes, conscients du péril, apportent leur concours au renforcement des liens du captif. Mais quand bien même celui-ci briserait la chaîne, il n'en serait pas libre pour autant. Il faudrait encore qu'il pût se dégager du poids des montagnes empilées au-dessus de sa tête. De même que la captivité du titan s'est opérée en deux temps – enchaînement (§ 110), puis réclusion (§ 111) –, deux préalables sont requis pour sa libération éventuelle : rupture du lien et ouverture de la geôle.

Comme le précédent, ce dernier événement est conditionné par un cycle chronologique : « Une fois tous les sept ans s'ouvre devant Amiran la porte de sa retraite ténébreuse » (§ 116). À vrai dire, la tradition hésite : certaines variantes rendent le phénomène annuel ou biennal[72]. Si l'on retient le chiffre sept, on pourrait comprendre qu'aux années ordi-

72. Charachidzé 1986, p. 120.

naires s'ajouterait une sorte de cycle septennal constituant une grande semaine cosmique, qui se superposerait à la semaine sainte. Tout se passerait comme si le renforcement annuel de la chaîne ne suffisait pas à résorber pleinement l'usure du temps. C'est pourquoi le déficit accumulé sur sept ans susciterait une menace supplémentaire, comme une faille dans la pesanteur de la matière qui retient Amiran prisonnier.

Failles de la Nécessité

Mais on pourrait aussi bien faire l'économie de cette hypothèse et accepter que l'ouverture ait lieu chaque année ou tous les deux ans. L'essentiel est d'observer que, de toute façon, elle survient après le moment où la chaîne a été reforgée. Si tel n'était pas le cas, le titan n'aurait aucune peine à la rompre. Il n'aurait pas besoin de la trancher avec son glaive. Ce décalage chronologique a une importance symbolique considérable. Si le martelage de la chaîne a lieu le jeudi saint, tout donne à croire que l'ouverture de la caverne se produit à la fin du Triduum pascal, dans la nuit même de la Résurrection, c'est-à-dire durant les toutes dernières heures de l'année qui expire, quand la Nécessité universelle vacille encore sur ses bases. Dès que poindra le Soleil de Justice (Malachie 4, 2), l'aube (§ 126) du dimanche de Pâques, l'an neuf aura commencé. La loi du monde retrouvera sa vigueur et la porte se refermera (§ 127).

Bien que, après une si longue captivité dans les ténèbres, les yeux d'Amiran n'aient plus la force de regarder la lumière (§ 116), l'épopée esquisse le spectacle effrayant qui s'offre à l'ouverture de la porte, la vue de ces cimes maudites que nul regard humain ne peut contempler. La première surprise est l'absence de neige et de glace (§ 117). En effet, bien que le Caucase tire son nom des neiges éternelles[73], les Anciens supposaient que les cimes les plus hautes, émergeant au-dessus de la mer des nuages, en étaient dépourvues[74]. Ce sont donc des rocs dénudés qui dominent les glaciers ; leurs couleurs sombres et leurs formes fantastiques évoquent des monstres pétrifiés.

Ainsi, le vieil ennemi d'Amiran, le dragon noir qui l'avait jadis avalé (§ 45), a tenté de le rejoindre pour le dévorer, dès qu'il fut informé de sa réclusion[75]. Mais « Dieu l'a également maudit et l'a changé en pierre » (§ 117), sans doute pour le punir de ses forfaits contre le soleil (§ 107). Réfractaire à la neige et aux frimas, le corps du monstre, gisant comme une masse noire, assombrit les lieux. À l'entour, tout n'est plus « qu'anathème, malédiction, mort et silence » (§ 117).

Et pourtant, la trame du récit exige qu'un être humain, à la faveur d'une des brèches récurrentes de la Nécessité, accède à cet espace condamné pour être témoin oculaire de la captivité du titan et pour l'aider dans une vaine tentative d'évasion. Un chasseur anonyme, surpris par la nuit en poursuivant un auroch près du Gerget'i, entreprend de redescendre malgré les ténèbres, préférant risquer sa vie que de mourir de froid en demeurant sur place jusqu'à l'aube. Soudain, il entend le cri plaintif d'Amiran : est-ce un démon ou une voix humaine ? Surmontant sa crainte, il vole à son secours et découvre le titan hirsute, méconnaissable, avec Q'urša auprès de lui (§ 119-121).

---

73. En langue scythe, selon Solinus (49, 6), *croucasis* signifie « d'une blancheur resplendissante de neige » ; cf. Braund 1994, p. 9.

74. Procope, *Bellum Gothicum* IV, 3 ; cf. Pauly, Wissowa 1922, vol. 11, col. 162.

75. Le *devi* Baq'baq' formait le même projet pour Camcum (§ 31).

Amiran se nomme et rassure le chasseur. Au lieu du pain de sang que les hommes gagnent au prix d'un labeur harassant, il lui promet, si jamais il était délivré, un pain de lait, pris sur la nourriture dont Dieu le pourvoit chaque jour (§ 111). On reviendrait à une sorte d'âge d'or, dans une nature spontanément généreuse[76]. Pour cela, il suffirait, dit-il, qu'on lui rende son épée, qui est à quelques pas.

C'est une arme terrifiante (§ 43) à l'usage exclusif de son légitime propriétaire. Un simple mortel ne saurait la mouvoir. Jadis Amiran lui-même avait dû s'associer à la sœur du *devi* pour voler à celui-ci son épée magique (§ 19-20). Mais ce que peut une démone de taille gigantesque, un humain ordinaire ne le peut pas. Quand le titan prie le chasseur de s'agripper à son arme tandis qu'il le tire par les pieds, le corps du malheureux menace de se déchirer (§ 122-124).

Il faut donc recourir au même moyen qui avait autrefois permis d'extraire de son fourreau l'épée magique du *devi* : une chaîne munie d'un crochet – celle qui sert à suspendre la marmite dans l'âtre (*ǰambara sak'ideli*). La nuit est en train de finir. Le petit jour commence à poindre. Dès que le soleil se montrera, il sera trop tard. La fêlure du temps sera colmatée. Le chasseur ignore tout cela, mais suit les instructions rituelles d'Amiran. Pour que l'opération réussisse, l'homme devra tout d'une traite partir chez lui prendre la chaîne et revenir vers Amiran, sans prêter attention aux criailleries de son épouse, qui ne manquera pas de le presser de questions et de le poursuivre dès qu'elle le verra emporter la chaîne.

L'interdit est ici plus fort que le silence imposé aux forgerons du jeudi saint. Non seulement le chasseur ne doit pas parler à

76. Charachidzé 1986, p. 186-187.

son épouse, mais si elle le voit, il doit faire comme si lui ne la voyait pas. Plus généralement, il doit se comporter, quoi qu'il advienne, comme s'il était tout à fait invisible : « Va et essaie d'apporter ici une chaîne et un crochet, sans que personne ne te voie. Ou si l'on te voit, ne dis à personne pourquoi tu le veux et ne tourne même pas la tête en arrière » (§ 125).

Au début, le chasseur tient bon. Mais sa femme finit quand même par lui arracher une réponse (§ 126). Certaines variantes sont plus explicites. L'homme se retourne et lui crie : « Que me veux-tu, maudite ? » Ou encore, sans dire un mot, il lui administre une bonne correction[77]. L'invisibilité simulée requise pour le succès de l'opération n'est plus effective. Remontant vers Amiran, le chasseur ne trouve plus trace de la caverne ; la porte vient de se refermer.

Rien n'est plus angoissant pour la conscience que la pensée d'un condamné purgeant sa peine, surtout si aucune rémission n'est prévue. La question est inéluctable : est-il coupable ou innocent ? Et même s'il est vraiment l'auteur des faits qui lui sont reprochés, en est-il personnellement responsable ? Avait-il le choix d'agir ou de ne pas agir ? Un abîme sépare toujours le réquisitoire du procureur et le for intérieur du prévenu.

Amiran a contre lui toutes les apparences. Des enquêteurs consciencieux seraient certainement en mesure de dresser, preuves à l'appui, la liste interminable de ses innombrables victimes. Les instruments de son supplice – l'arbre, le roc ou le pieu à quoi il est enchaîné – sont autant de pièces à conviction qui témoignent du défi qu'il a lancé à Dieu.

77. *Ibidem*, p. 121.

Simplement, tout suggère que ces indices ont été placés sur sa route exprès pour capter son empreinte et pour le rendre responsable d'événements entraînés par une suite d'enchaînements aveugles, pour ainsi dire inévitables.

L'orgueil hybristique qui l'a conduit à se mesurer au Dieu créateur n'est que le résultat d'une longue intoxication graduellement organisée pour le mettre en défaut. Les excès provoqués par sa force titanesque sont issus d'un déséquilibre antérieur à sa naissance, dont sa mère a tout fait pour déjouer les conséquences.

Mais l'ordre universel ne se déploie pas seulement dans la masse de la matière : il se déroule également dans le temps. Par conséquent, il ne suffit pas d'opposer une force invincible aux charges menaçantes. Il faut surtout se prémunir sans trêve contre l'usure des jours, recourir quotidiennement à des ruses, des feintes et des astuces pour esquiver l'atteinte de la Nécessité, qui ne renonce jamais à réclamer son dû.

Depuis que la survie de l'espèce humaine a cessé d'être menacée par les monstres et les démons, les exploits héroïques ne sont plus nécessaires. L'industrie des hommes suffit généralement à éviter les catastrophes. Mais ces modestes artifices, fruits d'une longue histoire, remontent en fin de compte à saint Georges, le plus ingénieux des *xat'i*, protecteur multimillénaire de ses dévots. À force de combler les hommes de ses bienfaits, Amiran s'est lassé des affections humaines. Que n'est-il demeuré parmi ses frères ? Sans doute eût-il appris chez eux à vivre au jour le jour, à improviser chaque matin les ressources de la vie et de la liberté.

Chapitre 4

Parallèles arméniens

Les Géorgiens ne sont pas seuls à connaître la légende du titan captif. Leurs voisins proches ou lointains en sont également informés : Abkhazes, Ossètes, Tcherkesses (Circassiens), Arméniens et même Iraniens. L'Amyran ossète est un proche parent de son homonyme géorgien. C'est probablement un emprunt direct[1]. Le Tedzau circassien ne nous est connu que par de brefs résumés, qui rejoignent parfois la légende d'Amiran, à ceci près que le géant, loin d'être un ami des hommes, est un véritable fléau[2]. Légèrement plus étoffé, l'Abrsk'il abkhaze se rattache à une branche autonome et archaïque du mythe. Mais c'est la tradition arménienne qui offre les parallèles les plus abondants et les plus instructifs à l'épopée géorgienne.

D'un côté, il faut prendre en compte les récits fabuleux des auteurs médiévaux[3] sur le fils du roi Artašēs, Artawazd[4], aussi appelé Šidar[5], qui fut enchaîné par les démons K'aǰ sur

1. *Ibidem*, p. 16.
2. *Ibidem*, p. 76-80.
3. Cf. Dossier arménien, *infra*, p. 227-233.
4. Artawazd Ier (160-123 av. J.-C.) est bien le fils et successeur d'Artašēs Ier (188-160), mais il n'a pas eu le règne bref et tragique que lui prête la légende. C'est pourquoi on suppose généralement une confusion avec le fils de Tigrane II le Grand, Artawazd II (55-34), qui fut capturé par Marc Antoine et exécuté par Cléopâtre.
5. Ačaṙyan 1971-1979, t. 3, p. 595, présente le mot *šidar* comme un adjectif signifiant « fou, aliéné ». Dans ce cas, Šidar serait une épithète devenue surnom, comme Philippe le Bel ou Jean le Bon, etc. Il y a encore une autre possibilité :

les pentes de l'Azat Masis[6], pour avoir profané les funérailles de son père. De l'autre, il faut également comparer la légende d'Amiran à celle de Mher le Jeune, héros de l'épopée populaire arménienne, reclus dans la Roche du corbeau, près du lac de Van, lui aussi en raison d'une malédiction paternelle. Le nom de Mher dérive manifestement de Mithra[7]. Selon toute vraisemblance, c'est aussi l'origine d'Amiran, où l'on reconnaît un radical *-mir-* < Mithra, encadré à gauche d'une prothèse vocalique *a-*[8], et à droite d'un suffixe *-an(-i)*. Les deux noms reflètent le caractère solaire ou igné des héros qui les portent.

Épopée orale et mémoire des lieux

La légende arménienne s'enracine à quinze kilomètres à l'est de Van. Sur une roche à flanc de montagne figure une porte rectangulaire monumentale figée dans la paroi de pierre où elle est sculptée et ne dissimulant aucune cavité souterraine, bien qu'une inscription ourartienne cunéiforme indique que le roi « Išpuini, fils de Menua, a construit cette porte pour le Seigneur Khaldi », c'est-à-dire le grand dieu d'Ourartou. Les habitants du pays, Turcs, Kurdes ou naguère Arméniens, l'appellent généra-

---

Šidar pourrait être la forme apocopée du nom propre du successeur de Tiridate Ier, nommé en grec Axidarès ou Exidarès, et en arménien Ašxadar ou Šidar. La destitution brutale de ce roi par les Parthes en 113 provoqua la campagne arménienne de Trajan ; cf. Mahé 2012, p. 71.

6. Identifié à partir du IVe siècle de notre ère à l'Ararat biblique ; l'Azat Masis est le plus haut des deux sommets du mont Ararat.

7. En arménien, le nom du dieu iranien est normalement Mihr (par exemple Mithridate se nomme Mihrdat). De là proviennent des formes comme Mher, Mer et Ner, par exemple dans les noms théophores Meršapuh ou Neršapuh ; cf. Avdalbegyan 1969, p. 74-75 ; Mahé 1999, p. 278-280.

8. Comme en abkhaze, par exemple dans les mots *araš* « cheval ailé » < *raš* (iranien), *adaw* « géant-démoniaque » (= *dew* ou *devi*), *apaayambar* « envoyé de dieu » < *pehamber* (arabe), etc.

lement la « Porte de Mher », mystérieux héros, dont l'histoire ne fut élucidée qu'à la fin du XIXe siècle[9].

À cette époque, la périphérie du lac de Van était encore peuplée d'Arméniens, qui perpétuaient, sous l'autorité des Ottomans, les mœurs de leurs ancêtres, dans la vieille province du Vaspurakan, jadis érigée en royaume[10] de 906 à 1021. Au moment des moissons, les communautés villageoises louaient des équipes de travailleurs saisonniers, qui amenaient toujours avec elles un maître conteur accompagné de deux ou trois apprentis, afin d'animer les veillées[11]. Tantôt chantant, tantôt psalmodiant et tantôt déclamant des vers, avec ou sans accompagnement musical, en continu ou en répliques alternées[12], le barde et ses disciples relataient les exploits de plusieurs générations de héros, les « Trompe-la-mort du Sasun »[13], géants vengeurs du droit des chrétiens d'Arménie contre leurs maîtres infidèles[14].

La dernière branche de cette épopée conte justement l'histoire de la Porte de Mher, un héros arménien qui ressemble à Amiran. Quand le R. P. Garegin Sruanjteanc‘[15], chargé

9. Belli 1999, p. 29 (voir figures 36-39 et planche X).

10. Mahé 2012, p. 142-145 et 166.

11. Cf. Abełyan 1966, t. 1, p. 478-482, sur les maîtres conteurs et leurs apprentis.

12. *Ibidem*, p. 482-484, sur la versification et les modes d'exécution. Tchitouny 1942 indique la répartition du texte entre trois récitants. On connaît encore la mélodie de certains passages, par exemple les « miserere » du prologue ou le combat entre Dawit‘ et son fils Mher le Jeune.

13. *Sasnay cṙer* « Les tordus du Sasun » ; l'adjectif *cuṙ* « tordu », suggère ici une folle témérité au combat. L'ethnologue Iosif Orbeli connaît aussi d'autres titres : *J̌ojanc‘ Tun* « la Maison des grands » (des géants, plutôt que des ancêtres), *K‘aǰanc‘ Tun* « la Maison des preux » (des hommes braves : K‘aǰ ne s'entend pas ici au sens de « démon »), ou *Dawit‘ Sasunc‘i* (le héros de la troisième génération) ; cf. Feydit 1964, p. 9.

14. Yeghiazaryan 2008 offre la meilleure étude littéraire et sociologique de l'épopée relatant leurs exploits.

15. Nom de plume de Ōhanēs Sandenc‘ (1840-1892).

par le patriarche arménien de Constantinople d'inventorier les bâtiments ecclésiastiques de l'Est anatolien, découvrit l'endroit et son nom si mystérieux, il chercha pendant plus de quatre ans un conteur assez compétent pour lui rapporter ce récit dans toute sa complexité. Enfin, les villageois lui indiquèrent un vieillard, qui avait jadis déclamé l'épopée au temps des moissons. Comme sa mémoire était défaillante, il fallut aussi retrouver l'un de ses apprentis[16]. Toute défective qu'elle fût, la première transcription, parue[17] à Constantinople en 1874, souleva un tel enthousiasme que tous les folkloristes arméniens se mirent en devoir d'en recueillir des variantes. Dès 1886, Manuk Abełyan publiait à Šuši, dans le Karabagh, une version assez complète des diverses branches de l'épopée[18].

Mher et la geste du Sasun

Mher le Jeune est le dernier rejeton de la race de Sasun, une province montagneuse du Sud-Ouest arménien. Jadis Sanasar, fondateur de la lignée, son fils Mher l'Ancien et son petit-fils Dawitʿ, père de Mher le Jeune, ont su, par leur force et par leur bravoure, libérer l'Arménie de la souveraineté du *melikʿ* de Msir, c'est-à-dire du sultan d'Égypte, qui symbolise à lui seul la domination califale. Mais, de génération en génération, au fur et à mesure que ces héros croissent en taille et en puissance physique, leurs péchés se multiplient. C'est pourquoi, loin de leur procurer la supériorité guerrière qui triomphait naguère de l'ennemi, leur gigantisme devient un fardeau de plus en plus lourd, qui écrase leur propre vie. Ainsi, Mher le Jeune souffre dès sa naissance d'une tare origi-

16. Abełyan 1966, t. 1, p. 325.
17. Sruanjteancʿ 1874.
18. Abełyan 1966, t. 1, p. 515-554, sur l'histoire de la collecte des textes.

nelle qui s'aggrave encore par la suite en raison de ses fautes personnelles et des ruses du destin. Dès que sa mère Xandut' le met au monde, les nourrices, connaissant la force de son père, l'emmaillotent par précaution, non pas avec des langes, mais avec des chaînes de charrue. Peine perdue ! L'enfant pulvérise les liens, confirmant la légitimité de son ascendance. Mais l'une de ses mains restait toujours fermée. En l'absence du père, on appelle un de ses oncles, qui parvient à lui ouvrir les doigts : une goutte de sang apparaît dans le creux de la paume. L'oncle prophétise aussitôt : « Si la roche lui livre accès, tant mieux, car la terre ne pourra le garder en dépôt ! Il a réduit le monde à une goutte de sang et l'a pris ainsi dans sa main. » L'étrange bébé « grandissait en un jour autant que les enfants du commun en un an, et en une heure, autant que les autres en un mois »[19].

Cette croissance rapide ne fait que précipiter sa rencontre avec le destin. À sept ans, Mher s'étonne de n'avoir pas de père, comme tous les autres enfants. Sa mère, Xandut', lui explique que Dawit' est allé guerroyer en Géorgie. Parti à sa recherche, Mher, qui sait déjà porter les armes et monter à cheval, le rencontre sans le reconnaître, sous les traits d'un cavalier à barbe noire, portant une jeune fille sur la croupe de sa monture. Querelle et combat s'ensuivent, arrêtés de justesse par Xandut', qui révèle aux deux combattants leur identité respective. Mais Dawit', dépité d'avoir été attaqué et humilié par son propre fils, prononce contre lui une malédiction fatale : Mher ne mourra pas et n'aura pas d'héritier[20] !

Le vœu imprudent du père scelle l'arrêt du sort. Mher vieillit sans progéniture et tous ses contemporains meurent

19. Feydit 1964, p. 358.
20. *Ibidem*, p. 359-362.

autour de lui. Malgré ses exploits héroïques, son corps devient de plus en plus pesant, le pas de son cheval est si lourd que le sol se dérobe sous lui, la terre ferme devient aussi molle que la surface de l'eau. Arrivé à la Roche du corbeau, il la frappe d'un coup d'épée : la pierre se fend, les parois s'écartent, Mher y pénètre avec sa monture, il descend jusqu'au cœur de la terre et la montagne se referme sur lui[21].

Deux nuits l'an, dit-on, une fois à l'Ascension, et une fois à la Transfiguration, la roche s'entrouvre et Mher, à travers les entrailles de la terre, parcourt en une heure une route de quarante jours. Mais dès qu'il atteint la surface du sol, il n'a guère le loisir de respirer l'air libre et de contempler la voûte étoilée : aussitôt son cheval s'enfonce et il doit rebrousser chemin. Témoin fortuit d'une des apparitions fugitives du héros, un berger a juste le temps de l'interroger : « Mher, quand sortiras-tu définitivement ? » Le géant répond : « Lorsque le monde aura été détruit et qu'il aura été refait, lorsque le grain de blé sera plus gros que le fruit de l'églantier, et l'orge, plus grosse qu'une noix, alors seulement nous aurons permission de sortir d'ici. »[22]

Substrat mythologique

Sous les traits superficiellement christianisés de la légende, apparaissent les vestiges d'un mythe iranien anciennement emprunté par les Arméniens[23]. En effet, derrière le nom de Mher, se profile Mithra, personnification iranienne du feu. Le géant captif dans la roche symbolise la flamme, latente dans le

21. *Ibidem*, p. 394-395.
22. *Ibidem*, p. 398.
23. Probablement aux époques mède ou achéménide (VIe-IVe s. av. J.-C.), comme on le verra ci-dessous.

silex. Parvenu à une excessive puissance, Mher menace l'équilibre des éléments, le sol se dérobe sous ses pas, tout comme l'air, la terre et l'eau ne résisteraient pas à la surabondance d'un feu dévorant. C'est pourquoi il convient qu'il reste captif jusqu'à la conflagration eschatologique, qui marquera l'avènement d'un nouveau monde[24].

Toutefois, l'accomplissement des fins dernières est déterminé par le temps, principe et loi suprême de toute chose, qui préside aux révolutions astrales, cause et instrument de la fatalité. Tel est le destin cosmique qui commande aux destinées individuelles, conduisant inexorablement Mher de son berceau jusqu'à la Roche du corbeau, où il est maintenu prisonnier. Cette mystérieuse puissance est celle de l'être même s'arrachant au néant, dynamisant l'inertie de la matière et contenant dans les limites de la réalité le pullulement anarchique des virtualités du possible. Si les entrailles de la terre ne pesaient pas de toute leur masse sur le géant inconscient de sa force, toutes les roches de notre planète ne suffiraient pas à contenir son élan. Il les pulvériserait aussi facilement qu'il brisa jadis les chaînes de charrue dans son berceau, et provoquerait aussitôt la fin du monde[25].

Mais la fatalité astrale, instrument de l'ordre universel, a pourtant ses moments de faiblesse. Dans l'imagination des chrétiens d'Arménie, ces défaillances surviennent deux fois par an, quand les sphères planétaires ouvrent en grand leurs portes pour laisser descendre Moïse et Élie, la nuit de la Transfiguration, ou faire remonter le Christ, la nuit de l'Ascension[26]. Alors l'influence capricieuse des planètes, maîtresses

---

24. Cf. Avdalbegyan 1969, p. 48.
25. Cf. Mahé 1982, p. 200-202.
26. Cf. Feydit 1964, p. 398. En Géorgie, la roche s'ouvre le jeudi saint (Charachidzé 1986, p. 106), c'est-à-dire la veille du vendredi de la Crucifixion, où

errantes du destin, est momentanément neutralisée, tandis que la clarté bénéfique des étoiles, conseillères pleines de sagesse, descend à flots sur la terre.

Cette effusion s'accompagne de nombreux prodiges. L'ordre cosmique est inversé : l'immobile se meut, le mobile se fige. Chaque montagne s'incline pour saluer sa voisine ; le vent se tait, le cours des rivières s'arrête. Les plantes échangent leurs secrets de santé et d'immortalité. Hommes et animaux sont réduits au silence et à la torpeur[27]. À la faveur de ce bouleversement, Mher remonte des entrailles rocheuses de la terre, jusqu'à ce que les portes du ciel se referment et que le destin recouvre ses droits. Le voici alors refoulé dans sa prison. Sa délivrance éventuelle eût été à la fois bonne et maléfique : un mal dans l'immédiat, car le monde eût été détruit, et un progrès vers le triomphe du bien, car il eût été remplacé par un univers mieux conçu.

L'interprétation chrétienne que l'épopée médiévale donne de ces brèches de la fatalité n'a aucune chance de représenter la forme ancienne du mythe. Primitivement, le vacillement passager de l'ordre cosmique n'est pas lié aux fêtes liturgiques, mais à la structure du calendrier. En effet, dans l'Arménie païenne, l'année se compose de douze mois lunaires de trente jours, à quoi s'ajoute, à la fin, un mois complémentaire de cinq jours[28]. Mais comme ce dispositif revient à avancer le début de l'année nouvelle de six heures sur la marche réelle du soleil, le décalage, accumulé au fil des siècles, finit par rejaillir sur l'ordre des saisons. De là naît le soupçon que les corps célestes

---

« la terre fut secouée, les rochers se fendirent, les tombeaux s'ouvrirent » (Matthieu 27, 51-52 ; Luc 23, 42). Ce vacillement de l'ordre universel présage la fin du monde et l'avènement d'une création nouvelle.

27. Abełyan 1899/1975, t. 7, p. 513.

28. Cf. Bănățeanu 1980, p. 33-46, spécialement p. 35-36.

ne disposent pas automatiquement de toute la durée nécessaire à l'achèvement de leur révolution.

La transition d'une année sur l'autre, qu'on nomme *tarekap*, « lien » ou « jonction de l'an », ou le seuil de l'année nouvelle, appelé *taremut*, « entrée de l'an », passent pour des périodes critiques, au cours desquelles les forces latentes de la conflagration universelle, normalement contenues par la fatalité astrale, menacent de se libérer. Ainsi, comme nous l'avons vu, la libération d'Artawazd entraînerait la fin du monde. Quel que soit le personnage historique auquel renvoie le nom de ce roi, sa disparition subite et définitive avait donné lieu à des légendes, qui rejoignent celle de Mher, enfermé dans la roche.

Substrat ourartien, le bouclier d'Anzaf

Comment se fait-il, pourtant, que cette légende iranienne de Mher et du temps ait été secondairement liée à un site ourartien, la Porte de Khaldi, à l'est du lac de Van ? Assurément, cette porte factice, sculptée à même le roc, semblait offrir un passage idéal à un héros captif des profondeurs telluriques et des veines de la pierre. Mais le mythe primitif a été infléchi, sans doute en raison d'une affinité particulière entre Mher et Khaldi.

En 1992, dans les ruines de la forteresse ourartienne d'Anzaf, toute proche de la Porte de Mher, l'archéologue turc Oktay Belli[29] retrouva les restes d'un magnifique bouclier d'apparat en bronze. Bien que le métal eût fondu sous les flammes de l'incendie qui avait ravagé les lieux lors de l'attaque mède, en 590 avant notre ère, le décor put être entièrement reconstitué sur une section représentant environ le quart de la circonférence.

29. Belli 1999, p. 34-36.

Figure 5
Le bouclier d'Anzaf

Figure 6 (ci-contre)
Khaldi
dessin d'Aline Elmayan

L'*Iliade* et l'*Énéide* attestent que la description poétique des scènes ornant un bouclier est un thème épique par excellence. Le nôtre ne faillit pas à la règle. Il représente les dieux d'Ourartou s'élançant à l'assaut des troupes assyriennes sous la conduite de Khaldi. La vaillance du dieu fait merveille, dispersant l'avant-garde ennemie et semant la panique parmi les chars et les guerriers. On a remarqué que la procession des divinités ourartiennes, dont les noms se lisent à la périphérie de la frise, s'enchaîne dans le même ordre qu'un célèbre tarif sacrificiel donnant la liste de soixante-douze dieux et déesses et spécifiant la nature et le nombre des victimes qui doivent leur être immolées[30].

Or, dans le cas de Khaldi, le premier de tous, les offrandes s'adressent non seulement à la divinité elle-même, mais encore à chacun de ses attributs : tant de bœufs, de vaches et de petit bétail, pour la grandeur, les armes, la brillance de Khaldi[31]. Ces traits caractéristiques figurent éloquemment sur le bouclier d'Anzaf. Par exemple, Khaldi est plus grand que les autres dieux, puisque, allant à pied, il les domine tous, alors qu'ils avancent juchés sur des animaux symboliques. Les armes de Khaldi sont des flèches et des javelines qui abattent et transpercent ses adversaires. Mais sa brillance est ce qu'on remarque le plus. Le corps du dieu rayonne d'un nombre infini de flammèches triangulaires qui se communiquent à son arc et à sa lance, à tout ce qu'il brandit[32].

Ce flamboiement surnaturel rappelle assurément celui de Vahagn, l'Héraklès arménien, dont la naissance nous est décrite dans un ancien fragment épique d'époque préchrétienne.

---

30. *Ibidem*, p. 37. On observera toutefois que quatorze divinités seulement (sur les soixante-douze du tarif sacrificiel) apparaissent sur le fragment du bouclier qui nous a été conservé. Mais ce sont les dieux les plus importants après Khaldi : Teišeba, Šivini, Khutaini, Turani, Ua, Nalaini, Šebitu, Arsimela, Anapša, Dieduani, Šelardi, et deux autres dieux dont le nom n'est pas conservé ; cf. *ibidem*, p. 41-64.

31. *Ibidem*, p. 41.

32. Comme sur les figures 5 et 6.

Et le long du roseau, une fumée montait,
Et le long de la tige, une flamme sortait,
Bondissait de la flamme un jeune garçon blond :
Il avait une chevelure de feu,
Il avait une barbe de flamme,
Et ses yeux étaient des soleils[33].

En effet, durant la période sassanide, Vahagn, parangon de vaillance et de vertu guerrière, tendait à prendre un caractère solaire, pour tenir le rôle dévolu à Mithra durant la période parthe[34]. Beaucoup plus que le feu lui-même, ce dernier dieu avait jusqu'alors incarné le soleil, à qui l'on vouait, comme chez les Albaniens[35], un culte fervent justifié par une abondante mythologie. Toutes ces dévotions traditionnelles ne pouvaient se satisfaire de l'adoration officielle des autels du feu institués par les Perses. Il fallait donc reporter sur Vahagn ce qui avait naguère appartenu à Mithra, en particulier la brillance, qui caractérise Khaldi sur le bouclier d'Anzaf.

Cependant, nous avons un témoignage plus direct sur la luminosité du héros Mher. Parmi les rares témoins qui assistèrent, selon les contes, à l'ouverture biannuelle de sa caverne, figure une petite paysanne arménienne de la région de Van. La nuit de la Transfiguration, son père l'envoie allumer la lampe de la maison à la sainte lumière de l'église, cette flamme qui brûle continuellement dans le lustre suspendu au-dessus de l'autel par une longue chaîne de bronze et stabilisé par un poids de céramique peinte, orné de séraphins à six ailes.

---

33. Movsēs Xorenac'i I, 31.
34. Cf. Russell 1982.
35. Strabon XI, 4, 7 ; cf. Baïs 2001, p. 104, n. 104.

Sortie en pleine obscurité, elle se dirige vers une lueur assez vive qu'elle aperçoit au loin. Quand elle arrive enfin près de la source lumineuse, elle constate avec étonnement que celle-ci n'est pas la lampe du sanctuaire, mais un géant figé sur la selle de son cheval. Près de lui brûle un énorme flambeau, qui n'illumine pas seulement l'intérieur de la caverne, mais perce les ténèbres de la nuit. Au contraire de ce qui figure sur le bouclier d'Anzaf, où la clarté jaillit du corps même de Khaldi et de tous les objets qu'il touche, la source lumineuse semble ici nettement distincte de Mher. Et pourtant il faut croire qu'elle lui est corrélative, solidaire de la réclusion perpétuelle à laquelle il est condamné.

Plus puissante que la lueur d'un flambeau ordinaire, elle éclipse la sainte lumière de l'église et brûle sans se consumer. Elle n'appartient pas à notre monde, mais à l'éternité divine. Qui la contemple perd le sens de la durée. Il reçoit une manne immortelle qui ne lui laisse pas un sentiment de réplétion, mais lui fait simplement oublier de manger. Dans cette étrange vacuité, il n'éprouve plus ni faim, ni froid, ni peur, ni ennui, ni sommeil. Tel est aussi le cas de Mher, dont le supplice n'a rien de physique : il consiste uniquement dans la réclusion et dans la douloureuse conscience qu'il ne peut rien changer à l'imperfection de ce monde, dont il est désormais tout à fait écarté.

Quant à la jeune fille du conte, elle n'a fait qu'entrevoir l'intemporalité. Sortie de la caverne après un an de réclusion, elle croit n'y être restée que quelques secondes, et il lui faudra un an de plus pour reprendre le goût des nourritures mortelles. Son père l'interroge avec une sollicitude inquiète, mêlée d'angoisse et de colère. À ses réponses, il finit par reconnaître Mher dans le mystérieux cavalier. Enfoui pour l'éternité dans les sombres entrailles de la terre, le géant baigne dans une lumière qui n'a rien à envier à celle de Khaldi, le dieu flamboyant, pour qui avait été sculptée la Porte de la Roche du corbeau. La mémoire des lieux les a confondus dans une seule figure mythologique[36].

Naissance et enfance d'Artawazd-Šidar

Les comparaisons qu'on peut faire entre l'épopée d'*Amiran*, la geste de Mher et la légende d'Artawazd se concentrent essentiellement sur la faute et la captivité du héros. En effet, nous ne savons presque rien de l'enfance et de la jeunesse d'Artawazd-Šidar[37]. Movsēs Xorenacʿi fait état d'une rumeur concernant une étrange maladie, « une catastrophe » qui suivit sa naissance. L'entourage du roi l'a interprétée comme un sortilège démoniaque : « les femmes des descendants d'Aždahak l'ont ensorcelé ».

Dans l'oralité arménienne, dont s'inspire le chroniqueur, le dragon Aždahak passe pour un ancien roi des Mèdes, vaincu par Artašēs, le père d'Artawazd. Or, « Mèdes » se dit *Markʿ* en arménien. Mais le mot *mar* signifie « serpent » en moyen perse. C'est pourquoi, par jeu de mots, on a attribué aux populations d'origine mède établies dans la plaine de l'Araxe à côté de la ville de Naxiǰewan et considérées comme la progéniture d'Anoyš, l'épouse d'Aždahak, une origine totémique qui les rattache à un gigantesque serpent, c'est-à-dire un dragon.

---

36. Cet épisode ne figure pas dans la traduction française de Feydit (1964), effectuée sur le texte établi par Iosif Orbeli. On le trouve dans celui, beaucoup plus complet, et stylistiquement plus authentique, de Tchitouny 1942, p. 1093, § 888 ; cf. *infra*, p. 234-235.

37. Le bref passage d'Eznik (*infra*, p. 228) ne dit rien sur la personnalité d'Artawazd, ni sur les circonstances de sa capture ; cf. Charachidzé 1986, p. 101-102.

Cependant, la rumeur va encore plus loin : selon une geste épique mentionnée par Movsēs Xorenacʿi, « les fils du dragon enlevèrent le jeune Artawazd, / à sa place, ils mirent un *dew* ». Les fils du dragon (*višapazunkʿ*), issus d'Aždahak et d'Anoyš, ont gardé de leurs origines une nature diabolique. C'est ainsi qu'ils n'ont pas seulement ensorcelé le jeune Artawazd, mais ils l'ont remplacé par un des leurs, un *dew*, c'est-à-dire un démon. Les auteurs plus tardifs substituent à cette hypothèse inquiétante un diagnostic psychiatrique. Artawazd-Šidar, que Grigor Xlatʿecʿi traite d'« insensé », était simplement « timbré dès l'enfance », selon Vanakan Vardapet.

En réalité, c'est l'explication démonologique qui représente la tradition la plus ancienne. Artawazd n'est pas celui qu'il croit être, le fils légitime du roi Artašēs. Son ascendance n'est même pas humaine, mais démoniaque. Cette tare originelle le pousse vers la folie et l'entraîne à commettre l'acte qui lui vaudra sa détention surnaturelle.

L'idée d'une faute liée à la naissance ou à la conception du héros apparaît d'une façon plus ou moins distincte dans les autres légendes de titans prisonniers. La goutte de sang que Mher serre dans son poing dès sa venue au monde annonce la malédiction dont il sera frappé. De son côté, Amiran est né de l'union sacrilège d'une déesse et d'un simple mortel : c'est une faute que nulle précaution ne pourra compenser.

Alors que l'épopée d'*Amiran* détaille copieusement les exploits juvéniles du titan et de ses deux frères, la geste de Mher n'est pas très fournie. Cela tient sans doute au fait que, dans les *Trompe-la-mort du Sasun*, le même personnage a été scindé en deux. Les tours de force sont surtout attribués à

Mher l'Ancien, le grand-père de notre héros. Mais la liste de ces hauts faits n'a aucun point commun avec ceux d'Amiran[38].

La faute contre le père ou le temps outragé

Considérons maintenant les rapports avec Dieu ou, plus exactement la faute que le héros a personnellement commise contre la loi divine. La familiarité d'Amiran avec son divin parrain est un trait marquant de la tradition géorgienne. Le titan rencontre Dieu et lui parle, au moment de son baptême comme lors de l'affrontement final. Il l'invoque dans sa détresse pour obtenir un surcroît de vigueur. Dieu lui apparaît, tantôt sans autre précision, tantôt sous l'aspect parfaitement humain de Jésus-Christ. Il faut peut-être y voir l'effet d'un syncrétisme entre le christianisme et un fond de légende proprement païenne. Après tout, la déesse Dali se montre aux chasseurs Sulk'almax et Darǰalan comme une femme de chair et d'os, mais rehaussée par l'éclat de ses tresses d'or.

Au contraire, dans les traditions abkhaze et arménienne, Dieu reste totalement invisible. Dans l'épopée d'*Abrsk'il*, il ne rencontre jamais le héros, mais agit de loin, par l'intermédiaire des Apehambar. Dans la geste arménienne, Dieu n'est même pas explicitement nommé ; mais c'est bien lui qui est le gardien de la loi, le juge et l'ordonnateur du châtiment.

Pour le comprendre, il faut analyser les crimes qui sont imputés à Artawazd-Šidar et à Mher ; l'un et l'autre ont

38. Charachidzé 1986, p. 99-101, met en parallèle les exploits d'Amiran et ceux qui sont attribués à Artašēs par Movsēs Xorenacʿi II, 48, 50. La ressemblance n'est pas frappante – et d'autant moins que le héros enchaîné n'est pas Artašēs lui-même, mais son fils Artawazd.

offensé leur père, et à travers lui, l'ordre des générations, la loi du temps, le temps cosmique personnifié. Si l'on s'en tenait au récit de Grigor Xlatʿecʿi, la faute pourrait sembler assez bénigne : comme Šidar est insensé, le roi, son père, ne l'a pas désigné comme son successeur. Tandis que le royaume verse dans l'anarchie, Šidar, passant outre à la volonté paternelle, proclame à son de trompe : « Je veux régner ». Il est alors victime, sur un pont de l'Araxe, d'un accident de cheval, que la rumeur publique transforme en châtiment surnaturel entraînant la détention perpétuelle.

Mais Movsēs Xorenacʿi et Vanakan Vardapet connaissent une tradition plus ancienne, beaucoup plus explicite. La faute d'Artawazd ne consiste pas dans son désir de règne – sans doute compréhensible puisqu'il est le fils du roi défunt –, mais dans le moment prématuré où il déclare sa royauté. En protestant contre les sacrifices funéraires, le deuil pesant sur le pays où, selon Vanakan Vardapet, « on abattait de nombreuses victimes […], ainsi que beaucoup de chevaux […] ; plus encore, serviteurs et servantes s'immolaient eux-mêmes sur le tombeau », Artawazd revendique le règne à un moment où son prédécesseur n'est même pas enterré. Il usurpe un temps et un pouvoir qui doivent rester jusqu'au bout dévolus au défunt.

La geste populaire du Sasun indique clairement qu'une mesure de temps est attribuée à chaque génération. Quand cette mesure est achevée, commence le temps de la génération suivante. On lit ainsi, à la fin du premier chant : « Le temps passa ; quand vint l'heure de sa mort, Sanasar mourut, Dame Covinar aussi. Tous moururent […] Alors arriva le temps de Mher. »[39]

39. Feydit 1964, p. 149.

Si donc chaque héros, chaque individu a son temps, sa mesure de vie fixée par le destin, conformément à l'ordre des générations, c'est, de la part d'un fils, un crime inexpiable que de vouloir abréger le temps de son père. D'autant plus qu'Artašēs n'est pas n'importe quel père. Selon Movsēs Xorenacʿi[40], c'est le créateur du calendrier arménien, qui a défini « la complétion (*bolorumn*) des semaines, des mois et des années », conformément aux révolutions du ciel. En effet, le mot *bolorumn*, dérivé de *bolor* (« tout »), implique à la fois l'achèvement et la circularité. Artašēs n'a pas seulement ordonné le temps, mais aussi l'espace : il a fixé les limites des villages et des terres par des bornes quadrangulaires, de façon que, malgré l'accroissement de la population, il n'y eût pas de querelles parmi les habitants. Plus encore, les deux noms, Artašēs et Artawazd, contiennent le radical *art-*, qui signifie le droit et la justice[41], mais aussi l'ordre cosmique et le rite, dans la mesure où l'un est renforcé par l'autre. Si Artašēs, d'après l'étymologie de son nom, est « celui qui règne avec justice », Artawazd devrait être « celui qui porte la justice à sa perfection »[42]. Mais au contraire, l'offense faite à un père tel que le sien est une atteinte explicite à l'ordre du monde.

C'est aussi le même genre de crime que commet Mher, en disputant, armes à la main, une concubine à son père Dawitʿ (qu'il n'a pas reconnu) : « Elle me convient bien plus à moi, dit-il, parce que moi, je suis jeune, et elle aussi, elle est jeune. »[43]

40. Movsēs Xorenacʿi II, 59.

41. Le même radical apparaît en géorgien dans *m-art-ali* « juste » (« qui fait le droit »), et dans *si-m-art-l-e* « vérité, justice ».

42. C'est peut-être ce qui arrivera à la fin de l'âge actuel, quand Artawazd se libérera de ses chaînes. Le monde sera détruit et un monde plus juste apparaîtra.

43. Feydit 1964, p. 360.

Par le combat acharné qui s'ensuit, Mher devance l'arrêt du destin ; il cherche, en quelque sorte, à détourner pour lui une part des jours qui ont été accordés à Dawit'. Il entend substituer prématurément son propre temps à celui de son père. Ce faisant, il attente au cours normal des âges, à la succession des siècles, à la nécessité qui régit l'univers. En effet, si le temps est la cause suprême, le principe de la cohésion du cosmos, réglée par les révolutions de la voûte étoilée, quiconque enfreint la loi du temps attente à l'ordre du monde et risque, si on le laissait faire, de précipiter l'univers dans le chaos.

La dimension cosmique que la légende donne au châtiment des coupables implique forcément une sorte de sacralisation et de personnification du temps. C'est à deux auteurs arméniens, Eznik Kołbac'i et Ełišē Vardapet[44] que l'on doit les récits les plus explicites du mythe de Zruan[45], le temps personnifié, dont la signification est glosée en arménien par les deux mots « gloire » (*p'aṙk'*) et « sort » (*baxt*), en d'autres termes « destin brillant » et εἱμαρμένη « lot individuel de chacun »[46].

On a observé que les Arméniens se gardent bien d'attribuer à leurs ancêtres, adorateurs d'Aramazd, ce mythe sassanide, qu'ils imputent à l'impiété des Perses. Officiellement, il n'y a jamais eu de zurvanisme en Arménie[47]. Néanmoins, la mythologie populaire connaît une figure du temps personnifié sous les traits d'un vieillard à cheveux blancs, nommé Žuk

44. Disciple direct de Maštoc', Eznik a composé son œuvre entre 436 et 440. Ełišē tente de se faire passer, lui aussi, pour un élève du maître. Après la mort de celui-ci (439), il se dit témoin oculaire de la bataille d'Awarayr (451). En réalité, comme il cite la traduction arménienne de Philon et d'autres sources de la même époque, il ne peut être antérieur au VIe siècle ; cf. Thomson 1982.

45. Ces deux auteurs s'inspirent d'une notice syriaque perdue, dont on trouve l'écho chez Théodore Bar Koni ; cf. Mariès 1925, p. 49.

46. Mariès, Mercier 1959, p. 724, n. 372.

47. Cf. Russell 1986-1987, p. 253-270.

u žamanak, qui se tient au sommet d'une haute montagne élevée jusqu'au ciel[48].

Continuellement, il enroule et déroule deux écheveaux, l'un blanc, l'autre noir, symboles des jours et des nuits. Sur le plan cosmique, il préside à la rotation de la voûte étoilée, cause de la nécessité universelle, qui assure le mouvement et la cohésion du monde. Sur le plan éthique, il préside aux destins individuels. Dès qu'un homme naît, son destin est proclamé par le Sort personnifié (Baxt) et inscrit sur son front (*čakatagir*) par le Scribe (Groł), qui se tient, comme Baxt lui-même, à côté de Žuk u žamanak. Le temps de vie est mesuré à l'aide d'un vase de sciure, posé à côté de Baxt, qui s'écoule comme une sorte de sablier[49].

L'ordre universel défendu par Morige, le Dieu suprême du paganisme géorgien, a lui aussi une dimension temporelle. C'est Dieu qui fixe la durée de vie accordée à chacun, comme le berger du conte populaire le rappelle, non sans véhémence, à Jésus-Christ, quand il le rencontre dans son pâturage[50], et c'est lui qui veille à la régularité des cycles cosmiques. Mais le temps n'est évidemment que le premier anneau d'une chaîne de déterminismes qui ordonnent la multitude des êtres en fonction de la marche du monde. Contester la loi du temps, c'est attaquer l'équilibre du tout.

48. Contrairement à la conjonction la plus courante, *ew*, qui réunit deux entités différentes, deux membres de phrase bien distincts, *u* indique un rapport plus étroit (fleurs et fruits, armes et bagages, etc.), voire une quasi-synonymie entre deux termes. Le nom propre Žuk u žamanak équivaut donc à une forme redoublée du mot « temps », qui se dit normalement *žamanak*.

49. Abełyan 1899/1975, t. 7, p. 502-506.

50. Cf. *supra*, p. 29-31.

Châtiment des réprouvés

Essayons maintenant de comparer les crimes commis par Amiran, Artawazd et Mher, ainsi que les châtiments qu'ils endurent. Comme la loi du temps qu'ont transgressée les deux héros arméniens sert de fondement à la fois à l'ordre universel et à l'éthique humaine, leur châtiment présente le double aspect d'une captivité qui les retranche du monde et d'une immortalité maléfique qui les soustrait au cycle des générations. Immortels et sans enfants, Mher comme Artawazd ne sont pas vivants pour autant. Mis à l'écart du temps, ils n'ont plus de vie personnelle, plus d'âge qui leur soit attribué.

Symbolisées par la grande roue (le *falak*)[51] qui tourne dans l'antre de Mher, par les deux écheveaux noir et blanc de Žuk u žamanak, par les deux chiens qui rongent constamment[52] la chaîne d'Artawazd, la succession des jours et des nuits, la révolution de la voûte étoilée sont à la fois écrasantes et sans effet pour les deux condamnés. Pareillement, l'Abkhaze Abrsk'il, retenu captif et mis à l'écart du monde, n'est plus « ni mort ni vivant » (§ 33).

Bien qu'Amiran soit né plusieurs fois[53], et qu'après son suicide il soit ressuscité – ce qui constitue de sérieuses entorses aux lois universelles de la naissance et de la mort[54] –, il n'a pas

51. On dit aussi *č'arxi falak*, ou *telek* : *č'arx* signifiant le destin dans l'actuel Iran musulman, et *telek*, le ciel planétaire.

52. Dans une fable indienne de la *Sagesse de Barlaam*, ce sont deux souris, noire et blanche, qui rongent l'arbre où s'est réfugié un homme poursuivi par une bête monstrueuse ; Mahé 1993a, p. 76-77.

53. De sa mère, du ventre d'une génisse, de la panse d'un taureau, et enfin de l'estomac du dragon noir.

54. C'est un peu le cas d'Abrsk'il qui, en naissant d'une vierge, sans aucun géniteur humain ni divin clairement identifié (§ 2), s'est introduit par effraction dans les lignées humaines, forçant les portes de la temporalité.

délibérément défié la puissance du temps. Mais il a maintes fois ébranlé l'ordre qui en résulte : par sa force excessive, ses chasses et ses combats dévastateurs. Ses forfaits se sont aggravés de parjures. Il a rompu tous les liens familiaux. N'oublions pas que la coutume a la même autorité que la loi naturelle. Par conséquent, lui aussi est à la fois exclu du monde et soustrait au temps.

À la différence de Mher, retenu dans une geôle souterraine, Amiran, comme Artawazd et Prométhée, est enchaîné dans un cachot à la cime d'une haute montagne. Cette dernière version est sans doute la plus ancienne[55]. Dans sa prison, Mher est éclairé par un flambeau[56]. Au contraire, Amiran est « retranché de la lumière et de la joie » (§ 111) ; de même Artawazd est condamné par la malédiction paternelle à « ne plus revoir la lumière »[57]. Le flambeau de Mher dérive probablement de la radiance de Khaldi ; le nom mithriaque du héros semble lui prêter un éclat solaire[58]. C'est aussi le cas d'Amiran, du moins avant sa réclusion.

55. Toutefois, le héros abkhaze, Abrsk'il, est lui aussi reclus sous terre. Il faut donc croire, soit que ce dernier type d'enfermement est une variante du mythe commune à l'arménien et à l'abkhaze, soit que, dans le cas de la Porte de Mher comme de la Fosse d'Abrsk'il, l'existence d'un site géologique remarquable a provoqué indépendamment un infléchissement du mythe primitif. Le plus important est que l'endroit, en altitude ou en profondeur, soit normalement inaccessible et qu'une masse inébranlable accable le prisonnier.

56. Celui qu'aperçoit de loin la jeune fille qui a vu Mher.

57. Movsēs Xorenacʿi II, 61 ; Vanakan Vardapet et Grigor Xlatʿecʿi sont moins précis ; ils ne parlent ni de lumière ni d'obscurité, mais indiquent seulement que le prisonnier est enchaîné sur le Masis, qualifié de « Montagne noire » par Grigor Xlatʿecʿi ; cf. *infra*, p. 228-233.

58. Mher l'Ancien, le grand-père de Mher le Jeune, est surnommé Aṙiwcajew (*aṙiwc* « lion » ; *jew* « forme »). Dans l'épopée, cette épithète est rattachée à l'un de ses exploits : déchirant un lion à mains nues, il s'est qualifié comme « tailleur de lion », car le tailleur est celui qui « donne forme » (*jewaworel*) aux vêtements. Mais le véritable sens de l'adjectif est « léontomorphe », ce qui est un attribut solaire, exprimant l'ardeur dévorante du luminaire.

La jeune fille qui partage pendant un an la captivité de Mher voit descendre, dans la caverne, « la manne comme une hostie céleste », dont elle prend sa part, comme le géant et son cheval. L'effet bienfaisant de cette nourriture miraculeuse se prolonge après sa délivrance : elle reste « à jeun toute l'année », sans ressentir la faim. Amiran se nourrit, en apparence, d'une manière plus normale : tous les jours, il reçoit de Dieu « un pain et un pichet de vin » (§ 111). Cependant, ce n'est pas du pain ordinaire. De celui, apporté par le chasseur, que les hommes gagnent à la sueur de leur front ou au péril de leur vie, le titan exprime « trois gouttes de sang », mais de son propre pain, donné par Dieu, il fait couler du lait (§ 122). Au contraire, l'Abkhaze Abrsk'il est privé de nourriture (§ 37).

Des corbeaux et des corneilles « fouissent le cœur » d'Amiran (§ 112). Abrsk'il, tenaillé par la faim, a la « chair ravinée » à force de tirer sur sa chaîne (§ 41). Mher est le seul à ne pas ressentir de souffrance physique. Mais celle-ci n'est rien à côté du poignant souci qui les ronge tous trois.

Récurrence périodique des espoirs d'évasion

Dans leur geôle, leurs bourreaux leur ont malignement laissé de quoi nourrir un espoir d'évasion toujours déçu. Mher espère en vain dans la célérité de sa monture pour atteindre en l'espace d'une nuit la porte de la caverne avant qu'elle ne se referme. Dieu a confisqué le cheval d'Abrsk'il : il est enchaîné à côté de son maître. Le seul recours du héros est le marteau du forgeron abandonné sur place. Mais il n'arrive pas à en faire bon usage. Amiran est à pied, mais son épée pourrait le délivrer. Malheureusement, elle lui est inaccessible.

Les trois légendes mentionnent un cycle annuel d'usure de la chaîne et d'ouverture de la caverne. Ces deux moments sont successivement envisagés dans l'épopée d'*Amiran* (§ 114, 116), mais la tradition arménienne est moins explicite. S'il est vrai que, selon Movsēs Xorenacʿi et Vanakan, Artawazd est à la fois enchaîné et enfermé, ces auteurs ne mentionnent que l'usure de la chaîne, et non l'ouverture de la prison. D'un autre côté, Mher n'est pas enchaîné, mais simplement reclus dans un antre dont la porte s'ouvre deux fois l'an. Abrsk'il enfin est enchaîné, mais non reclus. Le gouffre où il est détenu n'est pas fermé : ses parents y pénètrent librement pour lui porter secours, et ressortent ensuite à l'air libre sans le moindre obstacle (§ 42, 46). Toutefois, un mystérieux sortilège les empêche de rejoindre Abrsk'il : plus ils tentent d'approcher, plus le captif s'éloigne (§ 45). Alors que, profitant de l'ouverture de la porte, divers visiteurs humains parviennent à voir Mher ou Amiran, Abrsk'il demeure définitivement invisible.

En représentant deux chiens, noir et blanc, qui rongent la chaîne d'Artawazd, la légende arménienne exprime clairement la corrélation entre la captivité du héros et la succession des jours et des nuits. Selon Vanakan Vardapet et Grigor Xlatʿecʿi, c'est au jour de l'an, le premier du mois de *nawasard*, que les forgerons arméniens frappent sur l'enclume pour renforcer les liens du prisonnier. Il est logique que ceux-ci recouvrent leur solidité au début d'un nouveau cycle temporel. Mais à en croire Movsēs Xorenacʿi[59], le même rite se répéterait chaque semaine, tous les dimanches : « De notre temps, beaucoup de forgerons, poursuivant la légende, frappent trois ou quatre fois sur l'enclume, le premier jour de la semaine. »[60]

59. Movsēs Xorenacʿi II, 61.

60. Dans le vocabulaire des chrétiens orientaux, les jours du lundi au jeudi sont désignés comme les deuxième à cinquième de la semaine. Le premier jour est

Dans l'épopée géorgienne, le rite du forgeron a lieu non pas le premier jour de la semaine de Pâques, mais le cinquième de la semaine précédente, alors que l'ouverture de la caverne se produit dans la nuit précédant le dimanche de la Résurrection. Ce décalage est dû au fait que la tradition géorgienne est seule à nous présenter l'usure de la chaîne et l'ouverture de la caverne comme deux moments successifs, ce qui est certainement conforme à la variante la plus ancienne du mythe.

Aucun des récits arméniens de la captivité d'Artawazd ne fait allusion au silence imposé aux forgerons. On trouve néanmoins des traces indirectes d'un usage analogue dans le mot *urbatʿarurkʿ* « charrues du vendredi ». Justement ce jour-là, le forgeron se détourne de sa vocation habituelle. Délaissant les outils agricoles, il fabrique, sans dire un mot, des bracelets qui servent d'amulettes contre la foudre – mieux vaut, par métaphore, les appeler des « charrues ». Le silence rituel imposé à l'artisan fait qu'un homme taciturne est ironiquement qualifié d'*urbatʿaxōs*, c'est-à-dire de « parleur du vendredi », jour où les forgerons n'ont pas le droit de parler[61]. Mais, tandis que le silence codifié a disparu des rites arméniens du seuil de l'année dès le haut Moyen Âge, celui de la semaine sainte, que les Svanes appellent « semaine des démons », a persisté chez eux jusqu'à nos jours.

Dans l'épopée d'*Abrskʼil*, le rite magique est remplacé par une corrélation symbolique entre l'amaigrissement de la chaîne et la faim du petit chien qui la lèche : dès que l'animal

---

évidemment le dimanche, exprimé par un numéral (« premier ») en Matthieu 28, 1, mais habituellement nommé d'après la Résurrection du Seigneur (par exemple, *kiraki*, en arménien). Quant aux sixième et septième jours, on les appelle « sabbat » (7e) et « préparation » (du sabbat, 6e).

61. Abełyan 1899/1975, t. 7, p. 544.

mange, la chaîne se remet à grossir (§ 39). Parallèlement, le pieu de fer auquel le géant est attaché est périodiquement replanté, non par un forgeron, mais par la maladresse du prisonnier lui-même.

Si Artawazd rompait sa chaîne, disent Vanakan Vardapet et Grigor Xlat‘ec‘i, il provoquerait la fin du monde. Dès que Mher, la nuit de l'Ascension ou de la Transfiguration, est sur le point de parvenir à l'air libre et de fouler le sol de la terre, « son cheval s'enfonce, il ne peut plus marcher et rebrousse chemin »[62]. L'instabilité du sol présage le chaos qu'entraînerait sa sortie. « Malheur si Amiran rompait sa chaîne ! » (§ 140). La menace n'est pas autrement précisée. Mais il est évident que le monde serait disloqué. Ce cataclysme serait-il suivi d'un renouvellement, comme Mher l'annonce à ses visiteurs[63] ? L'épopée d'*Amiran* ne le dit pas explicitement, mais il se peut que le titan le laisse entendre en opposant la douceur de son pain à l'âpreté de celui du monde actuel. Pour Abrsk'il au contraire, l'Âge d'or est définitivement révolu.

Esquisse chronologique

Ainsi, la comparaison des légendes caucasiennes montre qu'Amiran, Mher, Artawazd et Abrsk'il reflètent, indépendamment les uns des autres, un mythe beaucoup plus ancien. L'intérêt des sources arméniennes est d'offrir des indices de datation. Le premier témoin de la légende d'Artawazd, Eznik, écrit vers 435-440. Mais la tradition qu'il rapporte est évidemment bien antérieure. Le nom propre d'Artawazd renvoie à la dynastie artaxiade, aux IIᵉ-Iᵉʳ siècles avant notre

62. Feydit 1964, p. 397.
63. *Ibidem*, p. 398.

ère. Cependant, la tradition orale, recueillie dans la seconde moitié du XIXe siècle[64], nous apprend qu'Artawazd n'est que le prête-nom de Mher, héros d'un mythe iranisé, nettement plus ancien.

L'Arménie a connu trois périodes d'exposition intense aux idées iraniennes : l'époque achéménide (557-330 av. J.-C.), l'époque parthe (66-224) et l'époque sassanide (224-642). Cette dernière nous paraît trop tardive, étant donné le témoignage d'Eznik. En revanche, c'est probablement sous la domination achéménide que la Porte de Khaldi est devenue la Porte de Mher. À la même époque, la légende caucasienne du titan captif subit, indépendamment en Arménie et en Géorgie, l'influence des spéculations iraniennes sur le temps.

De quand date le substrat caucasien du mythe ? Les parallèles arméno-géorgiens ont une valeur différente selon qu'on tient ou non les Arméniens pour une ethnie autochtone du Caucase, qui serait alors le berceau de la famille indo-européenne. Bien que cette théorie ait eu d'éminents défenseurs[65], elle est loin de faire l'unanimité. Au contraire, l'origine thraco-phrygienne de la langue arménienne a été fortement confirmée par les recherches les plus récentes. On admet aujourd'hui que l'arménien remonte à une branche balkanique de l'indo-européen, incluant également le grec et l'albanais[66].

---

64. Pour l'essentiel, la légende s'est fixée sous sa forme actuelle vers le milieu du IXe siècle, quand les Arméniens s'émancipèrent de la domination arabe ; cf. Iosif Orbeli, dans Feydit 1964, p. 12. Des paysans arméniens de la région de Van l'ont racontée à des missionnaires portugais au XVe siècle ; cf. Gulbenkian, Berbérian 1971 et Gulbenkian 1995, t. 1, p. 83-96.

65. Gamkrelidze, Ivanov 1984.

66. Holst 2009 ; Lamberterie 2013.

Par conséquent, on suppose que les Proto-Arméniens ont franchi les Détroits peu après la chute de Troie (vers 1200 av. J.-C.), tandis que les Achéens s'installaient en Ionie. Ils traversèrent ensuite l'Anatolie, provoquant la fin de l'Empire hittite. Laissant derrière eux certaines tribus qui se fixèrent en Phrygie, ils atteignirent le cours supérieur de l'Euphrate vers 1165. Cinquante ans plus tard[67], comme ils tentaient de coloniser le cours supérieur du Tigre, ils furent arrêtés, en 1115 avant notre ère, par Tiglath Phalasar Ier.

Dès cette époque, ils entrent en contact avec les peuples sud-caucasiques, ancêtres des Kartvèles. En géorgien, « arménien » se dit *somexi*, que l'on rapproche du hourrite *Suhmu*, désignant un bras de l'Euphrate[68]. D'autre part, les Assyriens nomment les Proto-Arméniens Muški[69], sans doute par confusion avec les tribus kartvèles du Mesxeti[70]. C'est donc à partir des XIIe-XIe siècles que les ancêtres des Arméniens ont été en mesure de connaître les traditions sud-caucasiques sur le titan captif.

Les sources arméniennes établissent probablement l'existence du mythe à la fin du IIe millénaire. Mais si l'on admet la chronologie des langues kartvèles, proposée par G. V. Klimov, la concordance des données svanes et géorgiennes permet de remonter jusqu'aux environs de 2000 avant notre ère. Cette datation est plutôt confirmée par les traces de formes archaïques du même mythe chez les Tcherkesses[71] et les Abkhazes.

---

67. Diakonoff 1984, p. 188-189 ; Mahé 2012, p. 29-31.
68. Diakonoff 1984, p. 104.
69. *Ibidem*, p. 119.
70. Lang 1966, p. 55-57.
71. Cf. Olrik 1922.

Chapitre 5

Abrsk'il ou la nostalgie de l'Âge d'or

L'épopée du titan Abrsk'il s'enracine en Abkhazie, au village d'Ot'ap, où se trouve, au pied du mont Panavi, un ensemble de grottes d'une longueur de deux kilomètres appelé « Fosse (*ahapə*) d'Abrsk'il » ou « Fosse de Č'lou », du nom de la communauté de villages à laquelle appartient Ot'ap. Il en sort un petit ruisseau, Ačuac Tizgo, dont le nom signifie que ses eaux convoient du crottin de cheval. On y voit la preuve qu'Araš, le coursier ailé du héros, y est enfermé en même temps que son maître. À l'intérieur des grottes, on découvre de vastes salles aux innombrables stalagmites et stalactites d'une féerique beauté.

Cet ancrage géographique a été confirmé par la collecte des matériaux ethnographiques : aucun récit n'a été recueilli dans la moitié nord-ouest de l'actuelle Abkhazie. Tout semble démontrer qu'il s'agit initialement d'une tradition locale liée à l'Abžua, c'est-à-dire la région d'Očamčir. C'est de là qu'était originaire le poète Bagrat' Šinkuba, qui établit le texte le plus complet de la légende et présida plus tard le Soviet suprême de la République socialiste soviétique autonome d'Abkhazie. Quoique la légende fût déjà connue des savants depuis la fin du XIXe siècle, c'est surtout après la Seconde Guerre mondiale qu'elle s'est imposée peu à peu, débordant sa région d'origine, comme une épopée nationale identitaire concernant l'Abkhazie tout entière[1].

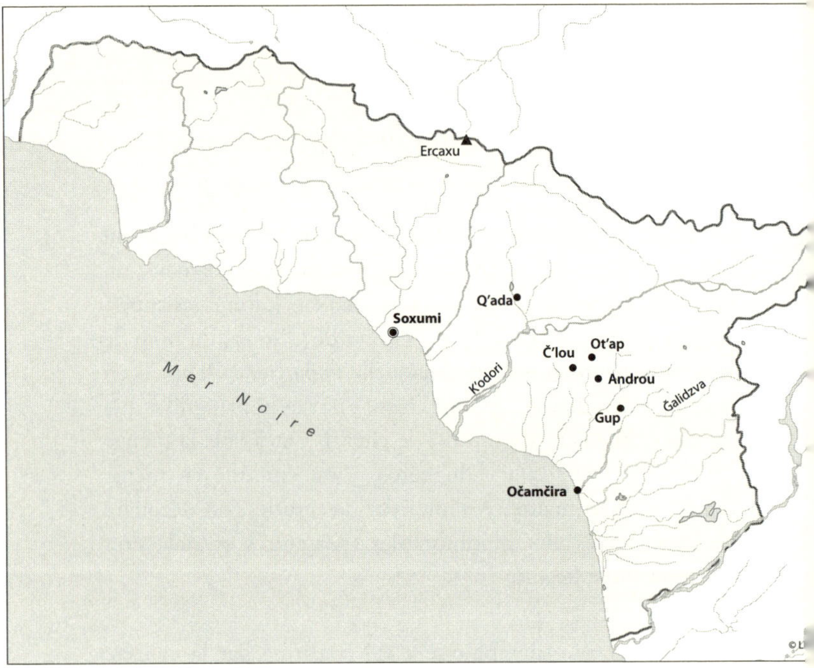

Figure 7
L'Abkhazie, patrie d'Abrsk'il

L'étymologie du nom d'Abrsk'il reste extrêmement disputée[2]. Certains croient y reconnaître un radical *abr-* / *amr-* signifiant « ciel » ou « soleil », tandis que *-sk'il* équivaudrait à « fils » : ce serait donc un « fils du ciel » ou un « fils

1. Zuxba 1988, p. 343.
2. *Ibidem*, p. 359-361.

du soleil ». D'autres comprennent le « fils de la pierre », ou le « fils de l'éclair »[3]. Ces hypothèses étymologiques ne sont pas dénuées d'arrière-pensées. Elles visent à rapprocher Abrsk'il des héros arménien et géorgien, Mher et Amiran, dont les noms dérivent de Mithra, feu et soleil personnifiés dans le monde iranien. Au-delà, se profile aussi l'idée prométhéenne d'un feu du ciel. Mais les linguistes s'accordent pour reconnaître que la question n'est pas tranchée.

Découverte et collecte de l'épopée[4]

Tardivement notée en langue abkhaze, la légende d'Abrsk'il est loin d'être aussi bien conservée que celles d'Amiran et de Mher. Le témoignage le plus ancien remonte à 1873, mais il est rédigé en russe et non en abkhaze. Dans une notice assez succincte, A. Ioak'imov présente deux variantes opposées du mythe d'un héros, qu'il appelle Abulskir. D'un côté, il brosse le portrait d'un homme vertueux, plein de courage et de philanthropie, mais refusant de s'incliner devant Dieu. C'est pourquoi les anges l'enchaînent dans une fosse où il est reclus avec un chien noir qui ronge sa chaîne à longueur d'année. Au moment où elle est prête à se rompre, une vieille femme aveugle la renforce d'un coup de baguette magique. D'après la seconde variante, Abulskir est un méchant homme. Les anges chargés de sa capture s'arrangent pour le faire glisser sur des peaux de bœufs fraîchement abattus et camouflées sous des herbes.

En 1881, I. Lixačev, qui transcrit la légende également en russe, voit en Ablaskir un géant idolâtre qui ne connaît pas Dieu : c'est le frère de lait du prince Beslan Ančabadze.

3. Littéralement « fils du feu qui vole ».
4. Nous résumons ci-dessous Čursin 1957.

Tout en confirmant l'aversion du héros, déjà signalée par son prédécesseur, pour les fougères et la vigne sauvage, le narrateur y ajoute la haine des hommes aux cheveux rouges ou aux yeux couleur de cendres. En châtiment de son orgueilleuse impiété, Ablaskir est enchaîné à un rocher avec son cheval, dans la « Fosse de Č'lou », aussi longtemps que les hommes et les plantes qu'il exècre n'auront pas été exterminés.

Ignorant le nom d'Abrsk'il, une variante russe, notée en 1883 par G. P. Potanin, appelle le héros Amiran et situe sa captivité sur l'Elbrouz. Sa monture Araš est à côté de lui et leurs chaînes, qui s'amenuisent pendant l'année, sont périodiquement renforcées. Les Cicba, famille adoptive du prisonnier, partent à la recherche de leur pupille. Ne parvenant pas à le rejoindre jusqu'au lieu où il est attaché, ils conversent avec lui sans le voir. Amiran s'enquiert des fougères, des hommes aux cheveux rouges et de la vigne sauvage.

En 1892, V. Ğarsk'ia publie, encore en russe, une version plus détaillée. Défenseur de sa patrie, Abrsk'il jouit d'abord de la bienveillance divine. Mais son orgueil le perd. Il se croit l'égal de Dieu. Il massacre les hommes aux cheveux rouges en les accusant de jeter des sorts aux bêtes et aux gens. Il élimine les membres des familles Ašoba et K'acuba. Il coupe la vigne sauvage qui lui barre le chemin, pour éviter de baisser la tête et de sembler s'incliner devant Dieu. Longtemps il échappe aux anges envoyés pour l'arrêter, en se réfugiant tantôt sur la cime du pic d'Ercaxu, tantôt sur le bord de mer. Finalement, une vieille sorcière imagine la ruse des peaux de bœufs qui permet de le capturer, puis de l'enchaîner dans la « Fosse de Č'lou ». C'est son coursier Araš qui ronge sa chaîne, renforcée de temps en temps par le petit chien, en quoi Dieu a métamorphosé la vieille femme, propriétaire de la caverne : affamé, l'animal lèche la chaîne, qui reprend de l'épaisseur. Parti à sa recherche, Jomlat (*alias* Sasriq'va) Ančabadze échange avec lui des propos désespérants : « La pauvre Abkhazie est perdue ! »

La première notation en langue abkhaze est effectuée par Dimitri Gulia en 1893 dans le village de T'at'iš. En 1898, Nik'o Ǯanašia publie, dans la revue *K'rebuli* (n° 5), une transcription géorgienne.

Le texte abkhaze le plus complet a été établi par Bagrat' Šinkuba, d'après vingt-cinq variantes transcrites entre 1946 et 1951. C'est sur cette base que repose la présente traduction.

En 1957, G.P. Čursin rapporte le témoignage de M. Adleiba, un centenaire de la région de Č'lou. Par son humeur hautaine et ses obsessions meurtrières, Abrsk'il se rend insupportable à la population, qui décide de se débarrasser de lui, grâce au stratagème déjà décrit.

Érosion du texte et authenticité du mythe

La date tardive de la collecte et la brièveté du texte imprimé laissent pressentir l'étendue des pertes. Le récit mythique est réduit à une simple trame narrative, incluant des variantes sur les deux événements les plus marquants de la vie du héros : « La Pierre fendue » – c'est-à-dire le dernier exploit d'Abrsk'il et ses dernières paroles avant sa capture – et les circonstances précises de son arrestation. Le reste de sa carrière – ses exploits, sa conduite, ses goûts et ses aversions – est évoqué en termes généraux, intemporels, hors de toute narration circonstanciée.

Par conséquent, la contexture même de l'oralité primitive, où l'on s'attendrait à percevoir la tension et la véhémence d'un récit épique, est fortement érodée. À l'exception de quelques toponymes liés à la mémoire du héros – « La Pierre fendue », « La Haute Colline », « Là d'où sort le crottin de cheval » –, la saveur pittoresque du langage populaire et le style de la narration laissent place à l'exposé formel des ethnologues relatant les traditions au style indirect, plutôt qu'ils ne cèdent la parole à leurs informateurs[5]. Mais ceux-ci, de la geste héroïque qui avait passionné leurs ancêtres, ne connaissaient plus que des vagues rumeurs, des souvenirs estompés par le temps.

Toutefois, on aurait tort de méconnaître l'intérêt mythologique des données que nous transmettent ces rapports tardifs. Certes, la tradition orale agrège nécessairement au récit des éléments hétéroclites appartenant à des époques différentes. Par exemple, les griefs allégués pour l'emprisonnement du héros – orgueil et refus de reconnaître la suprématie divine – portent l'empreinte du christianisme et de l'islam, qui se sont l'un et l'autre diffusés dans la région. À lui seul, le terme d'*Apehambar* désignant les « anges-policiers » de Dieu reflète une influence arabo-persane. De même Araš, le coursier ailé d'Abrsk'il, semble sortir tout droit de quelque conte persan. Le rôle central qu'il joue dans la légende, transportant son maître du bord de la mer au sommet de l'Ercaxu et tenant les Apehambar en échec, est merveilleusement adapté à la topographie abkhaze, mais n'est guère transposable au reste du Caucase.

5. Dans plusieurs cas précis on peut même se demander si la formulation de certaines données authentiques du mythe – par exemple l'élimination vigoureuse et systématique des individus indésirables et l'amélioration des rendements agricoles – n'a pas été influencée par l'idéologie qui sévissait durant les années 1946-1951.

Cependant, la question est sans doute plus complexe. On observe en effet que Mher, le héros arménien, est lui aussi reclus sous terre avec son cheval. Or l'animal est nécessairement issu de la monture de son ancêtre Sanasar, le poulain ailé, J̌alali. Pareillement, le héros géorgien Amiran emprunte à Badri, son frère adoptif, le blanc coursier Tetroni, grâce auquel il enlève sa fiancée Q'amar, qui habite une tour suspendue au ciel.

On pourrait supposer que ce motif de conte s'est introduit indépendamment dans les trois traditions caucasiennes. Il faut pourtant remarquer que, dès le Ier millénaire avant notre ère, les chevaux sont comparés à des aigles dans le monde hourro-ourartien, comme le montre le nom propre Arcibini (« aigle »), que porte la monture du roi Menua[6]. On est donc conduit à penser que le motif du cheval ailé est assez ancien dans le Caucase. En fait, la comparaison de l'épopée d'*Abrsk'il* avec les autres légendes caucasiennes de titans enchaînés est d'autant plus probante que, malgré d'évidents parallèles avec les héros géorgiens, ossètes, arméniens ou tcherkesses, la figure du géant abkhaze conserve une indéniable originalité.

Ambiguïté du héros

Est-il bon, est-il méchant ? C'est la première question qu'on se pose en parcourant les témoignages des XIXe-XXe siècles. Bien que la plupart d'entre eux s'accordent pour présenter le héros comme totalement dévoué à sa patrie,

6. Arutjunjan 2001, n° 136, p. 135 et 479. Ce nom propre est d'ailleurs emprunté à une langue indo-européenne, déjà présente dans la région ; cf. J̌ahukyan 1987, p. 419.

ils ne masquent nullement les ombres de son caractère. Or, cette ambiguïté compte parmi les traits essentiels du mythe caucasien[7]. Elle sous-tend la légende d'Artawazd-Šidar, qui apparaît tour à tour comme le descendant légitime du roi Artašēs, puis comme le démon qui lui a été substitué. Mais dans la légende de Mher, la figure du héros, originellement ambiguë, a été dédoublée. Mher l'Ancien est un preux défenseur de sa patrie. Plus qu'une faute personnelle, c'est une erreur de son épouse – qui a manqué au serment imprudent qu'elle avait fait de s'abstenir pendant vingt ans de relations conjugales – qui entraîne sa mort prématurée. Au contraire, son unique descendant, Mher le Jeune, qui finit prisonnier de la Roche du corbeau, porte dès sa naissance la marque d'une malédiction et commet le crime impardonnable de porter les armes contre son père (qu'il n'a jamais vu) pour tenter de lui ravir une captive.

Tout en s'abstenant de dédoubler le mythe, d'autres traditions ont opté pour un héros foncièrement bon ou foncièrement méchant. Par exemple, les géants tcherkesses sont généralement malfaisants. Loin de souhaiter l'Âge d'or qu'Abrsk'il voudrait assurer à ses compatriotes, ils aspirent à nuire, à éliminer les animaux utiles aux hommes et à instaurer le chaos[8]. C'est pour cette raison que Dieu les écarte du monde. Au contraire, l'Amiran géorgien est un bienfaiteur de l'humanité, qu'il libère des démons et des monstres. Si un tragique engrenage du destin ne lui faisait pas recouvrer la force démesurée dont sa mère l'avait sagement privé à sa naissance, il ne serait pas devenu un péril pour l'univers et n'aurait pas été enchaîné au sommet des plus hautes

7. Cf. Mahé 1982, p. 178-185.

8. Charachidzé 1986, p. 78-79, commente les récits de géants enchaînés du Nord-Caucase, rassemblés par Olrik 1922 ; voir aussi Dumézil 1955 (récit n° 5), p. 30-33 : « Un Prométhée oubykh ».

montagnes. L'Abrsk'il abkhaze penche plutôt du côté du bien, mais conserve jusqu'au bout, contre plusieurs catégories d'ennemis, une férocité qui dérive sans aucun doute de l'ambiguïté primordiale du mythe.

Gigantisme et destinée

On se tromperait en pensant que la croissance prodigieuse du héros, exprimée en des termes à peu près identiques dans les trois légendes, arménienne, géorgienne et abkhaze, provient de quelque formule toute faite répandue dans les contes populaires. Cela serait sans doute le cas, si le miracle d'un bébé qui grandit à vue d'œil et atteint une taille gigantesque n'était, comme pour les figures rabelaisiennes de Gargantua ou de Pantagruel, qu'un motif pittoresque sans incidence sur la trame narrative.

Mais pour Abrsk'il et ses frères caucasiens, c'est exactement le contraire. Le gigantisme, avec la force colossale qui en résulte, est un ressort essentiel de l'action. C'est ainsi que le héros devient un tueur de monstres, libérateur de son pays, auteur d'exploits surhumains, émule et rival potentiel du Dieu suprême. La vitesse de sa croissance agit comme une force aveugle et tragique qui le précipite inexorablement vers les sommets de la gloire et l'issue fatale de son destin. C'est donc, n'en doutons pas, un des traits structurels du mythe qu'Abrsk'il n'a emprunté nulle part, mais reçu directement de la source dont découlent les autres épopées caucasiennes.

La partie la plus flexible de la légende, où peuvent aisément s'introduire les éléments les plus hétéroclites et les plus récents, consiste dans la succession des exploits du héros. Il est clair que ceux d'Abrsk'il diffèrent assez clairement de ceux d'Amiran et de Mher (ou des ancêtres de ce dernier). L'arrachage des fougères et de la vigne sauvage tient à des conditions propres à l'Abkhazie, mais probablement fort anciennes. L'élimination de certaines catégories d'individus – les cheveux rouges ou les yeux vairons – découle de superstitions ancestrales. La persécution de certaines familles se rattache probablement à des circonstances historiques internes à l'ethnie.

Reste le combat d'Abrsk'il et du *dev*, qu'on pourrait rapprocher de la lutte d'Amiran contre les *devi*[9]. Dans les deux cas, l'adversaire est un géant démoniaque et funeste à l'humanité. Mais le *dev* d'Abrsk'il ne se nourrit pas de chair humaine, morte ou vivante, comme les *devi* d'Amiran. On le voit manger simplement du poisson. Il ne vit pas au sein d'une grande famille patriarcale, mais mène une existence solitaire. Il n'habite pas dans les montagnes, mais au bord de la mer. Son plus coupable passe-temps semble être de provoquer des raz de marée. Tous ces traits peuvent donc être considérés comme des innovations abkhazes, introduites dans le cadre du mythe caucasien.

Rivalité avec Dieu

En revanche, le thème de la rivalité entre Dieu et le héros est constitutif du mythe lui-même. Le parallèle est évident entre Amiran et Abrsk'il, qui défient l'un et l'autre la divinité. Au contraire, Dieu en tant que tel n'est pas explicitement nommé dans les textes arméniens. On pourrait donc croire que ni Artawazd ni Mher ne se sont posés en rivaux de la divinité.

9. *Dew* en arménien, *adaw* en abkhaze, et *devi* en géorgien, dérivent du même mot iranien (*deva*) qui désigne un démon. Dans le Caucase, il s'agit de géants diaboliques anthropomorphes, mangeurs d'êtres humains ; cf. Abełyan 1899/1975, t. 7, p. 568.

Mais une offense cachée peut être aussi réelle qu'une transgression manifeste. En combattant, armes à la main contre son père pour lui arracher une concubine, Mher, contestant l'ordre des générations et les années accordées à chacune d'elles, a offensé le maître du Temps. Artawazd s'est rendu coupable du même crime en écourtant les funérailles paternelles.

L'une des façons dont Abrsk'il conteste la supériorité divine consiste à parcourir le ciel sur son cheval ailé en brandissant son épée d'éclair et en jetant des pierres en guise de grêlons. On reconnaît, dans cette chevauchée aérienne, l'un des mythes caucasiens de l'orage[10]. En effet, dans certaines variantes de l'épopée arménienne des *Trompe-la-mort du Sasun*, la mère des deux héros de la première génération, Sanasar et Bałtʿasar, porte le nom mythologique de Covinar[11]. Certains récits la représentent comme une femme d'une éblouissante beauté qui parcourt les nuées orageuses sur un coursier ailé. Quand les bergers qui gardent leurs troupeaux, la nuit dans les alpages, voient à l'horizon des éclairs courant sur les cimes ou les flancs des montagnes, sans entendre le moindre roulement de tonnerre, ils disent proverbialement : « C'est Covinar qui joue ! »[12] Dans ce cas, on perçoit de loin la présence de cette entité céleste, mais si on la croisait de près, on ne pourrait supporter l'éclat de ses yeux, ni le regard de son cheval[13].

10. *Ibidem*, t. 7, p. 529-547.

11. Ce nom dérive de l'adjectif *covean* « marine, lacustre ». La « mer » dont il s'agit est un grand réservoir céleste d'où proviennent la pluie, la grêle et le feu du soleil et de l'orage. C'est pourquoi, dans les fragments épiques concernant la naissance du dieu Vahagn, on appelle cette mer ignée *cirani cov* « la mer pourprée » ; cf. Movsēs Xorenacʿi I, 30. Issue de cette mer céleste, Covinar appartient à la classe des Hračʿ (*hur* « feu » + *ačʿ* « œil »), c'est-à-dire des êtres aux yeux ou au visage de feu.

12. *Xałal* : littéralement « se mettre en mouvement, jouer ».

13. Ce trait est également attribué au cheval de saint Théodore ; cf. Mirzoyan 1986-1987.

Brandissant son épée d'éclair[14], Abrsk'il joue, lui aussi, à travers le ciel, en soulevant une véritable tempête. Pis encore, il lance des pierres comparables aux grêlons que le prophète Élie, juché sur son char de feu, jette sur les terres cultivées au début de l'été, afin de gâter les récoltes des impies. C'est sur ordre de Dieu que le prophète agit ainsi, mais Abrsk'il se garde bien de demander la permission à qui que ce soit. Sa chevauchée orageuse prend donc l'allure d'une usurpation ou d'une parodie sacrilège.

D'une façon générale, c'est à Dieu qu'il appartient de planter les montagnes là où elles sont. C'est pourquoi le héros Amiran montre une audace scélérate en se mesurant à Dieu, son parrain, pour un concours d'arrachage et de lancer de montagnes. Abrsk'il n'a pas de telles ambitions. Mais son passe-temps habituel de tirer des abîmes, soulever et projeter d'énormes blocs de roc, participe peut-être de la même démesure profanatoire que celle d'Amiran.

Dans les traditions arménienne et géorgienne, la rivalité entre Dieu et le héros finit par devenir un danger cosmique. Dieu est obligé de le mettre à l'écart du monde parce qu'il est une menace permanente pour la stabilité de la terre, l'équilibre des éléments, voire la diversité des espèces animales, végétales ou mythologiques. Si le héros sortait de sa prison, il s'ensuivrait une catastrophe universelle.

Rien de tel n'est affirmé à propos d'Abrsk'il. Certes, il arrache les fougères et coupe les vignes sauvages, mais unique-

---

14. Une arme identique à celle des fils de Covinar, Sanasar et Bałt'asar, dans l'épopée arménienne.

ment dans sa patrie[15]. La meilleure preuve que les espèces ne sont pas menacées nous est offerte dès qu'il est en captivité : tout redevient comme auparavant. Et si, par impossible, il sortait de sa caverne, loin d'affronter un cataclysme, l'Abkhazie connaîtrait un nouvel Âge d'or.

Cependant, quels qu'en soient les motifs, le châtiment des titans arménien, géorgien et abkhaze présente de grandes analogies. À vrai dire, tous les traits pertinents du mythe primitif ne sont pas forcément réunis dans chacune des légendes. Prenons, par exemple, le lieu de la captivité : Amiran est enchaîné sur la cime d'une haute montagne, de même que l'Arménien Artawazd[16]. Ce n'est pas le cas d'Abrsk'il et de Mher, qui sont reclus dans une caverne. Néanmoins, la prison d'Amiran et celle d'Artawazd combinent à la fois l'altitude et l'enfermement souterrain, qui appartiennent tous deux à la trame la plus ancienne. Quant à la chaîne, elle est commune à Artawazd, Amiran et Abrsk'il, mais Mher en est exempté.

Ces comparaisons montrent que, malgré l'érosion du temps et certaines innovations propres au milieu abkhaze, la légende d'*Abrsk'il* conserve les traits fondamentaux du mythe primitif et contribue efficacement à les identifier. Néanmoins, telle qu'elle nous est parvenue, la figure du héros présente une originalité marquée, qui dénote une branche autonome et archaïque du mythe.

---

15. Néanmoins, la nécessité d'éventrer le sol pour extirper les fougères pourrait être conçue comme un « tremblement de terre miniature » ; Charachidzé 1986, p. 91-95, établit une corrélation symbolique entre les rhizomes étendus et profonds des fougères et les racines du bâton, enserrant toute la terre, auquel Amiran est attaché (*Amiran*, § 110). Certaines traditions populaires expliquent la fréquence des secousses sismiques en Géorgie par les efforts du titan pour arracher le pieu. Abrsk'il ne cesse, lui aussi, d'en faire autant (*Abrsk'il*, § 40-41).

16. Movsēs Xorenac'i II, 61.

Nature et culture

Abrsk'il ne se contente pas d'imiter les œuvres divines, il entend aussi les réformer. L'essence même de son héroïsme est un combat prométhéen de la culture humaine contre la nature créée par Dieu. En effet, il n'élimine pas seulement les ennemis mortels du peuple abkhaze – pillards dévalant des sentes montagneuses, guerriers aux cheveux rouges et aux yeux bleus (Scythes ou Russes) venus des steppes septentrionales[17] –, mais il lutte aussi contre le monde végétal, les mauvaises herbes, notamment les fougères qui infestent le sol et étouffent les moissons. « Partout où croissait la fougère et où elle attaquait la terre ferme, il déterrait cette plante maligne jusqu'à la racine et l'extirpait. De fait, au temps d'Abrsk'il, la fougère disparut » (§ 8).

Avec l'agriculture, la société humaine est faite de communications. C'est pourquoi Abrsk'il ne cessait de combattre la croissance luxuriante des arbres et arbustes, qui aveuglent sans trêve les chemins frayés par les hommes. S'il rencontrait, pendant ses randonnées équestres, un seul sarment de vigne sauvage qui empiétât sur l'allée cavalière, il l'abattait d'un coup d'épée. C'était, expliquait-il, pour n'avoir pas à baisser la tête, de crainte qu'on ne pensât qu'il s'inclinait devant Dieu (§ 10). C'est pourquoi Dieu chargea finalement ses anges (les Apehambar) d'arrêter et d'enchaîner le rebelle.

17. Charachidzé 1986, p. 83.

La captivité du héros

La capture ne fut pas facile. Grâce à la vigilance et à l'agilité de son coursier, Abrsk'il se transportait instantanément du rivage de la mer Noire au sommet du mont Arcax (Ercaxu), ou inversement (§ 22-24). Conseillés par une rusée sorcière, les anges se postèrent simultanément aux deux endroits, où ils étalèrent à même le sol des peaux de bœufs fraîchement écorchés. Disposant au-dessus le côté de la chair, encore humide, ils le parsemèrent habilement de graines. Dès que le héros, réveillé en sursaut, bondit sur son cheval pour échapper à l'assaillant, sa monture glissa sur les peaux de bœufs et manqua son élan (§ 28). Abrsk'il aurait eu encore la ressource de sauter à la perche. Mais les anges s'en allèrent trouver le pic-vert : « Si tu cribles de trous ce bâton, lui promirent-ils, nous te donnerons un beau chapeau rouge. » L'oiseau se mit consciencieusement à l'ouvrage, profitant d'une sieste du géant, qui dura deux jours et deux nuits. C'est pourquoi, lorsque Abrsk'il voulut se servir du bâton pour sauter, il se brisa sous son poids (§ 30).

Comme dans les autres épopées caucasiennes, Dieu ordonne d'enfermer le héros dans une caverne inaccessible, où il ne sera plus ni mort ni vivant (§ 33). Les anges enchaînent séparément d'un côté le cavalier, de l'autre sa monture. Ils fixent les chaînes à des poteaux de fer. La sorcière est tout d'abord chargée de monter la garde. Bien qu'il lui soit interdit de nourrir le prisonnier, elle se laisse attendrir et lui sert quotidiennement de la soupe au lait et à la citrouille, avec des copeaux d'acier pour son cheval. Irrité de cette trahison, Dieu la change en petit chien. « Pendant toute l'année, le petit chien affamé léchait la chaîne d'Abrsk'il, au point qu'à force d'être léchée, la chaîne s'usait jusqu'à la minceur d'un fil de soie. Mais à ce moment-là, Dieu donnait à manger au petit chien. Or, dès que celui-ci ouvrait la gueule, la chaîne était aussitôt renforcée et tout recommençait depuis le début » (§ 39).

Le temps et l'Âge d'or

Comme dans les versions arméniennes et géorgiennes de la légende, la captivité du héros abkhaze est donc liée à un cycle annuel. Mais on n'y retrouve pas le mythe iranien du temps ni l'interprétation astrologique qui prévalent au sud du Caucase. Abrsk'il a une conception plus personnelle que cosmique de l'écoulement des jours.

Une fois qu'il s'amusait à son jeu favori, le lancer de rochers, un groupe d'Apehambar tenta de l'attraper. Abrsk'il projeta vers le ciel une pierre si énorme qu'elle déclencha un ouragan. « Les Apehambar furent glacés d'effroi, tant ils eurent peur. Désertant le ciel, ils allèrent se cacher au creux des montagnes. Cependant, comme il est normal, la pierre projetée en l'air, si haut qu'elle ait été lancée, doit bien retomber néanmoins : et la pierre projetée par Abrsk'il retomba elle aussi, là d'où on l'avait lancée. Abrsk'il montra une fois de plus son sang-froid. Saisissant son épée, il se la posa sur la nuque, le tranchant vers le haut, et ainsi, il présenta sa tête armée d'une épée à la pierre qui retombait. La pierre se coupa en deux comme une pomme. Une moitié tomba face contre terre, et l'autre, à la renverse. “C'est ainsi que mon passé et mon présent ont été séparés”, dit Abrsk'il. “Cela, dit-il, en étendant la main vers le morceau de roc jeté face contre terre, c'est le temps de mon hier et de mon avant-hier, et ceci, dit-il, en se tournant vers le bloc de pierre lancé à la renverse, c'est ma vie de demain et d'après-demain.

L'ennui est que les deux resteront toujours séparés." Ce furent ses dernières paroles. Après cela, nul ne l'entendit jamais plus dire quoi que ce fût » (§ 18-19).

Fixer un glorieux âge d'or, faire que demain soit égal à hier, rétablir le face-à-face du présent et du passé, tel est le désir du héros, le but de son effort, pour lui-même et pour la société clanique qui l'entoure. Son regard ne s'étend pas, au-delà des sentiers de montagne ou de la côte pontique, vers un monde plus vaste, un temps universel. Pas question, comme dans l'épopée arménienne ou géorgienne, de contacts récurrents du reclus avec l'univers des vivants. Une seule fois, ceux de sa famille partent à sa recherche dans les entrailles de la terre. Malgré leurs efforts, ils ne parviennent pas à l'atteindre. Cependant, sans le voir, ils entendent ses gémissements, l'aboiement du petit chien et le bruit métallique de son cheval mastiquant de l'acier. Le dialogue qui s'engage, à travers les parois rocheuses, confirme que son effort civilisateur n'a été qu'une brève embellie emportée par le cours tumultueux des jours. Fougères, vignes sauvages, ennemis, brigands et misères ont de nouveau envahi l'Abkhazie, sans espoir d'amélioration (§ 43-44).

TRADUCTIONS

Pour faciliter la lecture et les références, les traductions d'*Amiran* et d'*Abrsk'il* ont été divisées par nous en paragraphes numérotés. Nous avons aussi ajouté des sous-titres entre crochets. Dans le texte d'*Amiran*, on a distingué par de l'italique les passages en vers rimés ou assonancés. Dans la poésie géorgienne, les rimes, souvent très riches, peuvent s'étendre aux deux, trois, voire quatre dernières syllabes.

Figure 8
Amiran lutte contre les monstres
Mose Khoneli, *Amiran Dareǰaniani*

Chapitre 1

Amiran

[Dali, amante d'un chasseur]

1. Dans une épaisse forêt se dressait un roc abrupt et élevé. Près de cette forêt vivait le chasseur Sulk'almax. Il y chassait de temps en temps. Un jour, après une longue marche, le chasseur arriva au pied du rocher. Il entendit comme une sorte de voix qui venait de là ; on eût dit un cri de femme. À ce bruit, Sulk'almax leva les yeux pour regarder en haut. Mais sa vue ne pouvait atteindre le sommet. Il voulut grimper, mais il n'y parvint pas.

2. Le chasseur rentra chez lui fort dépité. Il dit à sa femme : « Pour demain, prépare-moi des provisions de route ! » Lui-même se rendit chez le forgeron et il lui commanda un sac de pieux et un maillet en fer. Le lendemain matin, sa femme lui prépara les vivres pour la route, et le forgeron, pieux et maillet. Le chasseur sortit et gagna de nouveau le pied de la roche. S'approchant, il se mit à planter les pieux dans le roc. Chaque pieu qu'il plantait faisait un appui pour ses pieds. Il grimpait de plus en plus haut. Bientôt le maillet s'usa et il eut épuisé son sac de pieux. Il était arrivé au sommet du rocher.

3. Il vit comme une porte pour entrer. Il entra. À l'intérieur, c'était une caverne, et dedans, reposait Dali aux cheveux

d'or, d'une ravissante beauté. La déesse, à l'agonie, endurait une horrible douleur.

« Quelle puissance t'a fait venir ici, fortuné chasseur ?

— C'est ton cri qui m'a attiré, reine des rochers !

— Puisque tu es venu, rends-moi au moins un bon service, dit Dali.

— De quoi souffres-tu ? En quoi puis-je t'aider ? »

4. « J'ai commis un péché, j'ai trahi la loi de ma féminité divine[1], je me suis éprise du vaillant chasseur Darǰalan[2]. Celui-ci n'a su fuir l'amour : il a passé la nuit près de moi. Au matin du deuxième jour, je lui ai demandé de partir. Mais le chasseur n'y consentait pas. Et cette nuit-là encore, nous sommes restés ensemble. Après, je lui ai commandé plus sévèrement de se remettre en route. Je lui ai dit : "Ton épouse a un don de double vue[3], elle suivra ta trace jusqu'ici et nous tendra quelque embûche. – Mon épouse est boiteuse ; à la maison, elle se traîne à peine, comment pourrait-elle venir jusqu'ici ?", dit-il.

5. Cette nuit-là, le chasseur resta encore avec moi. L'épouse de Darǰalan attendit pendant deux nuits. Le troisième jour, elle suivit la trace de son mari. La trace la conduisit à ma porte. Nous étions endormis. Elle s'avança furtivement, en silence. Avec une clairvoyance divinatoire[4], elle chercha mes ciseaux d'or, elle coupa mes tresses d'or et les emporta avec

1. *Ǧmertkaloba* : « condition de déesse (dieu-femme) ».

2. Une variante xevsur relate cette rencontre amoureuse entre la déesse et le chasseur. Lancé à la poursuite d'un cerf, Dareǰan voit un rocher s'ouvrir et une femme en sortir, lui reprochant de traquer une bête qui lui appartient. La réponse courtoise du chasseur lui gagne les faveurs de la déesse ; cf. Charachidzé 1986, p. 166-167.

3. *Mecari* désigne un « voyant » dans le dialecte de l'Imereti.

4. Elle prévoit la valeur magique de son acte : en coupant les cheveux d'or avec des ciseaux d'or, elle prive la déesse de sa puissance.

elle. Le matin suivant, nous nous réveillâmes. Je me sentis la tête légère. Je m'y passai la main pour la toucher : je n'avais plus de tresses ! "C'est toi qui porteras mon péché, Darǰalan, dis-je au chasseur. Je t'avais pourtant prévenu que ton épouse nous ferait cela." »

[Une césarienne prophylactique]

6. « Irrité contre sa femme, Darǰalan rentra chez lui ; mais, par la suite, il ne revint plus jamais. Avec le chasseur j'ai conçu un enfant. En perdant ma chevelure, j'ai perdu ma puissance. "Je ne peux même pas accoucher. Ouvre-moi le ventre avec mon couteau de diamant[5] et retire l'enfant. Si c'est un garçon, appelle-le Amiran ; si c'est une fille, appelle-la comme tu voudras. Mon fils sera un héros. Hélas, s'il restait dans mon ventre jusqu'au terme, il deviendrait tel qu'il s'en prendrait à Dieu ! Mais à présent, il sera moins fort. Cependant, toi, fais tout ce que je te prescris : quand tu l'auras retiré de mon ventre, place-le trois mois dans le ventre d'une génisse, et trois mois dans la panse d'un taureau. Ce qui lui aura manqué dans le ventre de sa mère, il le comblera et reprendra force. Ensuite, couche-le dans un berceau d'or. Emporte le berceau et dépose-le à la source d'Iaman. Là-bas viendra son parrain, qui doit le baptiser, et il le baptisera." »

7. Sulk'almax s'affligea, refusa de la découper, mais Dali ne le laissa pas en paix jusqu'à ce que le chasseur fût forcé, bien malgré lui, de donner son accord. Les mains tremblantes, il incisa le ventre de Dali. Il en tomba un garçon semblable

---

5. Traduction littérale de *almasis dana* : il faut entendre un couteau acéré, dur comme le diamant. Dans la présente épopée, c'est un attribut divin, réservé à Dali et à son fils.

au soleil[6]. Le chasseur l'emporta chez lui et fit tout ce que Dali lui avait prescrit. Il coucha dans un berceau d'or ce bébé au front rayonnant comme le soleil et le déposa à la source d'Iaman.

[Baptême à la source d'Iaman]

8. Là-bas affluaient les passants. Ils voyaient cet enfant couché dans son berceau et ils lui demandaient :

« Qui sont ton père et ta mère ?
— Qui est le parrain qui te baptisera ?

— Mon père et ma mère, je ne sais qui ils sont. Mais mon parrain, c'est Dieu lui-même ! », répondit-il.

Là-dessus, Dieu descendit et posa la même question :

« Qui est le parrain qui doit te baptiser, dit-il ?

— Mon parrain est Dieu en personne ! »

9. Alors, Dieu baptisa Amiran. L'inflexibilité d'une avalanche dévalant la pente, la force de douze attelages de buffles, le genou d'un loup[7], l'indigence et la misère dans son enfance, la guerre et le malheur à l'âge adulte, voilà les cadeaux qu'il lui fit pour son baptême !

Il lui donna un poignard en diamant, en lui conseillant : « Garde-le jusqu'à ce que tu le tires en cas d'extrême néces-

---

6. Ce rayonnement solaire témoigne de son ascendance divine. Au contraire, Badri, son frère humain adoptif, n'a qu'un éclat lunaire ; cf. § 27.

7. On verra (§ 29) que rien ne résiste à un coup de genou d'Amiran.

sité. » Dieu bénit Amiran : « Que personne sur terre n'ait sur toi le dessus ! »

[Iaman adopte l'enfant]

10. Les porteurs d'eau d'Iaman virent qu'un berceau d'or était posé à la source et que l'enfant se chantait à lui-même une berceuse. Le berceau se balançait tout seul, tandis qu'il chantait :

« Nanav, nanasa, nanao[8]*, tu es en or, toi, le berceau ! »*

Les porteurs d'eau d'Iaman se mirent à se moquer d'Amiran. Celui-ci s'offensa, se leva du berceau et, leur frappant la tête les uns contre les autres, il brisa leurs pots à eau. Comme les porteurs d'eau tardaient à rentrer, Iaman en envoya d'autres : « Allez voir, dit-il, ce qu'ils fabriquent ! » Mais eux non plus ne purent s'arracher au berceau[9]. À la fin, Iaman dit à son épouse :

« Ou bien[10] *nos sources sont taries,*
Ou bien nos urnes ont péri,
Ou bien nos porteurs d'eau sont pris ! »

11. Iaman se fâcha. Il se leva pour aller lui-même à la source. Il vit le jeune enfant couché dans le berceau :

---

8. « Berceuse » se dit en géorgien *iavnana.*

9. Ils étaient fascinés par le spectacle.

10. Nous considérons que le mot *ani,* qui figure ici n'est pas le nom propre de l'épouse d'Iaman, mais une variante de la conjonction *an / anu* « ou bien ». À époque ancienne, *Ani* n'est pas attesté en géorgien comme anthroponyme féminin. Certains ont voulu y reconnaître le nom d'une déesse étrusque, dont les liens avec la Géorgie seraient bien problématiques.

Au-dessus des reins, c'est de l'or ;
En dessous des reins, c'est de l'argent.
Il a un front de soleil et un corps de peuplier[11] *!*

Joyeusement il dit : « Celui-ci sera le frère de mes fils, Usip' et Badri ! » Il prit l'enfant avec son berceau et l'emmena chez lui. La femme d'Iaman[12] fut toute contente : « Il me rendra service en balançant les berceaux d'Usip' et de Badri », dit-elle.

12. Le matin suivant, l'épouse d'Iaman partit traire les vaches. Elle coucha Usip' et Badri chacun dans son berceau et mit Amiran entre eux deux. Elle l'avertit : « Balance les berceaux d'Usip' et de Badri, et ne les fais pas pleurer, sinon gare à toi ! » Agacé, Amiran vit des alènes. Il en planta une dans Usip' et l'autre dans Badri. Les enfants se mirent à pleurer. Leur mère se fâcha et gronda Amiran : « Puisque tu n'as pas voulu les bercer, je vais venir ici et je vais te faire regretter ta journée ! Ce n'est pas toi qui auras l'audace de faire pleurer mes enfants. Même Amiran, le fils de Dali[13], ne l'oserait pas », dit-elle. Amiran marmonna à voix basse : « Hélas, à présent, je ne le suis pas, et pourtant je suis aussi Amiran, le fils de Dali ! »[14]

---

11. Il a une taille élancée.

12. Confirmation : cette femme reste anonyme. Dans l'épopée orale, comme dans les campagnes, on évite généralement de dire le nom des femmes, sauf pour les entités mythologiques.

13. Comment la mère des enfants connaît-elle ce nom ? C'est qu'Amiran, avant même d'apparaître, est depuis toujours un demi-dieu, célébré par la mythologie.

14. La contradiction n'est qu'apparente : elle est justifiée par les données du mythe. En baptisant le jeune enfant (§ 9), Dieu l'a livré « à l'indigence et à la misère dans son enfance, à la guerre et au malheur, à l'âge adulte ». Mais le même Amiran, qui déclarait ignorer le nom de son père et de sa mère, se souvient pourtant de son origine divine.

La femme d'Iaman l'entendit. Toute joyeuse, elle arrêta de traire les vaches, couvrit Amiran de baisers, le baigna dans le lait[15], le langea dans des pièces de *kaantxa*[16].

[Un secret de famille]

13. À partir de ce jour-là, elle ne faisait plus de différence entre Amiran et ses propres fils. Amiran grandissait chaque jour autant que les autres en un an[17]. À dix ans, il pouvait soutenir le combat le plus rude. Iaman et son épouse n'en pouvaient plus de joie : « Voici quel genre de frère Dieu a envoyé à nos fils ! », disaient-ils. Les trois enfants grandirent et atteignirent l'âge de l'adolescence.

14. Tous les jours dès l'aube, ils vont aux champs et frappent tous les passants, ceux qui montent et ceux qui descendent. Ceux qu'ils ont battus les interpellent de loin : « Si vous êtes des garçons valeureux, ce n'est pas nous que vous devez battre ; apprenez donc plutôt ce qui est arrivé à l'œil de votre père Iaman ! » Ébahis, les frères coururent auprès de leur mère et lui demandèrent : « Qu'est-il advenu de l'œil de notre père, Iaman ? » La mère tout d'abord ne voulait pas leur faire entendre l'histoire de l'œil d'Iaman. Elle leur répondit : « Iaman ? C'est "une fleur"[18] qui lui a

15. À défaut d'allaitement naturel, le lait dont elle le baigne consacre la fraternité qu'elle instaure entre lui et ses fils.

16. Mot inconnu : il s'agit peut-être d'une luxueuse étoffe venue d'Asie.

17. Croissance prodigieuse, commune à tous les héros du Caucase, aussi bien l'Abrsk'il abkhaze que les géants arméniens du Sasun. Mais le même trait se rencontre couramment dans les contes géorgiens.

18. « Fleur » (*q'vavili*) désigne également la variole ; cf. *Dictionnaire* 1986, p. 456. On se représente chaque maladie comme un *bat'oni*, c'est-à-dire un seigneur démoniaque des fièvres ; cf. Charachidzé 1986, p. 35, n. 2. Ce démon conserve comme des trophées les yeux des humains à qui il a fait perdre la vue ; cf. Sharabidze 2012, p. 16.

gâté l'œil. Rien d'autre, je vous le jure. Il n'est rien arrivé à l'œil d'Iaman. » Deux fois, elle leur servit une telle réponse.

15. Alors Amiran, Usip' et Badri, pour changer, usèrent de ruse. Revenant des champs très excités, ils dirent à leur mère : « Fais-nous cuire des *xač'ap'uri*[19] bien chauds ! » Amiran et Usip' prirent les *xač'ap'uri* et les lui mirent l'un sur un téton, et le second sur l'autre[20] : « Raconte-nous l'histoire de l'œil d'Iaman, sinon nous te brûlerons les tétons ! »[21] Alors leur mère leur dit tout : « Au moment de la naissance d'Usip' et de Badri, un *devi* devint l'ennemi d'Iaman. Il nous imposa un tribut et vint nous réclamer l'un ou l'autre de nos enfants, soit Usip', soit Badri. "Si vous n'arrivez pas à vous décider, dit-il, je veux l'œil droit d'Iaman." Iaman ne sacrifia tout de même pas son fils. À la place, il préféra s'arracher l'œil et le lui donner. »[22]

[Premiers combats contre les devi]

16. Cette histoire consterna les frères. Ils projetèrent de se préparer à combattre le *devi*. Ils prièrent Iaman de leur procurer un arc et des flèches en fer. Iaman les leur trouva. Amiran banda l'arc, mais celui-ci n'y résista pas et se brisa. Alors, Amiran se procura neuf *oka*[23] de fer, les porta de sa main chez le forgeron et les lui fit forger. Le jour suivant, tous

---

19. *Khatchapouri* : galette de pain au fromage, nourriture typiquement géorgienne.

20. La torture infligée à la mère pour lui extorquer le nom d'un meurtrier ou d'un ennemi est un thème emprunté aux Kabardes ou aux Ossètes ; cf. Charachidzé 1986, p. 35, n. 1.

21. Selon une autre variante (Sharabidze 2012, p. 16), les frères, demandant à téter leur mère, la menacent de lui arracher la poitrine avec leurs dents.

22. Iaman a marchandé avec le démon de la variole : un enfant y aurait laissé la vie ; lui n'y a perdu qu'un œil.

23. Mesure de poids équivalant à 3 livres, soit en tout presque 14 kg.

trois partirent combattre le *devi*. Ils marchèrent, marchèrent, et dans une prairie lointaine, ils rencontrèrent un *devi*.

17. Celui-ci avait un beau verger de pommes. Au pied des pommiers reposaient des moutons. Apercevant les frères, le *devi* leur cria : « Vous serez de vaillants garçons, si vous faites tomber à terre une pomme d'un de mes pommiers et la raccrochez à un autre. » Usip' et Badri eurent beau essayer, ils n'arrivèrent pas à en faire tomber une seule. Amiran tira son arc et, d'un côté, il fit tomber une pomme, et de l'autre la raccrocha. Le *devi* leur dit une seconde fois : « Si vous êtes de vaillants garçons, essayez voir de forcer un seul mouton de mon troupeau à se lever, puis d'en faire coucher un autre, comme vous le voudrez ! » Usip' et Badri n'arrivèrent à faire ni l'un ni l'autre. Amiran commença par faire lever tout le troupeau, puis il rabattit les bêtes à terre avec tant de force qu'il s'en fallut de peu que tout le troupeau ne fût massacré.

18. Le *devi* en fut courroucé. Il reprit le troupeau en mains, et dans le tas, il emporta aussi Amiran et le jeta dans sa maison. Il ferma les portes à clef de l'intérieur. Quant à Usip' et Badri, il les retint dans un cachot solidement clos[24]. Pour son dîner, il fit cuire quatre moutons. Mangeant la viande, il envoyait les os dans un coin, derrière son dos. C'est là qu'il tenait sa sœur attachée. Avant de se coucher, le *devi* dit : « Pour le dîner de cette nuit, cela suffira. Mais demain, Amiran sera mon petit-déjeuner. » Le *devi* s'endormit.

19. Amiran alla trouver la sœur du *devi* et lui demanda : « Enseigne-moi comment tuer le *devi*. » La sœur lui dit : « Rien ne tuera mon frère, sinon sa propre épée. Mais celle-ci est si

---

24. Littéralement « neuf fois fermé à clef ».

bien enfoncée dans < son fourreau > [25], que tu ne pourras pas l'en sortir à toi tout seul. Mon frère a une chaîne[26] ; apporte-la, attaches-en un bout solidement à l'épée et lie-moi la main par l'autre bout. Nous tirerons tous les deux et nous extrairons l'épée. Mais à ce moment-là, elle criera[27]. Mon frère s'éveillera, mais je lui dirai : “Ce n'est rien !”, et il se rendormira. Quand tu auras l'épée entre les mains, va auprès de mon frère. En aucun cas, tu ne dois le frapper : pose-la lui seulement sur le cou et, toute seule, elle lui coupera la tête. »

20. La sœur du *devi* pria Amiran d'invoquer Dieu à témoin qu'il ne lui ferait aucun mal quand il aurait tué le *devi*, et qu'il la prendrait pour épouse. Amiran accepta cette condition et alla chercher la chaîne. Il l'attacha à l'épée et donna l'autre bout à la sœur du *devi*. Tous deux se mirent à tirer et ôtèrent à grand-peine l'épée de son < son fourreau >. L'épée retentit si fort que le *devi* s'éveilla. Mais il se rendormit. Amiran porta l'arme contre le cou du *devi* et celle-ci commença à lui couper le cou. Mais quand elle arriva au milieu, le *devi* sentit une douleur. Il se mit à se débattre, mais il n'arriva pas à se relever.

21. La sœur du *devi* pria Amiran de la délivrer. « Si tu m'apprends où est l'œil d'Iaman, tu seras libre. » La sœur du *devi* lui montra la colonne[28] de la maison. « Dans cette colonne

25. Nous corrigeons ici d'après Sharabidze 2012, p. 18, qui traduit : « This sword is immovable from its sheath » ; Oniani 1975, p. 22, parle, non de « fourreau », mais d'« huile » (*zeti*). Si l'on renonce à la correction, il faut croire que le *devi* ne sort pas tous les jours avec son épée, mais la garde précieusement dans une matière grasse pour l'empêcher de rouiller.

26. *J̌ambara* : peut-être la chaîne qui sert à suspendre la marmite dans le foyer.

27. C'est une épée magique : elle n'émet ni grincements ni cliquetis métalliques, mais elle crie comme une personne.

28. La colonne qui, dans une maison de Géorgie orientale, soutient la poutre maîtresse sur laquelle s'appuie le toit conique du foyer.

il y a une boîte et l'œil d'Iaman est dedans », dit-elle. Amiran libéra pour de bon la sœur du *devi*. Quant à la prendre pour épouse, il s'y refusa. Il rompit son serment envers Dieu. Les biens des *devi* restèrent à Amiran et à ses frères. Ils emportèrent tout ce qu'on pouvait emporter et laissèrent le reste. Puis ils se mirent en route.

22. Chemin faisant, Amiran eut faim. Tant qu'il vivait avec Dieu, il n'avait pas besoin de manger. Mais puisque la sœur du *devi*[29] lui avait rappelé Dieu et qu'il ne l'avait pourtant pas épousée, la faim se mit à le poindre. Dans une vallée, les frères aperçurent de la fumée. Amiran désira s'y rendre. Apparemment vivait là-bas un frère du *devi* qu'il venait de tuer. Leur sœur, qu'il venait d'abandonner, s'en était allée trouver celui-ci :

23. « *Voici qu'arrive le garçon que j'attendais :*
Si tu me le fais tuer, attends de moi divertissement,
Si tu le laisses m'échapper, n'attends plus de moi que tourment ! »

24. Amiran leur cria : « Donnez-moi d'abord à manger ; après quoi, faites de moi ce que vous voudrez ! » Ils lui apportèrent des vivres et quand il fut bien rassasié, il tua le *devi*. La sœur du *devi* se changea en taureau. Amiran lui assène des coups d'épée et le taureau lui jette du feu. À la fin, Amiran lui donna un coup d'épée dans les genoux et abattit la femme-taureau.

25. Quand les frères revinrent à la maison, ils furent consternés : les *devi* avaient piétiné leur demeure et l'avaient réduite en cendres. Ils avaient éteint leur foyer, et eux se rappelèrent avec abattement les paroles de leur mère : « Mes

29. *Devis kali* : signifie normalement « la femme, l'épouse du *devi* », mais cela est exclu dans ce contexte.

fils, tenez-vous à l'écart des *devi* ! » Mais qui saurait, sur le chemin, toujours éviter la pierre à son pied ?

[L'âge de l'errance]

26. Les frères traversèrent bien des misères. Sous le ciel, sans rien d'autre, ils passèrent nuits et matins. Ils regrettaient la cendre du foyer.

« Nous, Badri, Usip', Amiran, orphelins endeuillés,
Effrayés par les devi, réfugions-nous au fin fond du Balxeti[30] *!*
Nous n'avons vu ni âtre ni foyer, avons grandi dans une hutte[31]*.*
Qui a fait du bien aux orphelins que nous sommes, nous l'avons payé en services[32]*.*

Notre mère nous disait, la malheureuse : "Ne vous frottez pas aux devi !
Mais si vous vous frottez aux devi, ne les quittez pas facilement[33] *!"*

---

30. Nous interprétons le géorgien Čabalxeti comme le fin fond du Balxeti. Čabalxeti, qui figure ici, ne correspond à aucune région caucasienne, ni même à aucun pays légendaire, comme le Kaǰeti (Pays des démons Kaǰi), le J̌oǰoxeti (Pays de l'enfer), le Mk'udreti (Pays des morts), etc. Comme l'observe Čikovani 1965, p. 47, le préfixe *ča-< ši-da* (« à l'intérieur, en descendant ») répète simplement, avec la même valeur directionnelle, celui du verbe *ča-viq'arenit* « réfugions-nous » de notre texte. Le Balxeti est le pays des Balx, en Asie centrale (Sharabidze 2012, p. 19), contrée où vivent de dangereuses hordes nomades, que les sédentaires sont portés à comparer aux *devi.*

31. Charachidzé 1986, p. 32, comprend : « sans voir ni brasier, ni foyer, nous grandîmes parmi les joncs ». *Sačale* (dérivé de *čale* « paille, chaume, épi de maïs ») ne signifie pas « joncs » : il s'agit en général d'un édicule servant à abriter le maïs, une misérable cabane ; le même mot pourrait aussi désigner un chariot.

32. *Nadi* désigne les services qu'on se rend entre voisins en participant à certaines tâches communautaires, moissons, vendanges, etc. Les orphelins gagnent leur nourriture en travaillant aux champs.

33. C'est-à-dire : « Ne les laissez pas partir sans les combattre et sans prendre la précaution de les massacrer. »

Nous trois, nous nous frottâmes à trois < cents > devi[34] *au fin fond du Balxeti.*
Au début, nous les rencontrâmes dans un campement de Balx, et à la fin nous les quittâmes.
Nous ne perçûmes aucun signe de guerre, mais nous restâmes à l'abri des boucliers.
Nous nous assîmes pour boire du vin et invitâmes certains d'entre eux :
Tous ceux qui burent du vin avec nous, nous les quittâmes comme des frères,
Ceux qui ne voulurent pas boire le vin, nous les frappâmes sans pitié.
Eux, des devi ? Certes, ils ne l'étaient pas[35] *: nous les livrâmes tous au fil de l'épée ! »*

27. Le temps passa. Amiran grandit. Il devint si fort que la terre le trouvait trop lourd à porter[36]. Usip' et Badri étaient beaux : le soleil était peint entre les omoplates d'Usip', la lune, entre celles de Badri.

C'est une petite nature[37] *qu'Amiran, bien peu lui faut à boire et à manger :*
Un taureau au déjeuner[38], *trois ne suffisent pas à son souper* !
Badri ressemble à une belle femme[39], *apprêtée pour son fiancé,*

---

34. « Trois cents *devi* », selon la variante citée par Charachidzé 1986, p. 33 ; notre texte dit « trois » seulement. Mais il semble bien que trois contre trois cents soit une bonne proportion épique.

35. Amiran et ses frères ont grandi ; désormais, pour eux les *devi* ne sont guère plus redoutables que de simples adversaires.

36. Au fil des ans, le géant Mher de l'épopée arménienne est devenu si pesant que le sol s'enfonce sous ses pas comme si c'était de l'eau ; cf. Feydit 1964, p. 394 : « Les pieds du cheval ne trouvaient plus d'appui sur terre ; / Quand le cheval posait son pied, il s'enfonçait en terre. / Le sol s'était amolli devant lui, / Et ne résistait plus à Mher » ; voir aussi *ibidem*, p. 358 et 392.

37. Littéralement « un petit homme ».

38. Entre le petit-déjeuner (*sauzme*) et le souper (*vaxšami*).

39. Référence possible à une mythologie lunaire, où l'astre serait une entité féminine, comme la déesse albanienne Leukothéa, mentionnée par Strabon (XI, 4, 7), dont le sanctuaire est proche de la frontière des Ibères, Géorgiens orientaux.

Usip', à un château de cristal, fortifié de haut en bas,
Amiran, aux nuées noires, toutes prêtes à tomber.

[Le testament de Camcum]

28. Amiran et ses frères étaient partis pour la chasse. Ils franchirent neuf montagnes, puis passèrent sur la dixième et se mirent à chasser. Aussitôt, un cerf d'une taille énorme, avec d'immenses cornes, sortit, bondissant devant eux. Le cerf releva les cornes en arrière, et le voilà parti. Amiran tira et le blessa.

29. *Partirent pour la chasse Amiran et ses frères*[40] *;*
Ils franchirent neuf monts, et en dixième, ceux d'Algeti[41]*,*
Dans les champs, ils trouvèrent la trace des sabots fourchus d'un démon[42]*,*
Un cerf bondit vers eux sur la montagne, ses cornes étaient en or[43]*.*

Ils allèrent sept jours et sept nuits, n'ayant aucune crainte au cœur.
Sur une montagne inconnue, ils virent une tour bâtie en pierre de cristal :
Ils tournèrent en rond, sans en découvrir la porte.
Mais, là où le soleil heurta la façade[44]*, Amiran usa de son genou de loup*[45]*,*

---

40. Cette répétition semble porter la trace des règles de récitation épique. Précédemment un choryphée esquissait le thème de la chasse ; à présent, c'est le chœur qui reprend et développe ; cf. Charachidzé 1986, p. 34.

41. Cette montagne, située au nord du Kartli (Géorgie orientale), joue un rôle fatidique dans l'épopée d'*Amiran*. Elle est proche du mont Kazbek et du Gerget'i, lieu de la captivité perpétuelle qui attend le héros.

42. Non pas *devi*, mais *ešmak'i* : équivalent habituel du mot « diable ».

43. L'or dénote un animal divin, qui les guide vers le destin.

44. Sharabidze 2012, p. 21, interprète cette expression par « where the first ray of the raising sun hit the tower » ; Stevenson 1958, p. 237, propose : « where a shaft of sunlight fell upon the tower ».

45. Amiran inaugure ainsi le don que Dieu lui avait fait au moment de son baptême (§ 9) ; jusqu'alors, on ne comprenait pas ce qu'était un « genou de loup », cet organe forçant tous les obstacles.

À cet endroit, la tour ouvrit sa paroi, et là s'articula sa porte.
Dans la tour, un lion[46] *était couché, nul n'avait pu le surpasser*[47].
À son chevet était lié son coursier, creusant la terre de son sabot ;
À sa gauche était appuyée une lance, la pointe tournée vers le ciel,
À sa droite reposait son épée, avec un tranchant de diamant,
Dans un coin, les tas d'or et d'argent de Camcum[48] *;*
À son côté, sa mère était assise, versant des larmes sur son fils ;
Près de sa tête était une femme, mêlant ses pleurs aux flots de la mer[49] *;*
Entre ses doigts, il tenait un livre, une charte en papier ;
On y lit cet écrit : « Je suis le fils de la sœur[50] *d'Usip'.*
Tant que je vivais, j'ai exterminé l'ennemi, je lui ai toujours fait payer le tort[51] *qu'il m'a fait.*
Je mourus, le seul tort qui m'échappa vient du devi Baq'baq' :
Quiconque tuera Baq'baq', que ma lance soit pour lui[52] *!*
Qui enterrera mes parents, que ma tour soit pour lui !
Qui me prendra et m'enterrera, que mon épouse et mon coursier soient pour lui ! »

30. Quand Amiran lut cette charte, il dit à ses frères : « Nous allons tuer le *devi* Baq'baq', et nous le tuerons bien ! Puisque le testament est ainsi, emportons les biens et emmenons cette femme avec le cheval. » Ses frères le lui interdirent : « Ce serait une honte, que ne dirait-on pas !

46. Ce lion est un héros défunt, dont la tour est la chambre funèbre.

47. Stevenson 1958, p. 237, comprend autrement : « None could have lifted him [so huge was he] ! » Cependant, puisque le corps du héros tué au combat est déjà en place sur le catafalque, il faut bien que quelqu'un ait pu le soulever pour l'y mettre.

48. C'est le nom du défunt.

49. Tant ses larmes étaient abondantes !

50. Le neveu ; mais on précise toujours, en géorgien, si c'est le fils d'un frère ou d'une sœur.

51. Littéralement : « je n'ai jamais mangé (digéré) le chagrin causé par un autre » ; autrement dit : « je me suis vengé », comme l'exige l'honneur.

52. *Alal misi*, avec le mot arabe *halal* : « ma lance lui revient de droit ».

Abstiens-toi, Amiran[53], *toi le soleil des frères, de rien vouloir d'autrui !*
Sors d'ici, referme ce sanctuaire et sa porte,
Sinon les héros nous blâmeront : nous aurons dépouillé un mort ! »[54]

[Extermination du devi Baq'baq' et naissance des trois vers]

31. Ils prirent soin du mort, l'ensevelirent et refermèrent la porte de la tour. Ils partirent à la recherche du *devi* Baq'baq'. Amiran bouillait d'impatience de se battre. Cela faisait longtemps qu'il ne s'était pas mis à l'épreuve. En fait, le *devi* Baq'baq' vint croiser leur route. Il avait appris que Camcum était mort et il s'en allait le dévorer.

32. Le *devi* avance lourdement, la Terre-mère est ébranlée. Amiran le provoqua :

« Hé, toi ! Qui es-tu ? Où vas-tu, malodorant que tu es, et vers où te hâtes-tu ?

— Pourquoi me demandes-tu mon nom, qui je suis et où je vais ? Comme Camcum, le fils de la sœur d'Usip', est mort, je m'en vais dévorer sa charogne », lui répondit le *devi.*

33. *Amiran et le devi Baq'baq' échangent des mots hostiles. Amiran a la main sur le glaive et l'âpre bataille au cœur.*

« Tu n'auras pas d'homme à te mettre sous la dent ; c'est en vain que tu arriveras là-bas.

---

53. Nouvelle trace de récitation dialoguée.

54. Moment décisif du récit. Jusqu'à présent, les trois frères n'ont rien fait de sérieux. Même la recherche de l'œil d'Iaman était un enfantillage, d'ailleurs funeste à leurs parents. L'épreuve les a fait mûrir ; ils sont devenus adultes. Alors qu'Amiran s'apprête à dépouiller le mort, ses deux frères humains, plus sensés que lui, le rappellent à la raison. Et voici maintenant qu'ils s'apprêtent à affronter ensemble un devoir d'honneur : enterrer, puis venger leur parent Camcum.

— Est-ce donc toi qui me barreras la route ? », répondit Baq'baq' en le raillant.

Amiran se jeta sur lui et l'âpre combat s'engagea.

34. *Amiran et le devi s'empoignèrent, firent monter de la terre un roulement de tonnerre.*
Amiran abattit le devi, qui tomba sur un sol pierreux.
Il l'abattit et lui cassa le bras, lui arrachant des mugissements.

35. Le *devi* eut peur et l'implora :

« Ne me tue pas, fils de Darejan[55]*, j'en conjure ta main armée de l'épée,*
Le fichu de ta mère et sa tak'la[56] *en or !*
Je t'indiquerai une fille au-delà de la mer, son nom est Q'amar[57] *;*
La robe "q'amarienne"[58] *réclame sept jours ensoleillés,*
Sept semaines de savon, dix-sept jarres d'eau.
Il sera facile d'y aller, mais le retour sera lent.
Tu es épris de guerre ; tu auras là une route pleine d'ennemis[59].
Je vais te donner un guide pour t'accompagner : c'est un garçon plein de félonie ! »

---

55. Pour la première fois Amiran est nommé « fils de Darejan ». Antérieurement, nous le connaissions comme fils de la déesse Dali et du chasseur Darjalan. Darejan est parfois un nom de femme, comme, par exemple, Nest'an-Darejan dans le *Chevalier à la peau de panthère*. Mais ici il s'agit d'un nom d'homme, que la variante pšav, sur laquelle s'appuie notre texte, substitue à Darjalan. Dans d'autres variantes le géniteur d'Amiran reste anonyme, ce qui est probablement la forme primitive de la légende.

56. Mot inconnu ; s'agirait-il d'un ornement frontal, en dessous du fichu ? Sharabidze 2012, p. 23, comprend qu'il s'agit d'une couture d'or.

57. Comme on le pressent par la description qui suit, Q'amar, dont le *devi* n'hésite pas à prononcer le nom, n'est pas une créature ordinaire : elle est d'une taille gigantesque, si l'on en juge d'après l'effort qu'exige le lavage de sa robe.

58. *Saq'amaro*, adjectif dérivé du nom propre ; littéralement : « qui contient Q'amar ».

59. L'intérêt de l'expédition est moins de ravir une fiancée extraordinaire que de réussir jusqu'au bout l'enlèvement en exterminant tous les membres et alliés de la famille. Défi supplémentaire : le seul guide dont on dispose est un traître.

36. Amiran voulait laisser le *devi* Baq'baq' repartir sain et sauf[60]. Mais ses frères lui dirent : « Si tu ne le tues pas, il nous fera une mauvaise affaire. Un *devi* ne saurait se pacifier. » Baq'baq' avait trois têtes. Amiran écouta ses frères et lui coupa deux têtes. Comme il allait aussi lui couper la troisième, Baq'baq' lui demanda : « Tu me tues, et tu n'as pas voulu écouter ma requête, mais au moins, fais ceci pour moi : de mes têtes sortiront trois vers ; ceux-là, ne les massacre pas ! »

37. Amiran coupa la troisième tête, et en effet trois vers sortirent des trois têtes du *devi* Baq'baq'. Usip' dit à Amiran : « Puisque tu as écarté un premier malheur de ta tête, mon frère Amiran, tu ferais mieux de faire suivre la même voie au second. Ce n'est pas pour faire le bien que ces vers sont sortis des têtes du *devi*. Allons ! Massacre-les, eux aussi !

— Que dis-tu là ? lui répondit Amiran. Que m'a fait le *devi* ? Que me feront les vers ? Que m'a fait le manger ? Que me fera le lécher ? Je viens bien d'accomplir une demande pour toi et j'en ai accompli une autre pour le *devi*. »

Il ne massacra pas les vers et se retira.

« Alors, ce que ces vers te feront, je n'y serai pour rien ! », dit Usip' pour se dégager de la faute.

[Le guide perfide et les trois dragons]

38. Quand ils eurent tué le *devi* Baq'baq' et qu'ils se furent éloignés, Amiran dit au guide que Baq'baq' lui avait donné : « Eh bien, guide, apprends-moi la route par laquelle on se rend chez Q'amar. » Presse le pied et hâte le pas, dit-on. Le guide les conduisit et leur fit faire beaucoup de route. Ils allèrent pendant bien des jours et des nuits ; mais quand le guide

60. « Facilement » : en somme, sans faire d'histoire, malgré la recommandation maternelle de l'épouse d'Iaman (§ 26).

entraînait les frères à travers un chemin, il revenait par un autre et les ramenait au même endroit. Il voulait embrouiller leur route et les tuer. Usip' comprit sa félonie et, en passant, il tira une flèche dans une souche. Effectivement, un jour plus tard, le guide les ramena au même endroit. Usip' aperçut sa flèche. Son sang se mit à bouillir. Montrant à Amiran, d'un geste de la main, la souche percée d'une flèche, il lui dit :

39. *« N'as-tu pas noté, Amiran, un signe augurant mal de la victoire,*
Quand hier nous vînmes ici pour la troisième fois et que je décochai ce trait ? »

Amiran se courrouça et s'en prit au guide :

« Guide, tu as embrouillé les routes ; si tu n'es devin pour toi-même,
Comprends au moins et prévois quelle planche servira pour la huche ! »[61]

40. Le guide conduisit les frères et les emmena dans une vaste prairie. Amiran regarda et vit que les trois vers qui étaient sortis des têtes du *devi* Baq'baq' s'étaient changés en dragons[62] : l'un était blanc, un autre rouge et le troisième, noir.

Dans la prairie, les trois vers avancent et chantent en approchant[63]*,*
Le fils de Darejan ne les perd pas des yeux[64] *: « Je brûle de les combattre ! »*[65]

---

61. Amiran menace le guide de le débiter en planches.

62. *Gvelvešap'i* : composé de *gveli* « serpent » et de *vešap'i* « monstre, baleine ».

63. *Modian, moimğerian* : le verbe *simğera* ne s'applique pas à un sifflement de reptile, mais à un chant humain. Tout se passe comme si les trois serpents entamaient un chant guerrier traditionnel en polyphonie géorgienne.

64. *Tvals ucems* : littéralement « jette les yeux sur eux » ; mais comme le verbe est au présent, il s'agit d'un regard prolongé.

65. « Enfin des adversaires à ma taille ! », pense Amiran ; mais c'est de la présomption, car en réalité il compte sur le soutien de ses deux frères.

41. Amiran dit à ses frères : « Eh bien, mes frères, nous n'aurons pas trop de nos forces. Il nous faut affronter ces dragons : le blanc pour Badri, le rouge pour Usip', et le noir pour moi, si vous le voulez bien[66].

— Pour toi le blanc et le rouge et le noir aussi bien : à toi la faute ! lui répondit Usip'. Je t'avais pourtant bien dit que tu t'en repentirais. Répare toi-même l'erreur que tu as commise, redresse la voie que tu as tordue !

42. – Ah ! Usip', Usip', lui dit Amiran.

Usip', la perfidie envers moi est toujours dans ton cœur !
La place du cerveau est dans la tête, mais pour toi il reste dans le casque !

43. Alors, toi, au moins, Badri, viens à mon secours ! », dit Amiran en suppliant Badri. Mais celui-ci aussi resta sur son refus. Plein de regret, Amiran dit à Badri :

« Où étais-tu, noir Badri[67], lorsque mon épée fut trempée ?
Le ciel tonnait, la terre grondait, la forge vacillait,
Forgerons et apprentis[68] se cachaient les uns les autres !
Tu n'y fus pas, mon frère Badri, tu as un teint blafard ;
Assieds-toi et couds des peaux : c'est le seul métier que tu aies ! »

44. De nouveau, il demanda à Usip' de venir à son aide, mais Usip' lui répondit par un refus :

« À cause de ton épouse, nous, tes frères, sommes éliminés ! »

66. Cette distribution des couleurs correspond à l'aspect et au caractère des trois frères (§ 27). Amiran ressemble aux nuées noires, toutes prêtes à tomber ; Badri porte la lune peinte entre ses omoplates ; on verra par la suite qu'il possède un cheval blanc nommé Tetroni (§ 64). Usip' brille de l'éclat rougeoyant du soleil.

67. Alors que le blanc est sa couleur symbolique.

68. On notera encore que le titan est une force brute qui ne peut se passer de l'industrie humaine.

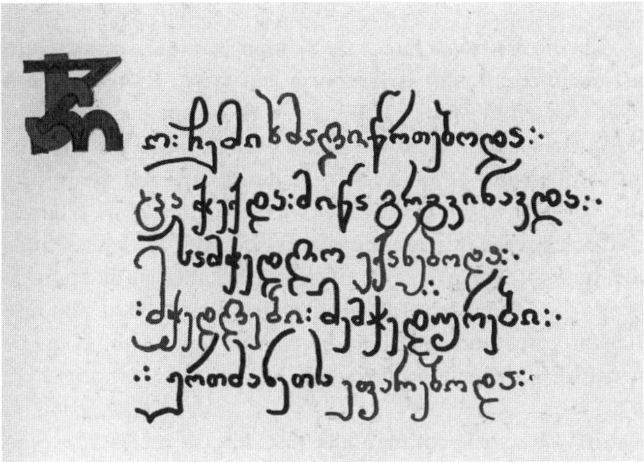

Figure 9
Passage rimé du § 43

Alors, il se tourna vers ses armes et leur dit : « Toi, mon glaive, et toi, mon armure, aidez-moi fermement ! » Puis il commença de combattre seul contre les dragons. Il tua le blanc et le rouge. Poursuivant, épuisé, il attaqua le noir. Jetant un regard de côté, Amiran vit qu'Usip' et Badri étaient en train de passer une montagne. Il leur cria :

« Vous qui allez sur cette montagne et qui changez de route,
J'ai occis et le blanc et le rouge, ne passez pas cette montagne ! »

[Dans le ventre du dragon noir]

45. Fatigué, harassé par son labeur, il affronte le dragon noir. Le noir le prit et l'avala, puis se dirigea vers la mer Noire. Le dragon noir l'avala et se dirigea vers sa mère.

Quand les frères virent qu'Amiran était en danger, enfin ils retournèrent afin de secourir leur frère. Ils rattrapèrent le souffle-embrasé[69], Usip' tira et lui coupa neuf empans de queue. Cependant, la queue coupée faisait moins mal au souffle-embrasé qu'Amiran englouti dans son ventre. Le fils de Darejǎn lui déchirait le ventre et le cœur. Chez le souffle-embrasé, la colonne maîtresse[70] était en fer. Chaque fois qu'il avalait quelqu'un, il allait s'enrouler autour pour le broyer et le digérer. C'est ainsi qu'il voulait broyer Amiran. Il s'enroula autour de la colonne, mais le bout de sa queue n'arrivait plus à rejoindre sa bouche.

46. Le souffle-embrasé alla rejoindre sa mère et se plaignit à elle : « J'ai le ventre qui me fait mal, un feu qui ne me lâche pas.

— Malheur, mon fils, si tu as avalé quelqu'un de la race de Darejǎn ! Tu ne pourras pas digérer leur homme. Quel individu était-ce ? Quel aspect avait-il ?

— Il avait des yeux comme des tamis[71] et un front de soleil. L'une de ses dents était en or.

— Ce doit être Amiran, mon fils, le fils de Darejǎn. »

47. Amiran avait, dans sa poche, le couteau de diamant donné par Dieu. Mais il ne s'en souvenait plus. Enfin, Usip' dit à Badri : « Frère, appelle-le, fais-lui penser au couteau !

---

69. *Karcecxli* : juxtaposition de *kari* « vent » et de *cecxli* « feu ». Cette façon de désigner le dragon se rattache sans doute à une explication mythique de l'orage : le monstre apparaît comme un gros nuage noir rempli du feu de l'éclair et du vent de la tempête.

70. *Dedabodzi* : littéralement « la colonne-mère ». Dans les maisons géorgiennes traditionnelles, cette colonne, qui soutient la coupole du foyer, est en bois et non en fer.

71. Ronds et très grands.

Redescends[72]*, Badri, fais retentir vers lui ta belle voix !*
Qu'elle rappelle au fils de Darejan le couteau déposé dans sa poche,
Qu'il le prenne et se taille une issue hors de ce dragon noir ! »

Badri lui cria : « Amiran, sur ton genou, *alam-čalam*[73], repose un poignard ! »

Il fit bien de lui rappeler ce couteau. Amiran le prit, fendit le ventre[74] du souffle-embrasé et sortit[75]. Mais il y avait laissé barbe et cheveux.

[Le Seigneur Igri, fabricant de postiches]

48. Quand Usip' vit Amiran tout pelé, il le railla :

« *Amiran est né semblable à un cochon de lait*[76],

---

72. Badri doit redescendre de la montagne où il a fait mine de se retirer avec Usip' pendant le combat (§ 44).

73. Le sens de ces mots n'est pas clair. S'agit-il d'une interjection ? Ou faudrait-il supposer une incise en osmanli à partir des racines *al-* « prendre » et *çal-* « dérober » : « qu'il prenne, qu'il dérobe ! ».

74. Dans certaines variantes de la légende, Amiran négocie sa sortie avec le dragon. Celui-ci, qui ne veut pas être coupé par le milieu, l'exhorte à sortir par en haut ou par en bas. Amiran s'indigne : « Je ne veux pas qu'on me surnomme "la Vomissure" », et ce serait pis encore, s'il sortait comme un excrément. « Mais, poursuit Amiran, si je sors par ta poitrine, on m'appellera "Celui qui est né de la poitrine du dragon" » ; cf. Sharabidze 2012, p. 28 ; Charachidzé 1986, p. 39.

75. Une fois le héros sorti, le monstre le supplie d'obturer la brèche avec une pièce en fer. Amiran se contente de lui appliquer une claie en bois, dont il sera question ci-dessous (§ 107). Heureuse prudence, car le dragon noir qui l'a englouti est celui qui, chaque soir, avale le soleil et réussit presque à le faire disparaître au solstice d'hiver ou lors des éclipses : « Si Amiran n'avait pas fait cela, le monde aurait péri, car l'obscurcissement du soleil est dû au fait que le monstre l'avale et, s'il n'y avait pas la claie de bois, que le soleil brûle sans difficulté, il ne pourrait pas remonter à nouveau au ciel » ; cité par Charachidzé 1986, p. 39.

76. *Xaxula* : mot inconnu, qui s'applique vraisemblablement à un jeune goret. En tout cas, Amiran sort du ventre du monstre, sans barbe et sans moustache, comme un nouveau-né ; cf. Charachidzé 1986, p. 43.

Barbe et moustache arrachées furent fourrées dans un sac. »

49. Amiran s'offensa des paroles d'Usip' et lui répondit avec irritation :

« Amiran est le même gaillard, qui filait hier comme la tempête,
Peu fut enlevé à sa taille, rien n'est dérobé à ses bras,
L'homme se comporte en homme, la barbe n'y ajoute rien ;
Même la chèvre a du poil : c'est le cordier[77] *qui l'apprécie.*

50. Tu es mon frère, non mon ennemi de sang, et tu m'as déterré la racine ! dit Amiran à Usip'. Pas un ennemi ne m'a infligé ce que tu m'as fait. Toujours tu me trahis ; toujours tu n'as au cœur que mal et félonie pour moi. J'ai combattu contre un ennemi, et tu ne m'as pas secouru. Tu m'as abandonné, tu t'es détourné de moi. L'ennemi m'a englouti, et tu ne t'es pas enturbanné de noir. J'ai échappé à l'ennemi, et maintenant tu te ris de moi ! Je ne veux plus rien de vous : ni votre fraternité, ni votre inimitié. Je ne veux même pas ton cadavre, et pas même je ne l'envelopperai. Ou c'est moi qui m'éloignerai de vous, ou c'est vous qui devez vous éloigner de moi.

51. – Ne t'offense pas, mon frère Amiran, des paroles d'Usip', ne les laisse pas approcher de ton cœur. Tu sais quel genre d'homme est Usip' !

J'allais au pré, je cueillis la rose et le lys[78] *;*
Amiran, ne t'offense pas : il y en a d'autres, des pelés !
Même la chèvre est couverte de poils, le chevelu ne vaut pas une tige de maïs[79]*.*

---

77. Celui qui fait des cordes avec le poil de chèvre est prêt à payer plus cher une toison bien fournie.

78. Image d'une belle et noble amitié.

79. Avec l'épi et sa barbe.

52. Ne t'en fais pas pour barbe-et-moustache, allons chez le Seigneur Igri[80], et il t'arrangera comme tu veux. Igri est un homme un peu incommode. Quand tu seras arrivé à sa porte, appelle-le “Seigneur Igri” ; autrement, il ne fera rien pour toi », expliqua Badri à Amiran.

53. Amiran partit. Il alla sur le toit de la maison d'Igri et le héla par la lucarne : « Igri, Igri, sors à ta porte ! » Igri sortit, le marteau à la main, et se jeta sur Amiran, en lui reprochant : « Qui es-tu, toi qui viens et te permets de ne pas dire “Seigneur Igri” ? » Mais ensuite, quand il réalisa que c'était Amiran, la langue lui manqua : « Que veux-tu, Amiran ? En quoi te serais-je utile ? Je suis toujours prêt à te rendre service, dit Igri au fils de Dareǰan.

— Tu le vois, j'ai perdu barbe-et-moustache. Peux-tu m'en refaire d'autres ? lui dit Amiran.

— Je ne suis que l'esclave[81] du roi[82], lui répondit Igri, et tant que tu ne m'auras pas apporté un décret de lui, je ne pourrai pas te refaire une barbe. »

54. Amiran se rendit auprès du roi pour solliciter son décret, mais celui-ci ne sut le reconnaître, pelé comme il était, et il le congédia : « Hors d'ici, ouste ! Qui es-tu pour t'introduire ici ? À qui faudrait-il que je donne un décret ? Sais-je seulement d'où tu viens ?

— Si tu ne me le donnes pas de bon gré, je le prendrai par force », lui dit Amiran. Il lui saisit la tête et la lui arracha, l'en-

80. Selon la variante retenue par Sharabidze 2012, p. 29, Igri n'est pas une sorte de sorcier-artisan, mais le propriétaire d'une eau miraculeuse qui fait repousser la barbe, la moustache et les cheveux ; cf. Charachidzé 1986, p. 43.

81. *Q'ma* « serf, esclave », ou simplement « serviteur, sujet d'un souverain ».

82. *Xelmcipe* « monarque, souverain ».

veloppa dans un pan de manteau, l'apporta à Igri, et lui dit, en la faisant rouler vers lui : « Voilà ton décret ! Exécute-moi l'affaire en vitesse ! » Que pouvait faire Igri ? Alors, il lui fabriqua une belle barbe avec une moustache, et le laissa aller.

[Conquête d'un foyer]

55. Les frères partirent pour chercher Q'amar. Ils passèrent par mille aventures, en mille endroits firent la guerre, en mille endroits versèrent le sang[83]. À la fin, ils s'ennuyèrent de ces carnages, se lassèrent d'habiter dehors, sans porte ni maison, et ils dirent : « Pourquoi errons-nous comme des bêtes sauvages ? Même l'ours a sa tanière, et nous, les fils d'Iaman, nous n'en avons pas ! Trouvons-nous une maison, installons-nous, fondons un foyer ! » Usip' conseilla à Amiran : « Allons où nous étions hier, à la noce que faisaient les *devi* !

56. *Oui, allons-y, Amiran ! Hier quand le vent tourbillonnait,*
Les devi avaient une noce, des chants s'en élevaient,
Ils nous invitèrent, nous entrâmes, Amiran était affamé ;
Les galettes[84] *cuites par les mères adoptives*[85] *crépitaient dans les poêlons d'argile*[86] *;*

83. Ils ne sont pas pressés d'arriver au but. Ce n'est pas tant la femme qu'ils recherchent que les aventures de sa conquête.

84. *Kada* : gâteau sec (sucré), fabriqué avec de l'huile et de la farine.

85. *Dedobili* : dérivé de *deda* « mère ». Pour éviter les conflits meurtriers et les vengeances interminables entre montagnards, les clans concluent parfois des rituels de fraternisation, qui interdisent toutes représailles. En vertu du principe que « le lait va aussi loin que le sang », on convient d'échanger des enfants qui sont nourris, de part et d'autre, par des mères adoptives. De cette façon, les hommes des deux clans deviennent frères, et il leur est interdit de s'entretuer. La légende prête à la société des *devi* les mêmes coutumes qu'aux tribus humaines.

86. *K'eci* : récipient usuel en Géorgie occidentale pour faire le *xač'ap'uri* cf. p. 158, n. 19.

Ils découpèrent et mirent à la marmite des restes humains qui débordaient ;
Avec des cruches ils nous servirent du vin : dedans sifflaient serpents et grenouilles ;
Nous fûmes rassasiés, sans boire ni manger ; nous avions la nausée !
Nous regardions Amiran : il laissait couler ses larmes.
Depuis son lit, un petit enfant pleurnichait vers son père :
"Tu me promettais bien, pourtant : ' Je te laisserai tuer Amiran,
Et je te donnerai à ronger, pour le déjeuner, les os rouges de Badri ;
Je te ferai ceindre tes reins de la ceinture et du poignard d'Usip' ! '"
Le père donna une gifle à l'enfant, et le sang se mit à couler[87].
Les devi éclatèrent de rire pour apaiser Amiran :
"Comment, toi, Amiran, voudrais-tu la guerre pour un babillage d'enfant ?" »

La mère des devi tordait un fil, qui s'enroulait autour du rouet :
De cela, Amiran ne se souciait pas plus que d'un froissement de feuillage ;
Badri ressemblait à une feuille au vent descendant du ciel ;
On eût cherché Usip' : il avait fondu, s'était évaporé.

57. « C'est une demeure convenable, dit Amiran à ses frères, Suivez-moi : le reste est mon affaire et celle de ces *devi*. » Alors, Amiran entraîna ses frères et les mena à la porte de neuf frères *devi*. Les *devi* étaient très prolifiques, ils avaient un immense foyer, d'innombrables filles et brus, des enfants

87. Dans la variante retenue par Sharabidze 2012, p. 29, Amiran arrache l'enfant de son lit et le jette à la figure du père.

et des vieillards. Chaque jour, leur était dressée une table imprenable. Ils ne travaillaient pas et demeuraient sans rien faire. Par crainte d'eux, rien d'ailé ne passait dans le ciel, rien de vivant sur terre.

58. Amiran se rendit à la porte des *devi*. Une femme l'aperçut et leur dit : « Il y a là un certain homme qui est venu. Il marche de long en large à la porte, et ne s'inquiète guère si vous êtes là. » Les *devi* lui dirent : « Sors, va vers lui, fais-lui un sourire, et peut-être il te rendra ton sourire. S'il laisse paraître une dent en or, rentre et fais-le-nous savoir. Il faut que nous fassions des préparatifs, sinon le fils de Dareǰan ne sera pas un hôte commode ! »

59. La femme du *devi* sort, tourne autour d'Amiran et lui fait un sourire. Amiran lui dit :

« Femme du devi, pourquoi me souris-tu ? Pourquoi me jettes-tu l'éclair blanc de ta bouche ?
Tu me tournes autour : est-ce pour m'examiner, lèvres et dents ?
J'ai une grande route à faire[88]*, j'ai perdu un âne et le cherche,*
Aujourd'hui je le perds, demain je le retrouve, tel est mon lot ! »

60. La femme rentra et rapporta aux *devi* : « Cet homme a une dent en or, des yeux comme des tamis, il a perdu ses ânes et les cherche, dit-il. » Avant que la femme n'eût fini son discours et que les *devi* n'eussent pris les armes, Amiran leur tomba dessus et leur cria :

88. Au lieu de cette platitude, une variante (mentionnée oralement par Zaza Aleksidze) indique : « Je suis arménien, je m'appelle T'antre » (*Somexi var, T'antre mkvia*). Le nom de T'antre dérive peut-être de l'arménien *tanutēr*, « un maître de maison ». En se faisant passer pour arménien, en l'occurrence un riche marchand circulant dans les montagnes avec des norias d'ânes et de mulets, Amiran dissimule sa qualité de guerrier et ses intentions belliqueuses.

« Preux, vaillant, couleur de vin, rieur,
Pourquoi t'arrêter à la courte taille du glaive ? Fais un pas en avant ! »[89]

61. Il se jeta sur eux avec une courte épée, et les massacra tous. Jusqu'au plafond, la maison s'emplit du sang des *devi*. La mare de sang monta jusqu'à la gorge d'Amiran. Il fut lié, englué et se serait noyé si le destin l'avait permis. Amiran était en telle situation que le lac de sang allait l'atteindre, le submerger, sans qu'il y eût d'issue pour en sortir. Il était en train de se noyer dans le sang des *devi* qu'il avait massacrés. Il se souvint de Q'amar et dit, saisi de regret :

62. *« J'ai fatigué la dextre du héros brandie en tant de batailles,*
Les pans de ma cotte de mailles sont usés, mêlés à tout ce sang,
Hélas, ma chère Q'amar, je ne pourrai me rassasier de ton étreinte ! »

63. Par chance, un *devi* blessé se débattait dans le sang près d'Amiran. Celui-ci empoigna le *devi*, le jeta vers la porte et la brisa. Le sang gronda comme le tonnerre et se déversa au dehors, d'un coup, comme une balle. Quand le sang se fut éloigné d'Amiran, il étendit les bras, se secoua et respira librement. Les frères nettoyèrent le palais des *devi*, mirent de l'ordre ici et là et commencèrent à habiter les lieux.

89. Le pleutre se garde d'avancer en prétextant que son épée est trop courte pour atteindre l'adversaire.

[Amiran enlève Q'amar]

64. Mais Amiran ne put demeurer longtemps dans cette maison. Q'amar le hantait, dans ses rêves comme dans ses veilles. Il demanda à Badri son blanc coursier, Tetroni[90] : « Il faut que tu me prêtes ton Tetroni. Je vais partir chercher Q'amar. Si vous venez avec moi et me rendez ce service, attendez-moi de ce côté-ci de la mer[91] ; j'irai dans la mer et je la ramènerai.

Badri, prête-moi Tetroni, que j'aille dans la mer ravageuse,
Que j'aille et que je la ramène, cette blanche fille, semblable au soleil !
Je rapporterai aussi du raisin doux comme le lait d'une mère. »

65. Badri prêta Tetroni, ses frères le suivirent et ils allèrent chercher Q'amar. Amiran laissa ses frères de ce côté-ci de la mer. Lui-même monta Tetroni et entra dans la mer. Il la fendit[92], passa de l'autre côté, et se hâta d'aller vers Q'amar. Parcourant la route, il approcha de la tour de Q'amar : cette tour était suspendue au ciel avec une chaîne. Le père et la mère de Q'amar habitaient au ciel. Elle-même était seule, assise auprès de la fenêtre et lavant la vaisselle.

66. Amiran monta avec Tetroni jusqu'à la fenêtre, et l'appela : « Descends ici, Q'amar, que nous allions chez nous !

---

90. Tetroni, dérivé de *tetri* « blanc », n'est pas vraiment un nom propre ; c'est une appellation poétique qu'on donne à un cheval blanc.

91. La mer Noire ou la mer Caspienne ? Ici, la première hypothèse est plus probable ; toutefois, dans le roman de Mose Xoneli, le héros Q'amar Q'amareli habite au Balxeti en Asie centrale ; cf. *supra*, p. 74, n. 31.

92. Comme Moïse, traversant la mer Rouge.

— Monte plutôt. Repose-toi un peu. Je vais laver ces écuelles et cette vaisselle, puis nous nous en irons », lui cria Q'amar en retour.

Amiran attacha son coursier et monta lui-même vers Q'amar. Celle-ci acheva de laver les écuelles et lui dit :

« Range-les, toi, et pose-les soigneusement, ne casse rien ! »

67. Amiran range les écuelles et à chaque fois qu'il en dépose une à l'envers[93], lui-même s'en retourne à reculons. S'énervant, il asséna un coup de poing à une écuelle rebelle et la brisa. À peine l'écuelle fut-elle cassée que le tout en parla au tout, le morceau au morceau, et cela fit un tel ramage, un tel fracas, que la vaisselle s'envola, et tout ensemble s'élança au ciel, vers le père de Q'amar : « On a enlevé Q'amar, nous l'avons perdue, au secours, au voleur, au voleur !

— Cette vaisselle a répandu sur nous des bruits bien fâcheux. Mon père va se lancer à notre poursuite, et il ne sera pas facile de lui échapper. »

68. Amiran se tourna vers Q'amar :

« Allons, Q'amar, habille-toi, c'est ton jour fatidique ! »

Q'amar répondit :

« Je ne puis te faire confiance, Amiran, tu as une telle réputation de perfidie[94] *!*
Comme tu portes une cotte de mailles, c'est à la mort que tu mèneras une femme ! »

Amiran lui répliqua :

---

93. Il prend cette précaution pour que les écuelles ne remarquent pas sa présence ; autrement, elles raconteraient tout aux parents de Q'amar.

94. Il n'a pas tenu son serment d'épouser la sœur du *devi* (§ 20-22).

« Q'amar, j'attends de toi le don de cent baumiers[95].
Si tu dois me suivre, alors suis-moi, le temps ne peut attendre.
L'hiver s'est approché, les montagnes commencent à se couvrir de neige. »

69. La robe de Q'amar manquait :

« Amiran, gagne l'endroit où se trouve le plus haut rocher !
Il y a là une porte de fer, son verrou est puissant :
Là sont suspendues des robes de peau, une forêt de boutons en or. »

Amiran monta où Q'amar lui avait indiqué.

Il donna un coup de pied[96], *la porte brisée retomba à l'intérieur.*
Il commença à chercher une robe, et mit tout sens dessus dessous.
« Allons, Q'amar, habille-toi, nous avons longue route à faire ! »

70. Q'amar le rejoignit sur Tetroni, et ils partirent. Q'amar est pressée, Amiran lui dit, par plaisanterie :

« Malheur au dos du cheval sur lequel Q'amar est assise !
Par en dessous, les fers se détachent des sabots de ses pattes,
Par en dessus, toute sa peau se décortique sous le bât :
Nous aurons bien du mal, Tetroni, à passer cette montagne ! »

[À la poursuite du ravisseur]

71. Quand ils eurent fait un bout de chemin, un vent terrible s'éleva. Un tourbillon se déchaîna. Amiran leva bien haut les yeux et dit : « Dans le ciel à présent, il n'y a pas de signe[97], mais

95. Compliment galant : elle sera pour lui comme un jardin parfumé.
96. C'est quand il n'y a pas de porte qu'il use de son « genou de loup » (§ 29).
97. On ne voit pas les signes habituels qui annoncent l'orage.

quelle est cette affaire à la surface de la terre ? »[98] Ils firent encore une bonne route, et la pluie leur tomba dessus. Amiran leva de nouveau les yeux au ciel et dit : « Gloire à toi, Dieu ! Tout à l'heure, quand j'ai regardé, il n'y avait pas d'orage en vue, et maintenant, d'où vient cette pluie ?

— Ce vent est la poussière des pieds de l'armée de mon père, lui répondit Q'amar, et cette pluie, ce sont les larmes de ma mère qui pleure de m'avoir perdue. Dépêche-toi, Amiran, dépêche-toi ! », dit Q'amar en le pressant.

72. *« Allons, Amiran, allons ! On ne cesse de louer ta promptitude :*
Des Maures, Sarrasins et Arabes[99] *montent des chevaux rapides,*
Ils ne tarderont pas à nous rattraper, à nous livrer âpre bataille ;
Ils nous rattraperont, nous tueront et, au feu, nous brûleront les yeux. »

73. Amiran répondit pour l'apaiser :

« Remets-toi, et avance, Q'amar ! Tu ne saurais boire tout entière cette route en courant !
Nous rencontrerons maints obstacles que la langue ne peut décrire.
Ni ne suis un faisan des bois, pour qu'on me chasse avec l'autour,
Ni ne suis lièvre des marais, pour qu'on m'attrape au lévrier,
Ni ne suis feuille d'arbre, pour qu'on m'emporte avec le vent !
Qu'ils viennent et je me tiendrai là avec ma forte épée !

---

98. Le tourbillon ne résulte pas d'un phénomène atmosphérique : Amiran pressent qu'il s'agit d'une activité humaine, une immense armée qui se met en marche.

99. Le texte géorgien évoque une foule confuse d'ennemis musulmans : « Ambrni, Umbrni da Arabni ». Ces noms sont à rapprocher d'un légendaire Ambri Arabi « Ambri l'Arabe », que Charachidzé (1986, p. 54-55) assimile au géant de carnaval, Arabi, qu'on faisait encore circuler dans les rues de Tbilissi au début du XXe siècle.

Avec Usip' et Badri, je serai Amiran, le troisième ;
À tous, je leur trancherai la tête de mon couteau à découper,
À l'armée de ton père, qui se repaît de nuit[100].
Seul, je suffis à la bataille, seul, je ferai face au combat. »

[Usip' et Badri meurent au combat]

74. Amiran arriva dans la mer, entraînant Q'amar avec lui. L'armée des poursuivants approcha de plus en plus. L'étendue de la mer se couvrit des vaisseaux du père de Q'amar. Tout entière l'armée n'était que Kaǰi[101] et diables[102].

75. Amiran dit à Badri : « Frère, harnache ton Tetroni, monte-le ! Puis vois le temps qu'il te faudra pour faire le tour de leur armée. »[103] Le Tetroni de Badri était tel qu'en un jour il parcourait le chemin d'une année ; mer ou terre ferme, pour lui, c'était tout un. Badri s'exécuta, harnacha son Tetroni, le monta et partit. En un endroit, il ficha une flèche comme signe de son passage[104]. Il fit revenir le cheval à son point de départ ; mais les démons avaient arraché la flèche, et ils suivirent Badri. Badri fit longtemps galoper son Tetroni, sans pouvoir revenir près de la flèche. À la fin, retournant près d'Amiran, il lui dit :

76. « *J'ai fait route neuf jours et neuf nuits, mais je n'ai pu boucler un tour !*

100. Par pleutrerie, cette armée évite de combattre en plein jour, mais ne se lasse pas d'attaquer la nuit.

101. Démons des montagnes.

102. *Ešmak'i* et non pas *devi*. Sharabidze 2012, p. 37, ajoute à cet endroit qu'Amiran, soudain conscient du danger, pria Dieu de les abriter tous les quatre dans une tour. Dieu l'exauce, mais les Kaǰi assiègent la tour.

103. Un moyen d'évaluer l'effectif de l'ennemi.

104. Cf. *supra*, § 38.

De mon coursier, je n'ai pas pris le temps d'essuyer la sueur,
De mon fouet, pas une lanière n'est restée. »

77. Alors Amiran monta en selle et alla observer l'armée. Il planta une flèche et fit s'envoler Tetroni. Les diables suivirent la flèche du fils de Darejan. Ils eurent beau s'y accrocher, ils ne surent l'extirper. Amiran galopant fit le tour de l'armée en une seconde, puis revint près de ses frères. Il dit à Usip' : « Va, Usip', engage la bataille. Après, nous viendrons à ta rescousse. »

78. Le vaillant Usip' y alla ; il y alla, ce preux renommé. Il partit, arpenta les chemins de la guerre, attaqua l'armée, lutta, combattit, tua la moitié des troupes, mais lui-même y perdit vaillamment la vie.

79. On tua Usip'. Le cœur d'Amiran l'apprit : « Le malheur a frappé Usip' », dit-il. Alors il parla à Badri :

« Vas-y, toi, Badri, ou c'est moi qui irai, et affûte-moi mon glaive !
Car si j'y vais et que je ne revienne plus, malheur à ton infortune ! »

80. C'était la règle d'Amiran chaque fois qu'il allait au combat : ou vaincre ou mourir ! « Pour qui s'est fait un nom, mieux vaut la mort qu'un retour dans la honte », disait-il. Il parla encore à Badri : « Vas-y, Badri, ou c'est moi qui irai ! Harnache-moi ton cheval. Du casque d'Usip' ne retentira plus le fracas. »

Alors Badri partit pour venger le sang de son frère. Lui aussi combattit, et lui aussi périt.

[Amiran tue le père de Q'amar]

81. Q'amar dit à Amiran : « Donne-moi ton armure, c'est moi qui irai au combat !

— Que dis-tu ? s'irrita Amiran. En quoi le glaive te regarde-t-il ? C'est moi qui le porte et c'est moi qui irai !

— Eh bien, si tu y vas, lui dit Q'amar, si tu n'y renonces pas, accorde-moi au moins ceci : quand tu rentreras de la bataille, ne rengaine pas ton épée ! Remonte auprès de moi en tenant ton glaive. »

82. Laissant Q'amar sur une montagne, Amiran descendit au combat. Il tailla en pièces l'armée de son beau-père, il leur coupa la tête, comme à des moutons[105], il massacra toutes les troupes et, à la fin, affronta directement son beau-père.

83. Amiran et le père de Q'amar se jetèrent l'un contre l'autre. Ils s'assénèrent l'un à l'autre des coups d'épée, se couvrirent de leur bouclier. À tous deux la cuirasse fut arrachée, mais nul glaive ne parvint à couper leur cotte de mailles. Quand le glaive d'Amiran frappait le casque du père de Q'amar, le feu des étincelles luisait. Quand l'épée du père de Q'amar heurtait le bouclier d'Amiran, le fer sifflait comme un serpent.

84. Q'amar regarda longtemps le combat de son père et d'Amiran. Elle voyait qu'Amiran serait en difficulté et qu'il aurait peine à tuer le Seigneur des Kaǰi. Son cœur fut troublé et elle le blâma :

105. Comme il s'était promis de le faire (§ 73).

« Amiran, qui n'as plus ni épouse ni mère[106]*, tu ne connais rien à l'art du combat.*
Ce n'est pas en haut que tu dois frapper l'éléphant, mais en bas, où la chair est molle[107].
Quand les fibres[108] *seront détruites, il s'effondrera sur sa base :*
Quand les poutres seront brisées, les maisons s'écrouleront. »

85. Le père de Q'amar entendit ces paroles. Son cœur bouillit. Il cria à sa fille :

« Ah, si seulement avant de naître, tu te fusses dissoute dans le sein de ta mère !
Regardez cette femme folle qui préfère son mari à son père !
Le mari s'est posé sur l'arbre, comme les feuilles ; mais, malheureuse, qui te rendra un père[109] *?*
Pourquoi ta mère t'a-t-elle nourrie, pourquoi te chantait-elle des berceuses ?
Pourquoi te plaçait-elle sur son sein, et balançait-elle ton berceau ? »

86. Q'amar lui répondit :

« Ni ma mère ne m'a nourrie, ni elle ne me chantait des berceuses !
Elle me jetait dans un coin de la maison, un vrai nid de souris !
Ni vous ne me consoliez, ni ne me chantiez de berceuses,
Vous me délaissiez, m'oubliiez, ou me menaciez d'un couteau ! »

---

106. *Col-deda mq'vdaro* : littéralement « dont la mère et la femme sont mortes ». Reproche de femmes à un homme qui ne veut pas les écouter. La traduction de Gigineishvili (Sharabidze 2012, p. 38), « O miserable one », est trop vague ; celle de Charachidzé 1986, p. 48, « fils de putain », est inutilement injurieuse.

107. Certaines variantes indiquent crûment les parties sexuelles ; cf. Charachidzé 1986, p. 179, n. 1.

108. *Dzarğvi* « veine, nerf, tendon » ; cf. *Dictionnaire* 1986, p. 543.

109. La filiation est plus importante que l'alliance, comme l'explique l'*Antigone* de Sophocle (vers 905-912) qui remarque : « Un mari, si j'en perdais un, j'en trouverais un autre » (cité par Charachidzé 1986, p. 180).

Amiran comprit les paroles de son épouse. Au Seigneur des Kaǰi, il donna un coup d'épée dans les jambes, et les lui coupa. Il tua son beau-père, et revint victorieux vers Q'amar.

[Suicide d'Amiran]

87. En face de lui, il rencontra un Kaǰi blessé[110] qui, voyant Amiran l'épée à la main, lui dit :

« Je me demande où tu t'en vas avec ton glaive, Amiran, Tatar[111] *que tu es !*
Tu as exterminé la race de ton épouse[112], *et qui t'en a félicité ?*

Si tu étais un être humain, tu rengainerais l'épée et partirais à la recherche de tes frères. »

88. Amiran se souvint de la parole d'Usip' : « À cause de ton épouse, nous, tes frères, sommes éliminés[113] ! » Il oublia et Q'amar, et lui-même, et la victoire. Au cœur, il n'avait plus que le souvenir de ses frères. « Que je sois chargé de vos peines, si je ne vous retrouve pas, vivants ou morts ! », pensa Amiran dans son cœur. « Si vous étiez vivants, je me

---

110. Dans une variante, c'est une femme qui le rencontre et lui fait ce reproche.

111. *Tarakamao* indique une provenance : quelqu'un ou quelque animal d'origine tatare. S'il s'agit d'une personne, c'est le nom qu'on donne au J̌avaxeti à un Turc sunnite ; s'il s'agit d'un animal, c'est, dans le dialecte du Tušeti, un bovin, acquis auprès d'éleveurs turcs ou azéris.

112. Dans une autre variante, le démon observe : « Tu as massacré tout le clan de ta femme, qui te dirait "Entre chez moi" ? » (cité par Charachidzé 1986, p. 71). La belle-famille est le premier des rapports sociaux qu'on puisse avoir avec l'extérieur de la maison. En l'éliminant, Amiran perd toute légitimité à être invité où que ce soit.

113. Cf. § 44.

réjouirais avec vous ; mais puisque vous êtes morts, que je sois au tombeau, enterré près de vous, et je mourrai avec vous ! »

89. Il alla chercher ses frères dans le champ jonché de cadavres. À perte de vue, le champ était couvert, saturé de corps massacrés. La corneille et le corbeau se jetaient sur les morts. D'un côté, les bêtes s'en délectaient, de l'autre, les oiseaux du ciel. Le sang coulait en ruisseaux. Amiran cherchait, parmi les morts, ses frères massacrés. Mais, dans une telle quantité de cadavres, comment les eût-il trouvés aisément ?

90. À la fin, on ne sait comment, il trouva le corps d'Usip'. Il le prit dans ses bras et s'en alla chercher Badri, qu'il trouva mort, lui aussi. Amiran étendit ensemble ses frères morts. Lui-même s'assit près d'eux et, une fois encore, il les appela : « Mes frères, ne m'en veuillez pas ! Moi aussi, je m'en vais avec vous. » Et il se planta dans le cœur sa courte épée. Il voulait mourir avec eux, mais l'épée ne le blessa pas. Amiran ne devait pas mourir, à moins qu'il ne se coupât le petit doigt[114].

Il s'assit près de ses frères morts et se mit à pleurer : « Je ne suis même plus digne de mourir avec vous. Dieu me refuse même la mort ! »

91. Amiran est assis. Autour de lui gisent des Kaǰi coupés en deux. L'un des Kaǰi morts se soulève et en hèle un second : « Eh bien, eh bien, qu'ai-je vu ? Amiran voulait se tuer ; il s'est planté son épée dans le cœur, mais il n'est pas mort. Amiran est si stupide qu'il n'a pas appris comment mourir. Qu'il se coupe le petit doigt ! Il ne faut rien de plus. »

---

114. La seule partie vulnérable de son corps, comme le talon d'Achille. Sur ce thème mythologique, voir Charachidzé 1986, p. 49. Dans d'autres variantes de la légende, Amiran ne peut mourir que si on lui coupe les jambes.

92. Quand le Kaǰi mort eut dit cela, il reposa sa tête et se recoucha. De nouveau, régnèrent le silence et la mort. Mais Amiran avait entendu ces paroles. Il prit son épée et se coupa le petit doigt. Son sang se mit à couler et il s'étendit, lui aussi, à côté de ses frères :

> *« Q'amar, presse contre moi tes seins ; pose, toi aussi, ta tête contre moi,*
> *Mort, je vaux mieux pour toi que Siarsamul*[115] *vivant ! »*

Ces paroles à peine prononcées, il rendit l'âme.

93. Neuf oiseaux aux longues ailes survolèrent les halliers de l'Algeti. Privé de frères et d'oncles paternels, Amiran s'était tué lui-même.

[Q'amar ressuscite les trois frères]

94. Q'amar, elle aussi, avec des flots de larmes, pleurait et se lamentait sur Amiran. Mais qui était là pour la secourir ? Elle reste assise à pleurer, et ses larmes se mêlent à la mer[116]. Par compassion[117] pour elle, les arbres laissent tomber leurs feuilles. Dieu, depuis le ciel, lui envoya des corneilles et des corbeaux blancs : « Allez voir sur terre ce qui se passe ! » Les oiseaux se gorgèrent de cadavres et dirent à Dieu : « C'est les labours. » Dieu leur appliqua un tison et les rendit tout noirs[118]. Alors il envoya la colombe[119], qui lui rapporta : « Une

---

115. On verra ci-dessous (§ 100) que Siarsamul (dont le nom signifie « martre ») est un autre héros connu d'Amiran, qui habite chez les Balx, en Asie centrale.

116. Comme celles de la femme de Camcum (§ 29) : exagération épique.

117. *Codva*, qui signifie normalement « péché », s'entend aussi dans la langue parlée comme un dommage qui suscite la pitié ; cf. *Dictionnaire* 1986, p. 539.

118. Légende étiologique sur le noir des plumes du corbeau : c'est la punition de son mensonge.

119. Genèse 8, 6-12 : la colombe est envoyée après le corbeau. Mais le mythe peut avoir des racines plus anciennes que la Bible ; cf. Bottéro, Kramer 1989, p. 573-574, lin. 145-154.

femme d'une merveilleuse beauté pleure des jeunes hommes », et elle lui montra leurs pieds ensanglantés[120].

95. Dieu envoya aussitôt une souris pour secourir Q'amar. La souris se met à lécher le sang d'Amiran. Q'amar se fâche. Elle détache la chaussure de son pied, en frappe la tête de la souris et la tue sur place. À la mort de celle-ci, sa mère accourt aussitôt et commence à gronder et réprimander Q'amar : « Espèce de catin, pour ton cœur[121], ton père est mort, ton mari et tes beaux-frères gisent inanimés devant toi, toute une armée a été exterminée, et tu ne ressens aucune honte ! Peut-être crois-tu que, moi aussi, je n'aurais pas de regret pour ma fille, comme toi pour ton père, ton mari et tes beaux-frères ? C'est ta faute ! Pourquoi as-tu fait un tel carnage ? Mais moi, je serai prompte à rendre vie à ma fille ! »

96. Ayant dit cela, la souris partit, courut dans tous les sens et trouva une certaine herbe qu'elle apporta et appliqua à sa fille. La ranimant et la prenant au cou, elle la ramena vite dans son trou.

97. Q'amar se leva à son tour, chercha la même herbe, la rapporta, l'appliqua sur Amiran, et lui rendit la vie. Amiran se leva, se frotta les yeux et dit : « Oh ! Quel somme j'ai fait !

— Tu aurais dormi encore bien davantage, lui dit Q'amar, si la souris ne s'était pas montrée à nous. »

98. Alors la jeune femme lui raconta tout. Ils rendirent vie à Badri et à Usip', puis rentrèrent à la maison.

---

120. La colombe montra à Dieu les pieds ensanglantés des héros.
121. Pour tes affaires de cœur.

Si seulement un brûlant soleil se levait sur de nombreux frères,
Nul n'enlèverait la moindre femme, nul ne viendrait attaquer la maison !

[La jambe d'Ambri et l'inertie de la matière]

99. Un assez long temps passa. Amiran rencontra maintes aventures. La mère de maints *devi* pleura son fils. De maints d'entre eux, il dévasta la demeure ; en maints lieux, il décima leurs foyers qui s'étaient multipliés. Il purgea la terre de maints dragons. Amiran ne pensait pas que quiconque pût le vaincre sur terre. Il fraternisa[122] avec le héros Črdilaver[123].

100. *Amiran et Črdilaver sont assis ensemble au bord de l'eau.*
Amiran aiguise son glaive, Črdilaver en affûte le fil,
Un vieillard décrépit chevauche un âne noir.

Amiran devine que cet âne est un *devi*, et qu'il va dévorer l'épouse et les enfants du vieil homme. Il tue le *devi*. Puis il prit congé de Črdilaver, et avec Siarsamul alla au Balxeti[124].

---

122. *Idzmo* : dérivé de *dzma* « frère ». Les deux héros pratiquèrent un rite de fraternisation, qui les fit frères-jurés, ou frères par serment, l'un de l'autre, les rendant solidaires de toute affaire de sang ; cf. *supra*, p. 56, n. 6.

123. Le nom propre de ce héros dérive probablement de Črdiloeti (« le Pays du nord »), ce qui suggère qu'il habite au nord de la chaîne du Grand Caucase.

124. Allusion possible à d'autres épopées ou d'autres branches de la légende, relatant l'histoire de ces héros ou leurs aventures en compagnie d'Amiran, dans le Caucase du Nord, puis en Asie centrale. Certains de ces récits semblent avoir été recueillis, amplifiés ou transformés dans le recueil *Amiran Darejaniani* de Mose Xoneli (cf. Stevenson 1958).

101. En cours de route, il vit que son ennemi Ambri était mort[125]. On l'avait déposé[126] sur un chariot, et douze paires de bœufs le tiraient à grand-peine. La mère d'Ambri était à son côté, accompagnant son fils mort. La jambe d'Ambri traînait à terre et creusait un sillon.

Sa mère emportait[127] *Ambri, il y avait là douze attelages de bœufs ;*
Sa jambe était tombée de côté, elle effritait la terre ferme.

102. La mère d'Ambri aperçut Amiran. Elle le reconnut et, voulant mettre à l'épreuve l'ennemi de son fils, elle lui cria : « Fils de Darejan, la jambe de mon fils est tombée à terre, elle traîne au ras du sol ; c'est une honte ! S'il te plaît[128], remonte-la, repose-la sur le chariot ! »

Ambri traîne (à terre) quand sa mère l'emporte : elle a loué des bœufs ;
Amiran, tentant de replacer la jambe, s'est déboîté l'épaule.

103. Amiran s'arc-boutait vainement sur la jambe d'Ambri. Il n'arriva pas à la bouger, il ne put même pas l'écarter de la terre ; à plus forte raison, il ne put la remettre sur le chariot. La mère d'Ambri le couvrit de sarcasmes :

104. *« Ah ! Que soit maudite la terre où tu jouais les Amiran,*

---

125. Dans certaines variantes, Ambri n'est pas encore tout à fait mort, mais on l'emmène d'avance au lieu où on l'enterrera ; cf. Charachidzé 1986, p. 52.

126. On l'a « déposé » (*ido*) comme une chose, alors qu'une personne serait « couchée » (*ic'va*).

127. « Emportait » (*čahkonda*), et non pas « emmenait » (*mihq'avda*). Par conséquent, Amiran ne sera pas vaincu par une force vive, mais par une masse inerte.

128. Dans ce contexte, « s'il te plaît » se dit *dedašviloba*, qui signifie littéralement « relation entre une mère et son fils ».

Avec un casque sur la tête, et une jupette en cotte de mailles[129] *!*
Si c'était l'usage pour les femmes, tu serais pour moi un gibier facile,
Je t'attacherais au bout de mon fouet et t'enverrais en haut du firmament du ciel !
Dieu sait, mon Amiran, que tu ne pouvais te comparer à lui,
Ni pour boire, ni pour manger, ni en rien pour la guerre ;
Mort, il l'emporte sur toi vivant ; vivant, comment pouvais-tu l'affronter ?
Si tu n'étais rien de plus que cela, comment pouvais-tu être l'ennemi de mon fils ?

Quoi donc ? Sans être plus que cela, tu osais menacer Ambri ! Amiran, de la souche de Darejan, avec si peu de force, tu croyais pouvoir faire face à mon fils ! »

105. Amiran fut offensé et affligé. Si la terre l'eût englouti et qu'il fût tombé dans l'abîme, il l'aurait encore préféré. Plein de honte devant le soleil et les hommes, il se compta parmi les morts. Qui était Amiran, quelle était cette affaire[130] ? Son cœur en était mortifié.

Colère et affliction assombrissaient pour lui un jour ensoleillé,
Il maudissait la vie et jugeait bienheureuse une mort honorable.
Amiran s'assit dans un lieu sombre, repliant ses jambes sous lui :
« Si je n'étais rien de plus que cela, où est ma place sous le soleil ? »

106. Il s'assit dans un lieu sombre. Jour et nuit, c'était tout un pour lui. Il ne connaissait plus ni humain ni tout

---

129. Littéralement : « un casque sur la tête et des mailles sur le bas (*boloze*) du corps ».

130. Quel écart impossible, songe Amiran, entre l'image qu'il a de lui-même et l'échec qu'il vient d'essuyer !

autre être vivant. Il ne tolérait personne près de lui. À la fin, Dieu lui ajouta encore la force de trois rivières en crue, la puissance et la promptitude de trois coulées d'avalanche[131] :

> « *Amiran, avec la force que je t'ai rajoutée, quelle pitié peux-tu encore m'inspirer*[132] *?*
> *De ce côté-ci, tu arrêtes la mer*[133] *; de l'autre, tu t'adosses à elle.* »

Maintenant donc, plus personne ne pouvait le vaincre. Amiran s'enorgueillit. Désormais, il se battait seul[134]. Nul ne se trouva sur terre[135] pour le vaincre à la lutte[136].

[Le défi à Dieu]

107. À un certain moment, il en vint à une telle situation qu'il ne restait plus sur terre que trois *devi*[137], trois porcs sauvages et trois taureaux[138]. Il ouvrit le flanc du dragon-démoniaque[139], lui enleva des côtes et mit à la place

---

131. Dans une autre variante, l'accroissement des forces est strictement mesuré : « Dieu ajouta à Amiran autant de force qu'il en fallait aux neuf attelages de buffles qui tiraient le chariot » (cité par Charachidzé 1986, p. 51) ; on remarquera que l'on passe ici, de douze à neuf, nombre canonique bien attesté (§ 28, 57) dans l'épopée d'*Amiran*.

132. « Tu n'es donc plus du tout à plaindre ! »

133. Amiran a autant de pouvoir que Dieu, qui a séparé l'eau de la terre ferme. C'est un excès dangereux.

134. Sans Badri ni Usip', jusqu'alors associés à tous ses combats.

135. En se coupant de tout contact humain, Amiran se condamne à n'avoir plus d'autre adversaire que Dieu.

136. Dans le paragraphe suivant, le rédacteur a accumulé des exploits hétéroclites, qu'il n'a pas réussi à insérer dans la trame de son récit.

137. Variante : « Amiran se mit, comme par le passé, à errer par forêts et plaines, ne laissant rien de vivant sur terre, sinon trois démons aveugles et trois chênes » (Charachidzé 1986, p. 70).

138. Si Dieu le laissait continuer ainsi, il finirait par exterminer tous les êtres vivants, et c'en serait fini de la diversité biologique.

139. En réalité, cet exploit d'Amiran devrait se situer plus haut, juste après sa sortie du dragon-noir (*gvel-vešap'i*) qui l'avait avalé et entraîné au fond de la

une claie de bois. La claie devait bientôt brûler, et le soleil avalé par le dragon-démoniaque illumina de nouveau la terre. Ne pouvant endurer que les hommes devinssent trop puissants, les dieux[140] leur confisquèrent le feu. La froidure s'établit sur la Terre-mère. Amiran décida de combattre les dieux et ramena le feu. Il monta sur la plus haute cime du Caucase, là où les dieux, par prudence, avaient allumé le feu. Il le ravit et il l'établit parmi les hommes. Les dieux décidèrent de le punir.

108. Amiran pensait : « Dieu, ce mien parrain qui m'a donné la force, si seulement je pouvais lutter contre lui ! J'éprouverais quel gaillard il est[141] ! » Une fois, Dieu rencontra Amiran. Celui-ci lui dit : « Ô parrain, tu m'as donné tant de force que nul sur terre ne fait le poids devant moi. Viens donc, advienne que pourra, lutte contre moi !

109. – Amiran, toi qui es un philosophe, comment ignores-tu qu'il ne faut pas se battre contre son parrain ? lui répliqua Dieu-Christ[142].

— Non, il faut que tu te battes contre moi, insista Amiran.

---

mer Noire. Sur la signification cosmologique de cet épisode, voir *supra*, p. 173, n. 75 ; cf. Charachidzé 1986, p. 38-39.

140. *Ǧmerteebi* : pluriel de *Ǧmerti* « Dieu ». C'est la première fois que cette collectivité anonyme intervient dans le récit. Néanmoins, quand Dali avoue au chasseur Darǰalan qu'elle a trahi la loi de sa condition de déesse (*ǧmertkaloba*), elle laisse entrevoir l'existence de multiples divinités, et quand elle veut éviter que son fils ne lance un défi à Dieu, c'est qu'elle reconnaît l'autorité de celui-ci.

141. Les adversaires ordinaires du titan (*devi* ou dragons) n'ont plus aucun intérêt : seul Dieu peut lui procurer des sensations neuves.

142. Le Christ apparaît ici comme un délégué de K'wiria (« Seigneur »), qui, dans le paganisme syncrétique des montagnards géorgiens, est le principal adjoint du Dieu suprême Morige, l'ordonnateur des êtres dans le temps et dans l'espace.

— Alors, c'est bon, lui dit Dieu. Ce bâton de chêne[143] que je tiens à la main, je vais le planter. Si tu l'arraches, c'est toi qui seras le vainqueur.

— Bien ! lui dit Amiran. Mais ce bâton, que je l'arrache ou non, cela revient au même ! »[144]

Dieu planta le bâton. Amiran alla, tira dessus et l'enleva facilement. Dieu planta le bâton encore une deuxième fois ; et de nouveau, Amiran l'arracha facilement.

« Hé ! À quel jeu joues-tu avec moi ? dit-il à Dieu. Si tu veux, lutte contre moi ! Sinon, laisse-moi tranquille ! »

[Enchaînement et réclusion d'Amiran]

110. Alors Dieu prit son bâton. Il le planta et ordonna qu'il lui poussât de telles racines qu'elles enserrassent tout le tour de la terre, comme une ceinture bien bouclée, et que son faîte fût planté dans le ciel supérieur. Amiran tira sur le bâton, mais en vain : il ne put même pas l'ébranler. Puis, Dieu le maudit et l'enchaîna[145] à cet arbre.

111. Sur Amiran attaché, il empila[146] le Gerget'i couvert de neige et de glace, et le Mq'invarc'veri[147], pour qu'il lui

143. Selon certaines variantes, il s'agit d'un pieu en fer ou d'un arbuste poussant non loin de là.

144. « C'est un jeu d'enfant, et non pas une vraie lutte », pense Amiran.

145. Selon certaines variantes, Dieu donne d'abord l'exemple ; il s'enchaîne lui-même à un poteau de fer pour l'arracher ; Amiran l'imite, et reste prisonnier. Ailleurs, les démons Kaǰi surprennent le héros pendant son sommeil et l'enchaînent ; cf. Charachidzé 1986, p. 67, 70. Dans l'épopée arménienne, ce sont les K'aǰ qui sont chargés d'enchaîner Artawazd (Movsēs Xorenac'i II, 61 ; cf. *infra*, p. 229, n. 5).

146. La formation de cette caverne entraîne une sorte de cataclysme : « Il s'éleva une terrible tempête avec tonnerre et éclairs ; les montagnes s'ébranlèrent et fermèrent le chemin menant à Amiran » ; Charachidzé 1986, p. 106.

147. Littéralement « dont la cime est gelée » : c'est le nom propre du Kazbek. *Q'azbegi* désigne la famille princière qui dominait cette région, et dont était issu le célèbre écrivain Aleksandre Q'azbegi.

fût désormais impossible de voir le ciel et la terre[148] et qu'il fût retranché de la lumière et de la joie. Depuis lors, c'est là qu'Amiran est enchaîné. Chaque jour, il reçoit de Dieu pour nourriture un pain et un pichet de vin[149] ; c'est un corbeau qui les lui apporte et les place devant lui.

Figure 10
Le Gerget'i

112. Tant qu'il était vivant, Amiran avait offensé Dieu à maintes reprises. Trois fois[150], il avait rompu un serment fait en son nom. C'est pour ce genre de conduite que Dieu le

---

148. Une des variantes précise : « La montagne le recouvrit par en haut, comme une calotte » ; cf. Charachidzé 1986, p. 106.

149. Il a plus de chance que l'Abkhaze Abrsk'il, à qui Dieu interdit toute nourriture. Mais la ration du captif est bien maigre à côté de ce qu'il mangeait d'habitude (§ 27).

150. Symbole de pluralité, comme les trois reniements de saint Pierre. En réalité notre texte ne relate que le premier de ces parjures, celui dont est victime la sœur du *devi* (§ 20-22).

punit. Corbeaux et corneilles s'acharnent sur Amiran et lui fouissent le cœur dans la poitrine. De son sein déchiré, le sang coule à flots et inonde la terre[151].

113. En même temps qu'Amiran, Dieu a aussi puni[152] et attaché Q'urša[153], le fils d'une aigle. Il rejoignait un auroch en deux bonds. Il tua tant d'aurochs que, pour un peu, il eût exterminé l'espèce[154].

114. Depuis des années[155], Q'urša lèche la chaîne d'Amiran. Quand elle est sur le point de se rompre, le cœur oppressé d'Amiran se desserre, l'espoir lui est donné de circuler à nouveau librement. Mais à ce moment-là, le maudit[156] forgeron frappe le marteau sur l'enclume[157], le jour du Grand Jeudi[158], et la chaîne s'épaissit de nouveau. Elle

---

151. On peut donc trouver de la terre imbibée du sang d'Amiran. Pour ses sortilèges, Médée procure à Jason un peu de la terre où a coulé le sang de Prométhée.

152. Le chien qui rejoint Amiran prisonnier n'a pas de lien personnel avec le héros. En fait, il appartient à un chasseur, qui pleure son absence dans un célèbre chant svane. S'il partage la captivité d'Amiran, c'est comme un simple codétenu.

153. Q'urša, dont le nom signifie « oreille noire » (*q'uri šavi*) est un chien-aigle. D'après un conte svane, « parmi les aiglons d'une couvée, naît parfois un chiot. Dès que ce chiot est éclos, la mère aigle l'emporte très haut dans les airs et le laisse choir ; il s'écrase sur terre à moins qu'un humain ne s'en saisisse et ne l'élève » (cité par Charachidzé 1986, p. 133). Mais il faut croire qu'en plus de ses pattes de chien il a aussi conservé des ailes d'aiglon qui font de lui un redoutable chasseur.

154. Q'urša est donc mis à l'écart pour la même raison qu'Amiran : il menace la permanence des espèces.

155. *C'lidan c'lamde* : littéralement « d'année en année ».

156. En se montrant solidaires des Kaǰi, artisans démoniaques qui ont forgé la chaîne d'Amiran, les forgerons humains partagent avec eux la responsabilité de la captivité du héros.

157. Il frappe à vide sur l'enclume pour renforcer une chaîne invisible. Le fracas du marteau opère magiquement. Ce rite prophylactique est commun aux traditions géorgiennes et arméniennes ; cf. Movsēs Xorenacʿi II, 61.

158. C'est-à-dire le jeudi saint ; on entrevoit donc un cycle annuel d'usure et de réfection de la chaîne, qui embrasse le temps universel et la conservation de l'univers. Le cycle commence le dimanche de Pâques ; mais la semaine sainte, qui

devient à nouveau redoutable et l'éloigne à nouveau de la mort comme de la vie[159].

115. Là-bas aussi, tout près de lui, repose sa courte[160] épée. Mais Amiran ne peut l'atteindre, plus jamais il ne peut s'en servir : la rouille et la terre la rongent. Elle pleure de n'avoir plus de maître et Amiran pleure qu'elle ne lui appartienne plus[161].

116. Une fois tous les sept ans s'ouvre devant Amiran la porte de sa retraite ténébreuse ; le Gerget'i ouvre sa porte devant le héros prisonnier. Mais Amiran ne regarde plus la lumière : quand il est près de voir la terre, ses douleurs se réveillent, son cœur est de nouveau blessé.

117. Sur le Gerget'i est reclus un dragon[162]. C'était l'ennemi[163] d'Amiran. Ayant appris sa captivité, il est venu pour le dévorer. Mais Dieu l'a également maudit et l'a changé en pierre[164]. Depuis lors, il est là, gisant ; mais lui non plus ne pourra jamais échapper à la colère de Dieu. Ni le feu n'a pu le brûler, ni le soleil ; ni le vent ne l'a précipité dans la vallée sans fond, ni l'avalanche glacée ; ni le ciel ne l'a fait sien, ni la terre. À l'endroit où est le dragon, ni la neige ni le gel ne parviennent[165]. Le Gerget'i aura beau se cacher sous les brumes

---

précède, est le moment critique où s'achève l'année. Le jeudi saint, qui marque le début de la Passion, est l'instant le plus menaçant. Cf. Charachidzé 1986, p. 111.

159. Amiran est soustrait au temps, il n'a plus de destin marqué par la naissance et par la mort. Il n'est plus ni mort ni vivant.

160. Les braves préfèrent les armes courtes, qui permettent de serrer l'adversaire au plus près (§ 60).

161. On a déjà vu la relation affective entre le titan et son arme (§ 44).

162. *Gvelvešap'i* ; cf *supra*, p. 169, n. 62.

163. Le monstre noir qui l'a avalé.

164. Dans les traditions locales, le profil des deux montagnes voisines, le Gerget'i et Mq'invarc'veri, est réputé avoir la forme d'un gigantesque dragon pétrifié.

165. Conséquence naturelle de l'altitude, selon Procope, *Bellum Gothicum* IV, 3. Mais pour l'épopée géorgienne, cette immunité, loin d'être bénéfique, est un effroyable prodige.

et sous les nuages, la noirceur de ce lieu paraîtra encore. La pluie et la brise l'évitent. Les aurochs se gardent de se cacher à ses abords pendant les tempêtes de neige. Tous s'en vont en courant et se tiennent à l'écart. À l'entour, il n'y a qu'anathème et malédiction, mort et silence.

[Vaine tentative d'évasion]

118. Un chasseur a vu Amiran dans ses liens[166]. Comme il avait l'habitude de chasser l'auroch dans les rochers autour du Gerget'i, il décocha une flèche à une bête et la blessa. Mais l'animal blessé s'échappa et se réfugia dans une grotte. Nulle part il n'y avait de sortie. Cependant, le chasseur ne pouvait ni le rejoindre ni tirer. S'il avait tiré, l'auroch serait resté mort à l'intérieur du rocher, et le chasseur n'aurait pu profiter ni de sa chair ni de sa peau.

119. Se trouvant dans cette situation, le chasseur ne s'aperçut pas que le soleil s'était couché. Il alla d'un côté, puis d'un autre, pour chercher son chemin. Mais il ne sut trouver de passage pour redescendre et dut rester sur place. Le malheureux était en grand péril : s'il partait, il ferait quelque chute ; s'il ne partait pas, le froid le tuerait. Il fit beaucoup d'efforts et se décida enfin : « Si je meurs en route, ce sera la même mort qu'ici », se dit-il. Il s'agrippa bien, se cramponnant au rocher. Tantôt il enfonçait la pointe de son poignard, tantôt il se taillait des degrés dans la pierre, et ainsi, il avança.

---

166. Le héros captif devrait être, en principe, totalement retranché du monde. Et pourtant, il est essentiel que des témoins entrent en contact avec lui, soit par la vue, comme pour Amiran et Mher, soit par la voix, comme pour Abrsk'il.

120. Il arriva sur un rocher et s'y reposa. Soudain, il entendit un terrible gémissement, un cri plaintif[167]. Le chasseur eut peur. Il pensa tout d'abord à un démon ou à un Kaǰi. Il songea à fuir, mais il n'y avait pas d'issue pour la fuite. Puis il se dit : « Peut-être une avalanche est-elle tombée sur quelqu'un, ou l'on aura glissé et l'on se sera blessé sur la glace ? Ou peut-être quelque chasseur comme moi a-t-il poursuivi des aurochs ? Ceux-ci, tous ensemble, lui ont donné une volée de coups de corne, et il est en train de mourir sur un rocher. Je vais donc aller voir qui c'est et dans quel état il est. »

121. Le chasseur alla vers l'endroit d'où venait le gémissement et entra dans la cavité du rocher. Il vit un homme d'une taille gigantesque, comme un *devi*, attaché à la roche par une chaîne. Ses cheveux et sa barbe avaient tellement poussé qu'il les avait à terre, comme une litière. Le chien Q'urša se tient à son côté et lèche les chaînes.

122. Il voulut s'enfuir, mais le héros enchaîné lui cria : « Ne t'enfuis pas ! Viens ici près de moi ! Enchaîné comme je suis, que pourrais-je te faire ? » Le chasseur s'approcha. Le héros lui dit : « Je suis Amiran. N'aie pas peur ! » Amiran prit un morceau du pain du chasseur. Il le pressa dans sa main, et il en coula trois gouttes de sang. Puis il serra son propre pain[168] dans sa main ; du lait en coula[169], et il dit : « Si seule-

167. Au début de l'épopée, le chasseur Sulk'almax, escaladant une falaise abrupte pour répondre à un cri, apporte son aide à Dali, la mère d'Amiran. Par bonheur, son épouse ne lui pose pas de question et n'entrave pas son projet. L'épisode final recrée une situation analogue ; mais l'insistance importune de l'épouse du chasseur annule les efforts de son mari pour secourir le héros captif.

168. Celui que Dieu lui donne chaque jour (§ 111).

169. C'est le pain de l'enfance de l'humanité, d'un âge d'or, d'où le héros, exterminateur de monstres, a écarté toute violence.

ment vous pouviez cuire un pain comme celui-ci[170] ! Va me chercher mon épée, la suite est mon affaire. » Le chasseur alla près de l'épée ; il l'empoigna de toute sa force et de toute sa puissance, mais il ne put la bouger de sa place.

123. Quand Amiran vit cela, il gémit si fort que les montagnes commencèrent à crouler dans un fracas de tonnerre. « Viens ici ! cria-t-il de nouveau au chasseur. Ne peux-tu pas, au moins, la traîner ici de façon que j'arrive à la toucher ? » De nouveau, le chasseur ne put la bouger.

124. Amiran lui dit alors : « Couche-toi par terre, mets les mains sur l'épée et laisse-moi te prendre les pieds. Je vous tirerai, toi et l'épée, et peut-être nous l'entraînerons. »[171] Le chasseur se coucha à terre, Amiran le tira vers lui. Mais le chasseur se mit à crier : « Je me déchire, je me déchire ! »

125. Amiran le lâcha et lui dit à regret : « Va et essaie d'apporter ici une chaîne avec un crochet[172], sans que personne ne te voie. Ou si l'on te voit, ne dis à personne pourquoi tu le veux et ne tourne même pas la tête en arrière. »[173]

---

170. Amiran laisse entendre que, s'il était libéré, on reviendrait à l'Âge d'or ; cf. Charachidzé 1986, p. 187.

171. Le procédé a bien marché dans le cas de l'épée du *devi*, tirée par sa sœur et par Amiran (§ 19-20).

172. *J̌ambara da sak'ideli* : il s'agit de la chaîne et du crochet qui servent à suspendre la marmite dans la cheminée ; ces deux objets ne font qu'un et sont ensuite écrits avec un trait d'union (*ǰambara-sak'ideli*).

Dans le récit « Un Prométhée oubykh », le titan captif interpelle l'homme et lui demande : « Apporte-moi un crochet ». Ce crochet est en bois, d'une essence particulière, que l'homme n'arrive pas à trouver. « Pourquoi m'as-tu demandé le crochet ? – Si tu m'avais apporté le crochet, j'aurais pu arracher mon épée », répond le titan ; cf. Dumézil 1955, p. 33.

173. Ces consignes ont l'accent de prescriptions rituelles. Garder le secret, ou au moins le silence, est essentiel à l'efficacité du geste. Si l'on se retourne, même sans rien dire, c'est comme si l'on avouait avoir rencontré quelqu'un.

126. Le chasseur sortit. Le jour s'était mis à poindre[174]. Il rentra chez lui, prit chaîne et crochet, et repartit trouver Amiran. Son épouse le vit et le poursuivit : « Eh bien ! Où emportes-tu cette chaîne avec son crochet, et que vas-tu en faire ? » Tout d'abord, le chasseur tint bon, il ne dit pas un mot et ne tourna même pas la tête, comme Amiran le lui avait prescrit. Mais sa femme ne le lâcha pas et lui arracha une réponse[175].

127. Enfin, le chasseur revint vers Amiran. Il alla où il pensait qu'était Amiran. Mais il n'y avait nulle part ni lui, ni la caverne.

128. La porte des ténèbres s'était refermée[176].

Malheur[177] *si Amiran brisait ses chaînes !*
Malheur s'il arrivait à prendre son épée[178] *!*

---

174. *Gatenebuliq'o* (plus-que-parfait). C'est presque trop tard ; dès que le soleil paraîtra, la nouvelle année commencera. L'ordre du monde reprendra vigueur et la porte se refermera devant Amiran.

175. Selon une variante, le chasseur, « excédé, se retourna, posa la chaîne et la courroie, prit un bâton et en frappa sa femme comme il faut. Puis il revint vers Amiran » (Charachidzé 1986, p. 121). Bien qu'il ait gardé le silence, le simple fait de rompre la solitude rituelle, de convenir, ne fût-ce que par un geste, que sa femme est témoin d'une action qui aurait dû rester invisible et secrète, entraîne l'échec de l'opération.

176. Le narrateur n'explique pas la force mystérieuse qui ouvre et ferme cette porte une fois tous les sept ans. Mais elle est certainement liée à un cycle de l'univers. On notera toutefois qu'une des variantes situe la rencontre d'Amiran et du chasseur « la veille du nouvel an [...]. "Pars sur-le-champ, dit Amiran, et, avant l'arrivée du nouvel an, décroche en silence la chaîne qui pend au-dessus du foyer de ta maison [...]." Comme le chasseur s'approchait de la retraite d'Amiran, les forgerons du nouvel an frappèrent de leur marteau. La crevasse se referma sur Amiran, et ses fers, qui s'étaient amincis, se changèrent à nouveau en lourdes chaînes » (Charachidzé 1986, p. 124).

177. La libération d'Amiran entraînerait la fin du monde actuel.

178. Le récit « Un Prométhée oubykh » se conclut de la même façon : « [L'homme] savait que le jour où le titan retrouverait son épée, ce serait la perte du monde » ; Dumézil 1955, p. 33.

Ажәытәза Аҧсны дыҟан ҧшреи-сахьеи хьзи-ҧшеи згымыз ҧҳәызба ссирк. Шьҭра бзиак змаз, ҽнарҭа ҭбаак иааӡаз аӡә лакән лара.

Ус дшыҟаз, кыр даныҽеидас, ҽаҭахьаны иҟалҵеит хаҵа стымцара ҳәа. Дзыхшазгы, рыҧҳа лхала илҭахханы, аҽаҭахьа илыҟәылҵаз заҵа илҽадмырхьрыз, цьара илцәеиламгандаз ҳәа иашьҭан.

Ишыҟаз, аҧҳәызба лҭәымҭа даныҭагылоз аамҭазы, ишыҟалаз уаҽы изымдырзо, хшара лцәа далашәеит. Лҭахцәа, рыҧҳа дшыцҟьаз, ҟьашьрак шыҟалымҵаз здыруаз, иҟалаз рыбжьы аҟәмыргакәа, ҽымҭ асаби иира иазыҧшын. Урҭ ирбон ари доуҳала ишыҟалаз.

Figure 11

Début de l'épopée d'Abrsk'il

Chapitre 2
Abrsk'il

[Naissance du héros et Âge d'or de l'Abkhazie]

1. Jadis, en des temps immémoriaux, vivait en Abkhazie une beauté[1] distinguée par sa haute naissance. Le foyer où elle grandissait était connu par sa richesse et son hospitalité. En vain soupiraient les garçons qui avaient jeté les yeux sur la jeune fille. La beauté, dans son enfance, avait fait, paraît-il, vœu de chasteté. Les parents, avec intelligence, ne s'opposèrent pas au désir de leur fille. Au contraire, ils étaient persuadés que leur enfant n'avait pas rompu cette promesse.

2. Le temps passa. Quand la jeune fille atteignit la maturité, quelque chose d'inattendu arriva. Elle tomba enceinte. Cette fois encore, les parents montrèrent de la sagesse. Étant certains de la chasteté de leur fille, ils se soumirent à la force du miracle[2] et ils attendaient paisiblement qu'un petit enfant leur fût envoyé. La jeune fille mit au monde un fils, un jeune garçon conçu par miracle et prodigieux.

---

1. Le nom propre de la mère du héros ne sera jamais mentionné. En fait, en dehors d'Abrsk'il lui-même, le texte ne donne aucun nom propre individuel. Le héros a affaire au peuple, aux siens, à des clans ou à des catégories, mais jamais à des personnes déterminées. Les femmes sont totalement absentes, à l'exception de la mère anonyme et de la « vieille diablesse », également sans nom.

2. D'après la variante citée par Charachidzé 1986, p. 83, Abrsk'il naît d'une vierge « fécondée par une force céleste ».

3. Le nouveau-né grandissait à vue d'œil. À une semaine, il avait l'air d'avoir un an. À un an, il avait l'air d'en avoir dix, à dix ans, on lui en donnait vingt[3]... Il eut vite fait de n'avoir plus peur de personne. Tenant le premier rang parmi les gars les plus vaillants, il ne le cédait à qui que ce fût. On appela ce garçon Abrsk'il[4].

4. Selon la tradition, Abrsk'il habitait en Abkhazie, au village de Gup[5]. C'était une époque pénible de brigandages, de rapines déchaînées. L'Abkhazie était assaillie par d'innombrables agresseurs. Ils descendaient par d'étroits sentiers de montagne ; ils terrorisaient les villages, ravissaient le butin. Ils emportaient le bétail et enlevaient les gens.

5. Dès qu'Abrsk'il eut grandi, les ennemis ne remirent plus les pieds en Abkhazie. Ils ne se risquaient plus à descendre des sentiers de montagne, ni à venir par la mer. Ils avaient trop peur d'Abrsk'il. Et si quelque impudent avait l'audace de venir en ennemi, Abrsk'il lui faisait passer une mauvaise journée. Pendant longtemps, l'assaillant n'osait pas lever le glaive. Son arme rouillait au fourreau.

6. Tout Abkhaze, du plus grand au plus petit, aimait de toute son âme et de tout son cœur son sauveur, l'intrépide Abrsk'il. Chacun tenait pour grand honneur de devenir parent d'Abrsk'il et de mériter sa protection. Pourquoi le

---

3. Cette croissance foudroyante caractérise aussi Mher et Amiran.
4. Abrəsḳəl : c'est la forme qui correspond le mieux à la prononciation du grand village de Č'lou, où se situe l'action. Aucune des diverses hypothèses formulées sur l'étymologie du nom ne s'est imposée. Les premiers recenseurs de la légende donnent Abulskir (Ioak'imov 1873), ou Ablaskir (Lixačev 1881).
5. G°up.

cacher ? Du temps d'Abrsk'il, les Abkhazes vivaient heureux. Dans la main d'Abrsk'il, l'Abkhazie, déjà si belle, florissait et resplendissait encore davantage. L'ennemi et le perfide n'osaient plus rien.

[Caractère et militantisme d'Abrsk'il]

7. Abrsk'il n'aimait pas aller à pied. Montant son coursier ailé, Araš[6], il circulait dans le pays. Il ne se séparait pas de son bâton[7]. Le nom d'Abrsk'il et sa gloire dépassèrent bientôt les limites de l'Apsni[8]. Le peuple rendait grand honneur au héros. Quant aux ennemis, il leur inspirait la panique et l'effroi : ils se terraient dans des trous.

8. Abrsk'il ne pouvait supporter les hommes mauvais, méchants ou incapables, les herbes inutiles. Particulièrement, il tenait la fougère[9] pour son ennemie. Il savait que la fougère infestait le sol et réduisait les récoltes. Et par temps de sécheresse, il suffisait d'une seule étincelle pour déclencher un incendie et attirer la pire calamité sur le pays. Abrsk'il se hâtait souvent vers la mer. Partout où croissait la fougère et où elle attaquait la terre ferme, il déterrait cette plante maligne

6. Araš : le mot abkhaze correspond au géorgien *raši*, emprunté au persan, désignant un cheval ailé, au regard fulgurant, comme on en rencontre seulement dans les contes. On peut le considérer ici comme une sorte de nom propre.

7. *Alabaša* : ce bâton, qui fait aujourd'hui partie du costume traditionnel abkhaze, sert pour la marche ou pour la chasse. Montant à peu près du sol à la poitrine de celui qui le tient, il est terminé en bas par une pointe métallique permettant de le ficher en terre, et en haut, soit par une fourche naturelle du bois, soit par une sorte de croissant de lune, dont la concavité permet d'appuyer un fusil pour ajuster le tir. N'oublions pas toutefois que le bâton d'Abrsk'il était à l'échelle de sa taille gigantesque.

8. Apsnə : nom autochtone de l'Abkhazie.

9. *Aras* ou *atəras* en abkhaze.

jusqu'à la racine et l'extirpait. De fait, au temps d'Abrsk'il, la fougère disparut.

9. Abrsk'il aimait le peuple laborieux. Il préférait vivre à ses côtés, et il rabaissait la tête de ses oppresseurs. Plein de hauteur, Abrsk'il se jugeait l'égal de Dieu[10]. Il se vantait : « Quoi que Dieu puisse faire, j'en ai, moi aussi, le pouvoir ! » Chevauchant son Araš au regard d'éclair[11], il montait aux cieux et faisait flamboyer son épée à double tranchant. Dans une peau de vache desséchée, il entassait des pierres. Il l'attachait à l'arrière de son Araš, faisait des voltiges sur la voûte du ciel[12] et bombardait[13] en abondance toute la contrée du fracas tonitruant de ces pierres[14].

10. Abrsk'il n'aimait pas non plus la vigne sauvage[15]. S'il rencontrait un sarment qui dépassait sur la route, il l'abattait d'un seul coup d'épée. Sa fierté ne lui permettait pas d'incliner la tête pour passer. Il eût craint que le peuple n'en vînt à penser : « Abrsk'il a courbé la nuque devant le Très-Haut. » Il redoutait encore autre chose : qu'un cheval lancé au galop ne s'accrochât à la vigne sauvage et ne se rompît le cou !

---

10. Anc°a : dérivé de *ana-c°a*, le mot « mère » au collectif. Aujourd'hui « Dieu » n'appartient plus à la classe féminine, comme le mot *ana* dont il dérive, mais à la classe masculine.

11. Comme le cheval de saint Théodore.

12. Comme la déesse arménienne Covinar, qui « joue » sur son cheval, en parcourant le ciel, sillonné d'éclairs blancs.

13. Comme le prophète Élie, qui parcourt le ciel sur son char de feu et bombarde de grêle les moissons de ceux qui ont offensé Dieu.

14. Autrement dit, l'orage, l'éclair, le tonnerre et la grêle n'ont rien de prérogatives divines, présageant les desseins de la Providence. Un bon cavalier, comme Abrsk'il, peut aisément en faire autant.

15. Le mot abkhaze *a·ax°a* désigne la vigne, aussi bien sauvage que cultivée. Néanmoins, la traduction géorgienne *usurvazi* (« vigne sauvage ») est tout à fait pertinente dans ce contexte. Les vignes sauvages grimpent aux arbres, s'élançant même d'un arbre à l'autre, de part et d'autre des chemins.

11. Abrsk'il n'avait aucune confiance ni[16] dans les gens aux cheveux roux[17], ni dans ceux qui ont des yeux vairons[18]. « Ils portent malheur », disait-il. Partout où il en rencontrait, il ne les retenait pas ici-bas[19] ! Il les soupçonnait de lancer le mauvais œil[20] ou de provoquer des catastrophes. De même, il persécutait les gens des clans Iašba[21] et Kacba[22] ; il pensait que, dans leur champ[23], rien de bon ne s'épanouit.

12. Du temps d'Abrsk'il, prospérité et richesse bouillonnaient et débordaient en Abkhazie. Dans les pâturages ondulait une herbe nourrissante. On trayait les vaches et les bufflesses trois fois par jour, les chèvres, cinq fois. Il n'y avait pas l'ombre d'une mauvaise herbe ou d'une fougère, car sur leur terreau, rien de bon ne pousse.

---

16. Les deux caractéristiques qui suivent (cheveux roux et yeux vairons) définissent deux catégories distinctes d'ennemis d'Abrsk'il. Il faut se garder de les réunir, contrairement à ce que suggère la variante citée par Charachidzé 1986, p. 83, où il est question d'« hommes aux cheveux clairs et aux yeux bleus ». Paradoxalement, c'est l'apparence physique que le premier témoin de la légende (Ioak'imov, 1873), sans doute par erreur, prête à Abrsk'il lui-même : « un homme vertueux aux cheveux blonds et aux yeux bleus » ; cf. Čursin 1957, p. 54.

17. Le mot abkhaze *apš* signifie « rouge » et pourrait s'appliquer aussi au teint et au visage.

18. La couleur des yeux varie selon les conteurs. Selon Lixačev (1881), ils sont « couleur de cendre », et « bleus » selon Ǧarsk'ia (1892), ou selon Čursin (1957). Dans notre texte, ils sont *alag°əɣra*, c'est-à-dire « vairons », de *alag°ə* « pupille » et *aɣra* « multicolore ». Abrsk'il leur prête un regard maléfique.

19. *Aduney ik°irglaməzṭ*. C'est une litote : non seulement il ne les retenait pas sur terre, mais il les expédiait promptement *ad patres*. Le traducteur géorgien interprète *anderdzs augebda*, qui signifie littéralement « il leur administrait les derniers sacrements, ou la prière des défunts ».

20. *Zəlapšə č°g´ow* « qui a un mauvais regard ».

21. *Yašəba* ou *Ešəba* : dérivé de *yašə* « martre », suivi du suffixe *-ba* de nom de famille. Abrsk'il prête peut-être aux gens qui portent ce nom un caractère sournois, ravisseur et malfaisant.

22. Ḳacba : ce patronyme n'existe plus aujourd'hui en Abkhazie. Il se peut que la famille ait émigré vers l'Anatolie. L'étymologie n'est pas claire ; on a quelquefois proposé de rapprocher le radical du géorgien *k'aci* « être humain ».

23. Locution proverbiale.

[Exploits prodigieux : le dev et La Pierre fendue]

13. On dit aussi qu'Abrsk'il a tué un *dev*[24]. Le *dev* était assis sur une colline[25]. De la main droite, il pêchait dans la mer ; de la gauche, il tendait au soleil le poisson qu'il venait d'attraper, le rôtissait et le mangeait. Quand Abrsk'il, qui marchait non loin de là, l'aperçut, il n'en crut pas ses yeux. « Hé ! Que fais-tu là ? lui cria-t-il.

— Ne le vois-tu pas ? Je mange, lui répondit grossièrement le *dev*.

— Que peux-tu faire encore ?

— Ce que je peux faire ? Si je prends mon élan et que je saute dans la mer, la mer en sera si enflée qu'elle débordera et noiera si bien toute chose que nul être vivant n'en réchappera. Regarde, maintenant, si je mens, et tends l'oreille ! », dit le *dev*, et il s'avança pour plonger.

14. Mais Abrsk'il fut plus rapide. Il décocha une flèche au *dev* et la flèche l'atteignit à la cheville[26]. Le *dev* tomba comme de l'herbe fauchée. Abrsk'il se dressa sur ses étriers. Il voulait voir où la flèche avait touché le *dev*. Mais le *dev* était si grand que ses pieds n'apparaissaient pas. De la plaie s'écoulait un fleuve de sang. Quand des passants mesurèrent, depuis la plante du pied jusqu'à la cheville du *dev*, cela fit cent vingt empans[27]. « Dieu ! Si ce *dev* avait un pied d'une telle longueur, quelle taille devait avoir son corps quand il

---

24. *A-daw* : géant démoniaque, comme *devi* (géorgien) et *dew* (arménien).

25. *Axᵉ*, que nous traduisons ci-dessous, en suivant la version géorgienne, tantôt par « colline » (géorgien *gora*), et tantôt par « tertre » (géorgien *borcvi*).

26. *K'omaxi* : locution pšav.

27. *Awarg'a* : unité de longueur abkhaze, égale à la distance entre les deux paumes des mains quand on a les bras étendus.

allait et venait de son vivant ? », disait le peuple en entendant la nouvelle de la mort du *dev*.

15. Abrsk'il avait aussi les bras vigoureux. Il aimait à lancer des pierres. Une pierre jetée par lui pesait jusqu'à cent *put*[28]. Justement, Abrsk'il aperçut une telle pierre tombée au fond d'un ravin. « Je vais remonter cette pierre plus près de la colline. » Il mit la main sur cette pierre de cent *put*, la chargea et se dirigea vers le haut. Il ne lui restait plus que deux pas environ pour atteindre son but. Il n'arriva pas à retenir la pierre et elle lui échappa des mains. Abrsk'il se sentit humilié. Il tira son épée et fendit la pierre par le milieu. Cette pierre fendue en deux se trouve encore, jusqu'à aujourd'hui, au village de Č'lou[29], dans le quartier qu'on appelle Androu[30], selon l'avis de certains. C'est précisément la raison pour laquelle on a appelé cette colline Axahu Eiusa[31].

[Premier heurt avec les Apehambar et dernières paroles du héros]

16. Au dire d'autres personnes, ce tertre a été appelé Axahu Eiusa pour un autre motif. Quand Abrsk'il pressentait un danger, il montait sur son cheval ailé, Araš, chevauchant de tertre en tertre et bondissant de colline en colline. Il constatait toujours, en se portant sur un lieu élevé, que l'ennemi lui apparaissait mieux d'en haut. Alors qu'Abrsk'il allait au village de Č'lou avec son Araš, il sauta sur la montagne de Q'ada[32].

---

28. Unité de poids équivalant à 16 kg.

29. Č'low est en réalité une réunion de villages, qui donne son nom à un canton.

30. Androw est, comme Laganiax° cité *infra* (§ 16), l'un des villages inclus dans Č'low.

31. *Axah° ejω°sa* : en abkhaze, « La Pierre fendue ».

32. Petit village dans la vallée du Kodori.

De là, il se transporta à Pant'u. Après cela, il voulait aller à Laganiaxu, sur l'Axuada Harak'[33], ou à Androu sur la colline Axahu Eiusa. Ce jour-là, il s'installa sur la colline d'Androu pour se reposer. Araš se tenait prêt en bas, dans le vallon. Si un péril venait de la terre ferme, Araš s'envolait aussitôt dans le ciel avec son maître.

17. Les Apehambar[34] envoyés pour châtier l'orgueilleux Abrsk'il usèrent d'une feinte et décidèrent de fondre sur sa tête depuis le ciel, afin de ne lui laisser aucun moyen de fuir. Mais Abrsk'il ne se comporta pas comme d'habitude. Au lieu de cela, il était monté sur son Araš et s'était envolé au ciel. Tout d'abord, il attendait qu'ils apparussent dans le ciel. Quand le ciel s'obscurcit, on eût dit que les nuages avaient entièrement occupé la terre. Alors, Abrsk'il souleva la pierre de cent *put* et la jeta bien haut dans le ciel[35]. À cause d'une pierre aussi lourde, atteignant le ciel comme une flèche, un vent terrible se déchaîna.

18. Les Apehambar furent glacés d'effroi, tant ils eurent peur. Désertant le ciel, ils allèrent se cacher au creux des montagnes. Cependant, comme il est normal, la pierre projetée en l'air, si haut qu'elle ait été lancée, doit bien retomber néanmoins : et la pierre projetée par Abrsk'il retomba elle aussi, là d'où on l'avait lancée. Abrsk'il montra une fois de plus son sang-froid. Saisissant son épée, il se la posa sur la nuque, le tranchant vers le haut, et ainsi, il présenta sa tête armée d'une épée à la pierre qui retombait.

---

33. *Axᵒada harak* : en abkhaze, « La Haute Colline ».

34. *Apaaymbar*, en abkhaze. Ce mot dérive de l'arabe *pehamber*, désignant un envoyé de Dieu, prophète, apôtre ou archange. Selon Ioak'imov (1873), les envoyés de Dieu sont des *amalik'* (« anges ») ; c'est également la traduction que retient Charachidzé 1986, p. 84. En l'occurrence, il s'agit d'une police céleste chargée de réprimer l'impiété.

35. *Ažoωoan* (abkhaze) équivaut aux deux mots géorgiens *ca* (« ciel ») et *zeca* (« ciel supérieur »).

19. La pierre se coupa en deux comme une pomme. Une moitié tomba face contre terre, et l'autre à la renverse. « C'est ainsi que mon passé et mon présent ont été séparés », dit Abrsk'il. « Cela, dit-il, en étendant la main vers le morceau de roc jeté face contre terre, c'est le temps de mon hier et de mon avant-hier, et ceci, dit-il, en se tournant vers le bloc de pierre lancé à la renverse, c'est ma vie de demain et d'après-demain. L'ennui est que les deux resteront toujours séparés. » Ce furent ses dernières paroles. Après cela, nul ne l'entendit jamais plus dire quoi que ce fût.

20. Sautant sur son Araš, il se dirigea vers le bord de mer. Désormais, on appela le tertre Axahu Eiusa. Sur ce tertre sont immuablement fixés jusqu'à aujourd'hui les morceaux de cette pierre et ceux qui les voient racontent à tous le sang-froid d'Abrsk'il. Sur sa vaillance, sur sa force, ils narrent aujourd'hui des histoires, ils en narreront demain, après-demain et toujours.

[La ruse de la sorcière et la capture d'Abrsk'il]

21. La fierté, les provocations et les exploits d'Abrsk'il irritèrent Dieu. Il appela ses Apehambar et leur ordonna : « Allez m'arrêter cet obstiné qui se hausse du col, cet Abrsk'il indocile et impie ! Emmenez-le et précipitez-le dans quelque gouffre. Torturez-le jusqu'à ce qu'il se soumette à la volonté de Dieu », dit-il. Alors les Apehambar s'appliquèrent à exécuter le commandement de Dieu.

22. Abrsk'il en fut averti. Il comprit que Dieu en colère ne s'arrêterait plus ici dans ses poursuites. S'arrachant à ces lieux,

il se hâta, monté sur son Araš, d'aller là où, pensait-il, l'attendait moins de danger. C'était le pic d'Ercaxu[36] et le bord de mer. Tantôt il se reposait sur le pic d'Ercaxu ; tantôt il se couchait dans sa cape de feutre[37] sur la côte nord de la mer.

23. Depuis longtemps Abrsk'il connaissait le sommeil et la veille. Quand il dormait sur le pic d'Ercaxu, Araš veillait à côté de lui. Si les Apehambar arrivaient furtivement, Araš frappait du sabot et réveillait son maître. Aussitôt réveillé, celui-ci sautait soudain sur Araš et filait à tire-d'aile sur le bord de mer.

24. Ainsi, il se reposait là-bas dans sa cape de feutre. Il était encore en train de prendre son petit-déjeuner et Araš buvait de l'eau de mer. Là-dessus, les Apehambar approchaient à nouveau furtivement pour l'attraper. Mais lui sautait aussitôt sur Araš et s'envolait d'un bond sur le pic d'Ercaxu.

25. Cela durait ainsi depuis des jours et des jours : les Apehambar ne réussirent pas à saisir le héros. À la fin, comme ils ne voyaient pas d'autre issue, ils se rendirent chez une vieille diablesse[38] pour lui demander conseil : « Nous n'arrivons pas à accomplir l'ordre de Dieu. Nous n'avons pu attraper Abrsk'il par aucun moyen, et nous n'avons plus d'espoir qu'en ton aide ! Sinon, nous sommes perdus », dirent-ils.

26. La vieille enseigna ceci aux Apehambar : « Abattez un grand nombre de vaches et de taureaux. Dépouillez-les et

---

36. Ercaxᵒ (abkhaze) : une haute cime de la chaîne du Grand Caucase, fort éloignée du littoral ; mais la distance et l'altitude n'effraient pas Araš, le cheval volant.

37. Ample vêtement noir sous lequel les montagnards s'abritent des intempéries.

38. *Atak̦ᵒažᵒ gəzmal* « vieille femme-diable ».

étalez leurs peaux à l'envers[39] sur le pic d'Ercaxu. Puis allez au bord de la mer. Là-bas aussi, étalez les peaux des vaches et des taureaux. Répandez dessus, en abondance, des graines de millet[40]. Puis répartissez-vous en deux groupes ; pour les uns, cachez-vous sur le pic d'Ercaxu ; quant aux autres, restez sur le bord de mer. Lorsqu'Araš bondira sur le pic d'Ercaxu, son pied glissera sur la peau de taureau humide. Il tombera, et alors, c'est à vous de voir si vous l'aurez attrapé ou savez l'attraper ! Sinon, jamais plus vous ne pourrez le prendre », dit-elle.

27. Les Apehambar procédèrent comme elle le leur avait enseigné. Sur le pic d'Ercaxu, ils posèrent des peaux de taureaux humides. Puis ils partirent sur le bord de mer. Justement, à cet instant-là, Abrsk'il dormait. Ils couvrirent tout le bord de mer de peaux de vaches et de taureaux. Par-dessus, ils répandirent des graines de millet. Puis les Apehambar se scindèrent en deux groupes. Les uns se cachèrent sur le pic d'Ercaxu ; les autres se jetèrent sur Abrsk'il endormi.

28. Comme toujours, cette fois encore, Abrsk'il se leva d'un bond, sauta sur Araš et Araš, à l'instant même, s'envola sur le pic d'Ercaxu. Mais là-haut son pied glissa. Il s'effondra, se releva et s'effondra de nouveau. Abrsk'il tomba de cheval. Il fut entraîné au fond d'un ravin grand, profond, ténébreux, et se fit grand mal. Les Apehambar en profitèrent. Ils saisirent l'occasion de s'emparer du héros sans égal.

---

39. C'est-à-dire côté chair au-dessus, côté poil, en dessous.

40. *Axᵒə·* : *setaria italica*, variété de céréale, commune dans la région pontique, avec laquelle on fait de la « bouillie » (*abəsta*). Ce semis de petites graines au-dessus des peaux agira comme un roulement à billes, facilitant le dérapage d'Abrsk'il et de son coursier. Selon la version rapportée par Ioak'imov (1873), les peaux ont été cachées par un camouflage végétal.

[Variante du même épisode : la trahison du pic-vert]

29. Certains content autrement l'histoire de la capture d'Abrsk'il. Notre héros avait un bâton, sur lequel il s'appuyait pour sauter à la cime des monts. Quand les Apehambar ne réussirent par aucun moyen à s'emparer d'Abrsk'il, ils allèrent parler au pic-vert : « Si tu fais des trous dans ce bâton, nous te mettrons un chapeau rouge », dirent-ils. Le pic-vert fut très content. Il vola près d'Abrsk'il endormi et commença à faire *toc, toc !* dans le bâton déposé à son chevet. Abrsk'il savait avoir le sommeil lourd. Le pic-vert eut beau faire *toc, toc !* pendant deux jours et deux nuits, il ne l'entendit pas. Le pic-vert perça si bien le bâton qu'il était très facile de le briser. Après quoi, il s'envola.

30. Les Apehambar étalèrent des peaux de vaches sur tout le rivage. Ils semèrent dessus des graines de millet. Puis ils se dirigèrent là où Abrsk'il dormait. Au moment où ils essayaient de l'attraper, il s'éveilla d'un seul coup. S'appuyant sur le bâton, il se disposa à sauter. Mais le bâton lui manqua : il se brisa en son milieu, et Abrsk'il s'abattit dans le village de Č'lou, au lieu-dit Žanuxv[41].

31. Là aussi étaient étalées des peaux de vaches non tannées. Abrsk'il se releva plusieurs fois de suite, mais il retomba à chaque fois. Il ne parvint pas à tenir debout. Là-dessus, les Apehambar s'accrochèrent à lui et l'attrapèrent. Abrsk'il maudit le pic-vert : « Que Dieu ne te donne pas d'autre subsistance que celle-ci : tu resteras toujours sur un arbre pourri, à frapper de la tête ! »

41. Žəanəx° : un des villages du bourg de Č'low.

[Abrsk'il enchaîné dans la caverne]

32. La nouvelle de la capture d'Abrsk'il se diffusa aussitôt, elle se répandit bientôt dans toute l'Abkhazie. Le front de la patrie s'assombrit. « Où était Abrsk'il, celui qui apportait la grâce à la patrie, celui qui rendait le pays florissant ? »[42] Même la nature s'affligea. Sauf la fougère et la mauvaise herbe, tout le monde se lamentait. En revanche, se réjouirent beaucoup les gens aux cheveux roux, aux yeux vairons, les Iašba et les Kacba. Le peuple fit tout pour libérer Abrsk'il, mais cela n'aboutit à rien. Personne ne put s'opposer à la puissance de Dieu.

33. Dieu commanda aux Apehambar : « Emmenez-le sur-le-champ dans une caverne[43] inaccessible. Faites-l'y demeurer de telle façon qu'il ne soit ni mort ni vivant. »[44] Les Apehambar réfléchirent longtemps, mais ils n'arrivaient pas à se rappeler où il y avait une caverne de ce genre. Ils allèrent de nouveau chez la vieille diablesse.

34. « Tu es très intelligente. Une fois déjà tu nous as aidés. Maintenant, il faut que tu nous aides encore. Sinon, laisser Abrsk'il dehors[45] est dangereux. Même si nous l'emportons

---

42. Telle est la traduction littérale du texte abkhaze (Šinkuba 2001, p. 29, 2e paragraphe) ; le géorgien (*ibidem*, p. 32) est plus étendu : « On pleurait, on se lamentait : "Où est, disait-on, ce vaillant, le héros qui fit s'épanouir la patrie ? Qui montrera désormais aux malheureux Abkhazes la vertu d'un Abrsk'il (*Abrsk'iloba*) ? Qui repoussera les pillards ?" »

43. L'abkhaze *ahapə* signifie « fosse, abîme, caverne ». Le lieu de la captivité d'Abrsk'il est plus qu'une simple caverne : c'est un gouffre avec de nombreuses galeries.

44. L'expression est de règle pour tous les géants captifs. La perpétuité de leur peine les soustrait à la mort ; mais en même temps elle les éloigne de la vie. C'est parce qu'ils sont mortels que les hommes sont pleinement vivants, durant le temps qui leur est imparti.

45. C'est-à-dire dans un endroit visible : il faut le faire disparaître dans un lieu où personne ne le verra.

sur lui seul, il a tant de monde pour le soutenir[46] que nous ne pourrions pas aller contre eux. Enseigne-nous si tu connais, où que ce soit, une caverne interdite aux mortels : c'est là que nous le ferons disparaître. »

35. La vieille leur répondit : « Dans le village de Č'lou, assurément, je pense qu'il y a une caverne de ce genre. Sans moi, nul ne pourra y entrer. Auparavant, un *dev* y fut reclus pendant trois cents ans. Maintes fois il essaya de s'évader, mais il ne le put, car ce n'était pas ma volonté. Je vais vous enseigner où est cette caverne. Vous y enchaînerez Abrsk'il. Vous ne sauriez trouver par vous-mêmes un lieu plus approprié. »

36. De fait, ils firent entrer Abrsk'il dans la caverne[47], jusqu'au fond. En cet endroit inaccessible, ils enchaînèrent[48] séparément, d'un côté, le héros et, de l'autre, son Araš[49]. Ils fixèrent les chaînes à des poteaux de fer[50]. C'est ainsi que les Apehambar accomplirent la volonté de Dieu. Fort joyeux, ils se présentèrent devant Dieu et lui racontèrent tout par le menu.

---

46. *Ix˘pšəu* implique une véritable clientèle de vassaux, d'obligés et de partisans. Le géorgien traduit pittoresquement « il a beaucoup de bras pour saisir ».

47. Ainsi la prison d'Abrsk'il diffère aussi bien de celle d'Amiran (qui n'est pas un abîme, mais une grotte au sommet d'une montagne) que de celle de Mher (un rocher sans porte au bord du lac de Van).

48. Les Apehambar jouent ici le rôle des démons K'aǰ, qui enchaînent Artawazd (Movsēs Xorenac'i II, 61), ou des Kaǰi, qui remplissent le même office dans certaines variantes de l'épopée d'*Amiran* ; cf. Charachidzé 1986, p. 70.

49. Au contraire, l'Arménien Mher est resté en captivité monté sur le cheval avec lequel il avait pénétré dans sa prison rocheuse.

50. Comme dans certaines variantes de l'épopée d'*Amiran* ; mais dans d'autres, le héros géorgien est enchaîné à un arbre.

[Vains efforts d'évasion]

37. Alors le Dieu tout-puissant chargea la vieille de la garde du héros : « Ne laisse personne l'aborder ni de près ni de loin, dit-il. Que nul ne lui donne à manger ou à boire ! »[51] La vieille partit s'installer comme gardienne devant la caverne. Ainsi Abrsk'il resta fort longtemps emprisonné sans manger ni boire.

38. Mais par la suite, la vieille femme eut pitié de ce brave et commença à lui fournir de la nourriture : du lait tiède et de la citrouille bouillie qu'elle apportait près d'Abrsk'il. À son Araš, elle jetait des morceaux d'acier. Araš mâchait volontiers de l'acier[52]. Cependant, que peut-on cacher à Dieu ? Dieu fut informé que la vieille donnait à manger à Abrsk'il. Il s'irrita et la maudit : « Cette vieille sera changée en petit chien et demeurera pour toujours dans cette caverne, sans manger ni boire, avec Abrsk'il et son Araš », dit-il.

39. Pendant toute l'année[53], le petit chien affamé léchait la chaîne d'Abrsk'il, au point qu'à force d'être léchée, la chaîne s'usait jusqu'à la minceur d'un fil de soie. Mais à ce moment-là, Dieu donnait à manger au petit chien. Or, dès que celui-ci ouvrait la gueule, la chaîne était aussitôt renforcée et tout recommençait depuis le début.

---

51. Dans une autre variante, l'interdit est moins absolu : Dieu ordonne de ne pas nourrir le captif, tant qu'il ne se soumettra pas ; cf. Charachidzé 1986, p. 117.

52. D'après Ǧarsk'ia (1892), c'est Araš qui ronge la chaîne de son maître : il a l'habitude de mâcher du métal.

53. Allusion à un cycle annuel, comme dans les épopées d'Amiran et de Mher, mais aucune trace, dans la suite du récit, de rites spéciaux pour le nouvel an.

40. Cela étant, Abrsk'il, de son côté, tire vers le haut, en secouant pendant toute l'année le pieu auquel il est enchaîné. Quand il l'ébranle au point de pouvoir presque l'arracher, arrive en volant un petit oiseau vert, le hochequeue, qui se pose sur le pieu et se met à pépier joyeusement. Épuisé et énervé, Abrsk'il saisit le marteau qui a été abandonné sur place. Il l'abat de toute sa force pour tuer l'oiseau. Mais celui-ci s'envole, le marteau va heurter le pieu et l'enfonce en terre deux fois plus profond que la première fois[54].

41. On dit : « Si ce n'était la faute de cet oiseau, Abrsk'il se serait déjà libéré de la caverne ! » On dit encore : « Maintenant, on ne peut plus reconnaître Abrsk'il, tant il a changé[55] ! » À force de tirer sur sa chaîne, à longueur de journée, sa chair a été ravinée sur tout son corps. Ses cheveux et sa barbe ont poussé si longs qu'ils descendent jusqu'à terre[56]. Mais alors qu'Abrsk'il souffre ainsi, dit-on, il ne compte pour rien son propre tourment : c'est pour sa patrie qu'il s'afflige. Il ne cesse de penser : « Qui sait quel sort est échu à l'Abkhazie ? Qu'on m'en donne des nouvelles ! » Mais qui oserait se rendre dans un lieu aussi inaccessible ?

[Échec d'une expédition de sauvetage]

42. Une fois, paraît-il, ses amis partirent délivrer le héros. Il fallut douze mules pour charger leurs fardeaux : des flambeaux

---

54. Dans une variante de l'épopée d'*Amiran*, le héros captif « tient à la main un marteau au moyen duquel il s'efforce de briser sa chaîne. Lorsque la chaîne est sur le point de se rompre, un petit oiseau s'en vient en volant et fait savoir aux forgerons qu'Amiran s'apprête à rompre sa chaîne. Alors, les forgerons la renforcent » ; Charachidzé 1986, p. 255.

55. À la différence d'Abrsk'il et d'Amiran, l'Arménien Mher n'est pas diminué par sa captivité ; il continue de rayonner d'une clarté surnaturelle.

56. Ceux d'Amiran lui servent de litière.

et des provisions. À grand-peine ils se rendirent à la caverne. Mais un violent orage se leva. Une forte pluie se mit à tomber, un déluge ! Ils errèrent longtemps sous cette tourmente dans les galeries de la caverne[57]. Mais nulle part ils ne trouvèrent trace d'Abrsk'il. À la fin, arrivés en un certain lieu, ils tendirent l'oreille et perçurent un gémissement, puis le bruit que faisait Araš en mastiquant l'acier et l'aboiement du petit chien.

« Qui est là ? crièrent-ils.

— C'est moi, Abrsk'il. Et vous, qui êtes-vous ? », répondit une voix qui se fit entendre de là-bas[58].

43. Quand le héros comprit que c'étaient les siens[59], il les pressa de questions.

« Où vous êtes-vous mis, malheureux que vous êtes ? Dans quel état vous trouvez-vous ? Êtes-vous en vie, au moins ? Quelles nouvelles du pays d'Apsni[60] ? Comment faites-vous sans moi ? Bien ou mal ? La fougère, la vigne sauvage et la ronce ne vous ont-elles pas envahis ? Est-ce que les cheveux roux et les yeux vairons ne se sont pas de nouveau multipliés ? Est-ce que les vaches et les bufflesses, comme dans l'ancien temps, donnent trois traites par jour[61] ? Les voleurs,

57. La caverne où est enfermé Abrsk'il n'est pas entièrement coupée du monde extérieur : elle peut être inondée par les eaux de pluie et elle rejette une eau de source. Au contraire, la montagne d'Amiran n'est jamais atteinte, ni par les pluies ni par les neiges ; les animaux n'osent s'en approcher. De même, dans la Roche du corbeau, Mher est totalement soustrait au reste du monde.

58. Un lieu, par définition inaccessible, puisqu'il ne cesse de s'éloigner des mortels qui tentent de s'en rapprocher.

59. D'après Potanin 1883, ce sont les Cicba, famille adoptive du héros, qui partent à sa recherche ; ce nom de famille dérive de *a-cəca* « radis ». Selon Ǧarsk'ia (1892), c'est J̌omlat (*alias* Sasriq'va) Ančabadze qui se porte au secours du héros. Cela pourrait s'expliquer par le fait que, d'après Lixačev (1881), Ablaskir était le frère de lait du prince Beslan Ančabadze. On sait que cette famille princière, d'origine géorgienne, dont le nom abkhaze est Ačba, tenait le deuxième rang en Abkhazie, après les princes souverains, Šavaršidze.

60. Cf. *supra*, p. 209, n. 8.

61. Les questions d'Abrsk'il sont pleines de sollicitude pour l'humanité. Au contraire, dans une épopée tcherkesse (citée par Charachidzé 1986, p. 79), Dieu a

les pillards, les bandits, ont-ils recommencé à tourmenter le peuple ? »

44. Quand ils lui eurent raconté dans quels tourments, quels supplices était l'Apsni sa patrie, il s'affligea en disant : « Comme mon pays a été ruiné jusqu'à l'épuisement ! Comment vous êtes-vous attiré une telle misère, infortunés que vous êtes ? Pour moi, je suis perdu. Mais peut-être que vous aussi ne pourrez échapper à cette calamité. Hélas ! Pauvre Apsni ! Ne m'en dites pas davantage : je ne pourrai plus le souffrir.

45. Quant à vous, rebroussez chemin. Vous n'arriverez pas jusqu'à moi. Nous ne réussirons pas à nous voir. Plus vous approcherez de moi, plus je m'éloignerai de vous. Faites demi-tour ! En route, si la lumière vient à vous manquer, n'ayez pas peur : attrapez la queue des mules. Elles vous conduiront jusqu'à la sortie de la caverne. La mule connaît son chemin. Rapportez au peuple le tourment que je souffre ! », dit Abrsk'il. Et il baissa la tête, affligé, parce qu'il avait vu qu'il n'y avait aucun moyen de secourir sa patrie dans la peine.

46. Les gens qui étaient partis à la recherche d'Abrsk'il rebroussèrent chemin. Quand leurs flambeaux vinrent à

---

enchaîné sur l'Elbrouz un géant malfaisant qui restera captif aussi longtemps que la terre produira des roseaux et des moutons. Généralement plongé dans un état de torpeur, le captif se réveille et demande à ses gardiens : « Est-ce que la terre produit encore des roseaux et des moutons ? – Il pousse toujours des roseaux et il naît des moutons. » Furieux de cette réponse, le géant tente de briser la roche à laquelle il est enchaîné, provoquant des tremblements de terre et des tempêtes. De même, c'est avec une sourde hostilité que le Prométhée oubykh s'informe : « Comment cela va-t-il dans ce monde ? Y a-t-il des moutons et des agneaux en abondance ? Y a-t-il cette année abondance d'abeilles ? » La réponse de son interlocuteur (« Il y en aura, ni peu ni beaucoup, mais il y en aura ») l'irrite profondément : en effet, il souhaiterait une complète disette qui anéantirait l'humanité ; cf. Dumézil 1955, p. 33.

manquer, ils saisirent la queue des mules et sortirent ainsi de la caverne. Alors enfin la clarté revint. Après cela personne n'entendit rien de neuf à propos d'Abrsk'il.

47. On dit encore, jusqu'à ces derniers temps, que l'eau du ruisseau qui s'écoule de cette caverne charrie du crottin de cheval[62]. C'est sans doute pour cette raison qu'en abkhaze on appelle cette caverne Ačuac Tizgo[63].

62. D'après Ǧarsk'ia (1892), les Abkhazes ont noté que, depuis la campagne d'Omar Pacha (prise de Soukhoumi en 1855), l'eau a cessé de charrier du crottin de cheval : ils en déduisent qu'Araš est mort, mais ils soutiennent qu'Abrsk'il est toujours vivant.

63. *Ačəwac təzgo* (« d'où sort le crottin de cheval ») est le nom d'un petit ruisseau à côté du village d'Ot'ap.

Figure 12
Épisode de la version arménienne
du *Roman* d'Alexandre
héros légendaire

Chapitre 3

Dossier arménien

I. Artawazd-Šidar

Questionnaire de Grégoire l'Illuminateur[1] édition Minassian 1981, p. 71

Parmi les fils des hommes, seuls Énoch et Élie sont restés vivants, mais tous les autres ont goûté à la mort. Cependant, l'égarement des *dew*[2] a trompé les Arméniens idolâtres, leur laissant croire qu'un certain Artawazd a été entravé par les *višap*, sur le Masis, qu'il est encore vivant et doit sortir pour s'emparer du monde. Et comme un prince arménien insensé demandait à des devins, diseurs de bonne aventure, quand il arriverait qu'Artawazd vînt et sortît de ses liens, ceux-ci répondirent : « Si tu ne veux pas qu'il sorte, donne l'ordre aux forgerons, dans tout ce pays d'Arménie, qu'au jour de *nawasard*[3], tout forgeron frappe l'enclume avec son marteau ; alors, les fers d'Artawazd se renforceront aussitôt. » On accomplit cet ordre : aujourd'hui tout forgeron frappe l'enclume avec son marteau. [notre traduction]

---

1. Opuscule catéchétique sous forme de questions et de réponses. D'après Adontz 1925-1926, p. 339, ce *Questionnaire* serait une des sources d'Eznik.

2. *Dew* « démon » en arménien. Ici il ne s'agit pas spécifiquement de géants malfaisants (*dev*, *devi*), comme dans les contes caucasiens.

3. C'est-à-dire le jour de l'an.

Eznik de Kołb [vers 435]
édition Minassian 2003
chapitre 25, § 26, p. 460 ; cf. Mariès, Mercier, Patrologia Orientalis 28/3, § 136, p. 457

L'égarement des *dew* a trompé les Arméniens idolâtres, leur laissant croire qu'un nommé Artawazd a été entravé par les *dew*, qu'il reste vivant jusqu'à maintenant et doit sortir pour s'emparer du monde. Prisonniers de cette espérance insensée, ils refusent de croire, à la façon des juifs, qui restent prisonniers de la vaine attente selon quoi David doit revenir et reconstruire Jérusalem pour y rassembler les juifs et y régner sur eux. [notre traduction]

Movsēs Xorenacʽi, II, 61
[datation disputée entre le ve et le viiie siècle]
Mahé 1993, p. 213-214

Après Artašēs, règne Artawazd son fils. Il chasse de l'Ayrarat tous ses frères, vers les cantons d'Aṙiovit et d'Aṙberani, de sorte qu'ils n'habitent pas en Ayrarat, sur le domaine royal. Il ne garde près de lui que Tiran, son successeur, car il n'avait pas de fils. Or, peu de jours après être devenu roi, il passe le pont de la ville d'Artašat pour aller chasser les sangliers et les onagres autour des sources de Gēn. Frappé d'un vertige dément, s'élançant en vain avec son cheval, il tombe dans quelque grand abîme, et y disparaît, englouti. À son sujet, les aèdes de Gołtʽn relatent la légende suivante.

À la mort d'Artašēs, beaucoup de massacres avaient lieu, selon la coutume des païens. Artawazd, à ce qu'on raconte, s'en irrite, disant à son père :

« Tu pars en emportant ton royaume avec toi.
Et, sur de tels débris, tu veux que je sois roi ? »

C'est pourquoi Artašēs lui répond pour le maudire :

« Si tu chevauches pour la chasse,
Gravissant le noble Ararat[4]*,*
Puissent les démons rapaces[5]*,*
T'entraînant toujours au-delà,
T'enchaîner à sa cime altière !
Et ne vois plus jamais la lumière[6] *! »*

Les vieilles aussi content à son propos qu'il reste enfermé dans un antre, attaché par des chaînes de fer. Deux chiens rongent sans relâche les chaînes ; il s'efforce de sortir et de mettre fin au monde. Mais, dit-on, au son du martelage des forgerons, ses liens se renforcent. C'est pourquoi, même de notre temps, beaucoup de forgerons, se conformant à la légende, frappent trois ou quatre fois sur l'enclume, le premier jour de la semaine, afin de renforcer, disent-ils, les chaînes d'Artawazd. Mais la véritable histoire, nous venons de la raconter plus haut.

En outre, certains prétendent qu'au moment de sa naissance il fut frappé de quelque catastrophe. On a supposé que les femmes des descendants d'Aždahak l'ont ensorcelé. C'est pourquoi Artašēs leur fit beaucoup de mal. Et les mêmes aèdes racontent ainsi dans la légende :

« Les fils du dragon[7] *enlevèrent le jeune Artawazd.*
À sa place, ils mirent un dew. »

4. Littéralement « l'Azat Masis ».
5. Littéralement « les K'aǰ ».
6. Littéralement « Puissent les K'aǰ te saisir et t'emmener, gravissant l'Azat Masis ! Puisses-tu y demeurer et ne plus revoir la lumière ! »
7. *Višapazunk'* « Dracontides ».

Cependant, j'estime plus juste la rumeur selon laquelle, dès sa naissance, il ne fut que folie, au point précisément qu'il en mourut. Son frère Tiran lui succède sur le trône.

Vanakan Vardapet
[1180-1213]
édition Xačʿikyan 1995, p. 187

Il vaut la peine d'examiner pour quelle raison nos églises d'Arménie célèbrent la fête de Jean[8], au seuil de *nawasard*. On dit que le roi d'Arménie, Artašēs, était bienveillant et que, de son temps, il y avait partout dans le pays abondance de prospérité et de paix ; il était renommé et aimé de tous. Il avait un fils appelé Artawazd, timbré dès l'enfance, et qu'on appelle Šidar. Son père, le sachant incapable d'administrer le royaume, refusa de le lui donner. Or, quand il fut mort, sans laisser de fils près de lui, un deuil pesant fut dans le pays, au point qu'on abattait de nombreuses victimes pour ses funérailles, ainsi que beaucoup de chevaux[9] ; plus encore, serviteurs et servantes s'immolaient eux-mêmes sur son tombeau. Artawazd, voyant cela, s'affligea beaucoup et dit :

« Tant qu'il était vivant,
il refusa de me donner le royaume,
Et maintenant qu'il est mort, il a ruiné le pays :
Comment, moi, régnerai-je sur cette terre dévastée ? »

8. Jean-Baptiste : le « Précurseur ».

9. Le sacrifice de chevaux est une offrande à Mithra ; cf. Lang 1966, p. 89, figure 20 : décor d'une coupe en argent d'Armazi du IIᵉ siècle de notre ère, représentant un cheval devant un autel du feu.

Là-dessus, montant à cheval pour aller se promener dans les parages du pont de Mecamawr, il y fut frappé par un mauvais esprit. Précipité du pont, il disparut, englouti dans l'eau. Toutefois, ceux qui étaient près de lui suscitèrent la rumeur que les dieux, courroucés du fait qu'il avait calomnié son père, l'avaient enlevé sur le mont Masis. Il y demeure au cachot, dans des liens de fer, et deux chiens, noir et blanc, lèchent sans cesse ses liens. Telle est cette légende qu'on raconte sur les Yaralēz[10].

Alors, les prêtres païens ont ajouté cette parole qu'au seuil de l'année les liens de fer en viennent à être minces comme des cheveux et que, s'il les coupe, il sortira et détruira le monde. Ainsi, ils ont institué cette loi dans notre nation arménienne que tout artisan frappe une fois sur son métier, au seuil de *nawasard*, pour épaissir les liens d'Artawazd : le forgeron bat l'enclume à vide avec son marteau, de même l'armurier, de même les autres. Pour empêcher cela, saint Grégoire l'Illuminateur a fixé à cette date la fête de Jean, Prophète et Baptiste. [notre traduction]

Synaxaire arménien « de Tēr Israyēl »
[en réalité de Kirakos[11] (1200-1271)]
Patrologia Orientalis V/3, p. 356-357
traduction Bayan

Comme en ce jour, les Arméniens célébraient les fêtes d'Aramazd et d'Anahit, et répandaient la légende, au sujet d'Artawazd, fils d'Artašēs, qu'il se trouvait enchaîné au

10. Littéralement « les lèche-toujours », c'est-à-dire des dieux cynocéphales, qui lèchent les blessures des héros tués au combat pour les ramener à la vie ; cf. Mahé 2008, p. 221-223.

11. Cf. Der Nersessian 1973, t. 1, p. 417.

sommet du Grand Masis et qu'il en sortait pour amener la fin du monde, le premier jour de *nawasard*, lorsque les deux chiens, l'un noir et l'autre blanc, avaient de leur langue léché et usé les chaînes. Aussi, à cet effet, les prêtres païens avaient-ils édicté une loi enjoignant à tous les forgerons de frapper de leurs marteaux sur les enclumes et autres outils, le premier jour de *nawasard*, pour consolider les chaînes d'Artawazd. Or, pour dissiper le mensonge et rétablir la vérité, saint Grégoire institua, en ce jour, une fête universelle pour glorifier éternellement la très sainte Trinité[12].

Synaxaire arménien de Grigor Xlat'ec'i [1349-1425] d'après Xalatjanc 1896, p. 73-76

Il y avait un roi d'Arménie nommé Artawazd (*sic*) et il avait un fils insensé, dont le nom était Šidar. Or, il advint que le roi Artawazd, père de Šidar, mourut sans avoir donné son royaume à Šidar, car celui-ci était insensé. C'est pourquoi tout ce pays fut sens dessus dessous, et la ruine n'était pas mince.

Or un jour, Šidar, montant à cheval, fit sonner de la trompette en proclamant : « Je veux régner. » Il sortit alors avec des cavaliers d'élite jusqu'à cette sainte ville[13] et monta sur le pont pour le passer. Sur-le-champ, entraîné par un impur démon, il tomba dans le fleuve et périt.

---

12. Dans l'extrait précédent, Vanakan Vardapet mentionne la fête de « Jean, Prophète et Baptiste », ce qui est liturgiquement exact et symboliquement pertinent : le Précurseur du Christ ouvre un âge nouveau (cf. *infra*, *Synaxaire arménien* de Grigor Xlat'ec'i). Mais d'un autre côté, en révélant la divinité de Jésus, le Baptiste dévoile le mystère de la sainte Trinité.

13. Vałaršapat, où se tient la cathédrale d'Ējmiacin.

Alors, les cavaliers répandirent la rumeur que les dieux de Šidar l'avaient enlevé et placé sur la Montagne noire, c'est-à-dire le Grand Masis, où il se trouve enchaîné. Deux chiens, l'un blanc, l'autre noir, lèchent sans cesse les chaînes de Šidar et, quand l'année s'achève, elles deviennent minces comme un cheveu et, si elles se rompent, il sortira et mettra fin à ce monde.

C'est pourquoi les sorciers ont institué une représentation fabuleuse, avec des masques et des théâtres, en sorte qu'à la jonction de l'année[14], au premier *nawasard*, chaque ouvrier frappe trois fois sur son ouvrage, quel qu'il soit, forgeron ou tout autre. Car le lien de Šidar, qui, à un cheveu près, en viendrait à se rompre, retrouve force et solidité, de façon qu'il ne sorte point pour mettre fin à ce monde.

Cette fable, les Arméniens la représentaient avec des masques jusqu'à saint Grégoire, notre Illuminateur. Saint Grégoire, ayant ouï parler d'une telle fête fabuleuse, voulut y faire obstacle en instituant, le premier *nawasard*, de fêter saint Jean Précurseur et Baptiste, pour que fût interdit ce qui était mensonger, fabuleux, exécrable, et que ce qui est saint et vrai fût établi, à la gloire du Christ, notre Dieu. [notre traduction]

14. *Tarekap* ; variante : *taremut* « seuil de l'année ».

II. Mher

L'histoire de Mher le Jeune, qui embrasse la fin du Chant III et tout le Chant IV de l'épopée populaire arménienne des *Trompe-la-mort du Sasun*, a été traduite, d'après l'édition de Iosif Orbeli, par Frédéric Feydit 1964, p. 356-398.

Histoire de la jeune fille qui vit Mher
Édition Tchitouny 1942, § 888, p. 1093-1094
[cet épisode est absent de l'édition de Iosif Orbeli]

Or une certaine année – c'était le soir du dimanche rouge (Transfiguration), après la messe – un homme, envoyant sa fille à l'église, lui dit : « Va allumer cette bougie à la lampe de l'église, prends-y le feu béni et rapporte-le. » La jeune fille se lève, sort et aperçoit l'éclat d'un flambeau filtrant de la Roche sculptée[15]. Elle se dirige donc vers cette lumière, croyant que c'est celle de l'église. Elle pénètre à l'intérieur pour allumer sa bougie puis revenir à la maison. La porte se referme et la jeune fille reste au-dedans. Voici que, sous ses yeux, la manne descend comme une hostie céleste. Mher en mange, son cheval en mange : elle aussi en mangea, et ils furent rassasiés.

Et un beau jour, quand l'an fut accompli, la porte se rouvrit. La jeune fille, prenant sa bougie allumée, rentra chez elle. Son père lui demanda : « Ma fille, l'année a passé tout entière. Où étais-tu ? Où étais-tu allée ? » La jeune fille répondit : « Comment, papa ? Je viens de sortir, j'ai

15. On y voit la « Porte de Mher » et une inscription ourartienne mentionnant Khaldi.

allumé la bougie, et suis rentrée sans prendre le temps de m'asseoir. »

Le père lui demanda : « Qui se trouvait dans la maison où tu es allée ?

— Un homme très grand avec son cheval.

— Et à la porte, qu'as-tu vu ?

— Il y avait là un noyer très haut, et rien de plus.

— Dis-moi, qu'as-tu mangé là-bas ?

— Du ciel, dit-elle, descendait quelque chose de rond, comme une hostie. J'en ai mangé, comme l'homme et son cheval. Après quoi, nous ne sentîmes plus la faim. »

La jeune fille resta à jeun toute l'année. Sans rien manger, elle était rassasiée. Ils comprirent alors que celui qu'elle avait vu était Mher, avec son cheval. [notre traduction]

Conclusion

Le mythe de Prométhée : du Caucase à l'Hellade

On ne saurait douter aujourd'hui que le mythe prométhéen du titan prisonnier soit lié au Caucase. Apollonios de Rhodes qui, malgré sa date tardive, s'inspire de sources archaïques, l'affirme sans équivoque[1]. Eschyle semble d'abord moins clair, quand il évoque « le sommet par où l'on atteint les Scythes nomades »[2]. Mais c'est sûrement là une périphrase pour désigner la chaîne du Grand Caucase, qui sépare les Scythes du Moyen-Orient. En effet, dans ses *Tusculanes*[3], Cicéron a traduit 28 vers de la tragédie perdue, *Prométhée délivré* ; le dernier vers mentionne explicitement le Caucase.

Le supplice de Prométhée et de ses frères caucasiens est pratiquement identique. Le titan est tout d'abord attaché par une chaîne au sommet d'une montagne ou d'un pic rocheux : le Gerget'i pour Amiran, l'Ararat pour Artawazd, une « âpre cime » anonyme pour le Prométhée d'Eschyle. Après quoi, Dieu empile sur lui d'énormes blocs de roches, voire des montagnes entières. Ce sommet, dit Hermès à Prométhée, « mon père (Zeus), avec son tonnerre et la flamme de sa foudre, le fera voler en éclats ; ton corps sera enfoui et c'est une pierre voûtée qui t'enserrera »[4]. Autrement dit, le héros enchaîné est reclus dans une caverne au sommet d'une montagne.

1. *Argonautiques* II, 1246-1250.
2. Eschyle, *Prométhée enchaîné*, v. 707-709.
3. Cicéron, *Tusculanes* II, 23.
4. Eschyle, *Prométhée enchaîné*, v. 1016-1021. Tous ces textes sont bien expliqués par Charachidzé 1986, p. 207-224.

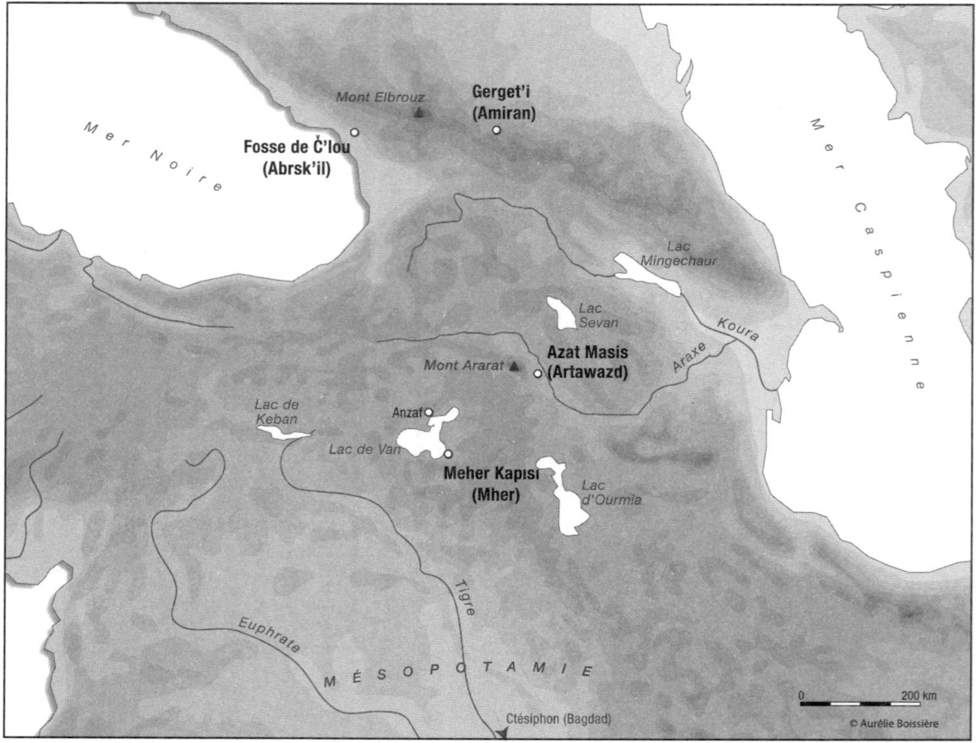
Mer Noire
Mont Elbrouz
Gerget'i
(Amiran)
Fosse de Č'lou
(Abrsk'il)
Mer Caspienne
Lac
Mingechaur
Lac
Sevan
Koura
Araxe
Azat Masis
(Artawazd)
Mont Ararat
Lac de
Keban
Anzaf
Lac de Van
Meher Kapısı
(Mher)
Lac
d'Ourmia
Tigre
Euphrate
MÉSOPOTAMIE
Ctésiphon (Bagdad)
0
200 km
© Aurélie Boissière

Quel rapport entre l'aigle qui dévore le foie et le chien qui ronge la chaîne ? Non seulement les deux animaux ne sont pas foncièrement différents, comme nous l'avons vu plus haut[5], mais les deux actions tendent peut-être à la même fin. Ce qui caractérise les héros caucasiens c'est qu'ils ne s'accordent jamais la moindre relâche ; sans cesse ils essaient de se délivrer. Dans sa caverne, Mher est toujours en pleine lumière ; il ne se permet pas une seconde de sommeil. Or, on peut faire en géorgien un jeu de mots, intraduisible en grec, entre le « foie » (*ǧwidzli*) et l'« éveil » (*ganǧwidzeba*), comme si le foie était le régulateur du sommeil. Dans certains contes arméniens, dès que Mrap', le « Seigneur des yeux »[6], a frappé le dormeur, des « filles de feu », c'est-à-dire des anges féminins, viennent lui masser le foie pour provoquer toutes sortes de rêves[7]. Inversement, en dévorant le foie du titan, l'aigle lui interdit tout sommeil.

Si les rapprochements proposés ici sont justifiés, ils suggèrent que les Grecs ont en quelque sorte domestiqué une ancienne légende caucasienne pour en faire le mythe de Prométhée[8]. De leur côté, les Iraniens ont connu la même source et l'ont intégrée dans leur mythologie du temps. Alors que le nom Mher ou Amiran lie directement le titan au feu du ciel, celui de Prométhée suppose une interprétation intellectuelle de la légende. Le héros grec est celui qui réfléchit, qui pense ou qui comprend d'avance, au contraire de son frère Épiméthée, qui pense toujours trop tard. Georges

5. *Amiran*, § 113.
6. Abełyan 1975, t. 7, p. 484.
7. *Ibidem*, p. 489.
8. Cette hypothèse est discutée, puis écartée par Charachidzé 1986, p. 326-333, qui préfère envisager le même substrat pré-indo-européen de part et d'autre de la mer Noire, dans le Caucase, comme dans les Balkans. On notera que la préhistoire balkanique des Arméniens a été confirmée par des recherches linguistiques récentes, cf. Holst 2009, p. 65.

Charachidzé a remarqué avec beaucoup de finesse que, dans la légende géorgienne, la relation est inversée : Amiran, le fils de la déesse, est élevé par une famille humaine, dont les deux fils, Usip' et Badri, sont plus intelligents que lui. En effet, le premier mouvement d'Amiran, trop sûr de sa force, est toujours de se jeter tête première dans la bataille ; ses frères humains l'en empêchent en lui dispensant de judicieux conseils[9]. On assiste donc, comme dans le mythe grec, à un dialogue entre la force titanesque et la vigueur intellectuelle, un échange entre l'étincelle de la foudre et celle de l'esprit.

Une peine est d'autant plus dissuasive qu'elle est perpétuelle et publique. Le supplice du titan captif répond admirablement à ces deux exigences. Toutes les ethnies du Caucase le connaissent, mais de réputation, plutôt que d'expérience directe. Pourtant chaque nation cite des témoins oculaires dont la véracité ne fait aucun doute : leurs récits concordent pour l'essentiel, avec juste ce qu'il faut de détails inédits. Quant à la perpétuité du supplice, elle est garantie[10] par sa cause, qui n'est autre que le temps lui-même, ultime auteur de tout ce qui apparaît, meurt ou se renouvelle. Le temps ne cesse de contenir la violence des éléments, l'ardeur dévorante du feu, la force inerte de la terre.

En s'opposant à Dieu, comme Akrsk'il et Amiran, en prétendant remplacer la nature par la culture, ou en luttant contre son propre père comme Mher, au risque d'abréger les jours dévolus à chaque génération, le géant caucasien pèche contre le temps[11], menace l'ordre du monde et la succession légitime des êtres.

---

9. Cf. Charachidzé 1986, p. 36-37, 223-224 et 313-314.

10. Si ce n'était l'intervention d'Héraklès, dont nous ne connaissons pas les modalités, dans la tragédie perdue d'Eschyle, *Prométhée délivré*.

11. Cf. Mahé 1982, p. 186.

Avant l'arrivée des Mèdes et autres ethnies iraniennes dans le Sud-Caucase au VIe siècle avant notre ère, une sorte de *koinè* théologique tend à s'imposer à tous les peuples caucasiens. Dieu est surtout conçu, à l'image du Morige géorgien, comme gardien du « rang » (*rigi*) de tous les êtres, c'est-à-dire du moment de leur apparition, de leur place et de leur durée[12]. Vouée au maintien de cette fixité, la puissance divine tient à la fois de la force et du poids. Elle se confond avec la résistance et l'inertie de la matière, qui surpassent normalement la vigueur des individus.

Par leur croissance anarchique, Mher, Abrsk'il et Amiran font vaciller cette immobilité. Ils atteignent l'extrême limite où, si l'on ne les empêche pas de grandir, si l'on ne les soustrait pas au temps, si l'on ne les enferme pas à l'écart de tous les vivants, leur force excessive fera basculer toute la masse de l'univers. Et même au lieu de leur captivité, ils parviennent encore à user leur chaîne ou à profiter de la moindre brèche pour tenter de s'évader.

Héritier de l'astrologie chaldéenne, l'Iran transmet à l'Arménie et à la Géorgie une vision cyclique de ces failles de la fatalité, désormais associée à la course du soleil et des corps célestes. L'Abkhazie, située plus au nord et plus loin du monde iranien, ignore ces théories. Après la christianisation du Sud-Caucase au IVe siècle, les fêtes de la Transfiguration et de l'Ascension, ou encore la semaine sainte, viennent remplacer la conception païenne de la fin de l'année. Ce sont elles qui marquent régulièrement les périodes récurrentes où le titan captif risque de s'évader. À l'écart de ces spéculations sur la fatalité astrale, la réclusion d'Abrsk'il, pour chronique qu'elle soit, ne s'appuie sur aucun modèle cosmologique.

12. Cf. Charachidzé 1968, p. 278-279.

Liste alphabétique des travaux cités

Abełyan 1966, 1975 : Manuk Abełyan, *Erker* (« Œuvres »), t. 1 et t. 7, Érévan : Académie [en arménien ; t. 7, p. 447-579 réimpression de Abeghian, *Der armenische Volksglaube*, Leipzig 1899].

Abuladze 1963 : Ilia Abuladze [éd.], *Dzveli kartuli agiograpiuli lit'erat'uris dzeglebi* (MHG « Monuments de la littérature hagiographique géorgienne ancienne »), t. 1, Tbilisi : Académie [en géorgien].

Abuladze 1973 : Ilia Abuladze, *Dzveli Kartuli enis leksik'oni, masalebi* (« Dictionnaire de l'ancienne langue géorgienne, matériaux »), Tbilisi : Mecniereba [en géorgien].

Ačaṙyan 1971-1979 : Hračʿya Ačaṙyan, *Hayeren armatakan baṙaran* (« Dictionnaire étymologique de l'arménien »), 4 vol., Érévan [en arménien].

Adontz 1925-1926 : Nicolas Adontz [éd. et trad.], « Le *Questionnaire* de saint Grégoire l'Illuminateur et ses rapports avec Eznik », *Revue de l'Orient chrétien* 25, 309-357.

Aleksidze 2014 : Zaza Aleksidze, « The Place of Georgia between the Civilization of East and West in the View of Two Medieval Georgian Authors », *Mélanges Jean-Pierre Mahé*, « Travaux et Mémoires » 18, Paris : ACHCByz, 1-8.

Aleksidze, Mahé 2008 : Zaza Aleksidze, Jean-Pierre Mahé, « The History of Caucasian Albania », dans Gippert, Schulze, Aleksidze et Mahé [dir.], t. 1, VII-XXIV.

Amphoux, Elliott, Outtier 2012 : Christian B. Amphoux, J. Keith Elliott, Bernard Outtier, *Recherches textuelles sur les Psaumes et les Évangiles*, « Novum Testamentum. Supplementa » 142, Leyde/Boston : Brill.

Arutjunjan 2001 : Nikolaj V. Arutjunjan, *Korpus urartskix klinoobraznyx nadpisej* (« Corpus des inscriptions cunéiformes ourartiennes »), Érévan : Académie.

Avdalbegyan 1969 : T'adeos Avdalbegyan, *Hayagitakan hetazotut'yunner* (« Recherches arménologiques »), Érévan : Académie [en arménien].

Baïs 2001 : Marco Baïs, *Albania Caucasica. Ethnos, storia, territorio attraverso le fonti greche, latine e armene*, Milan : Associazione Culturale Mimesis.

Bănăţeanu 1980 : Vlad Bănăţeanu, « Le calendrier arménien et les anciens noms des mois », *Studia et Acta Orientalia* 10, Bucarest, 33-46.

Bayan 1910-1930 : Garabed Bayan [éd., trad.], *Le Synaxaire arménien de Ter Israël*, « Patrologia Orientalis », V/3, 349-556 ; VI/2, 187-355 ; XV/3, 297-438 ; XVI/1, 5-184 ; XVIII/1, 5-208 ; XIX/1, 5-150 ; XXI/1.

Belli 1999 : Oktay Belli, *The Anzaf Fortresses and the Gods of Urartu*, İstanbul : Arkeoloji ve sanat yayınları.

Benveniste 1927 : Émile Benveniste, « L'origine du *višap* arménien », *Revue des études arméniennes* 7, 7-9.

Beridze, Alibegašvili, Volskaja, Xuskivadze 1984 : Vaxtang Beridze, Gaiane Alibegašvili, Aneli Volskaja, Leila Xuskivadze, *The Treasures of Georgia*, Londres : Century Publishing [édition italienne : Milan, Arnoldo, 1983].

Bottéro, Kramer 1989 : Jean Bottéro, Samuel Noah Kramer, *Lorsque les dieux faisaient l'homme. Mythologie mésopotamienne*, Paris : Gallimard (« Bibliothèque des Histoires »).

Bouatchidzé 1989 : Gaston Bouatchidzé [trad.], *Le Chevalier à la peau de panthère*, Paris : Publications orientalistes de France/Moscou : Radouga.

Braund 1994 : David Braund, *Georgia in Antiquity. A History of Colchis and Transcaucasian Iberia*, Oxford : Clarendon Press.

Brosset 1834 : Marie Félicité Brosset, « Notice littéraire sur quelques auteurs géorgiens », *Journal Asiatique* 16 (août), 143-165 et 232-250.

Brosset 1837 : Marie Félicité Brosset, « Analyse du roman géorgien *Amiran Daredjaniani* », *Bulletin scientifique de l'Académie impériale des sciences de Saint-Pétersbourg* 3 (séance du 15-09-1837), col. 7-16.

Byhan 1936 : Arthur Byhan, *La Civilisation caucasienne*, Paris : Payot.

Charachidzé 1968 : Georges Charachidzé, *Le Système religieux de la Géorgie païenne. Analyse structurale d'une civilisation*, Paris : François Maspero.

Charachidzé 1986 : Georges Charachidzé, *Prométhée ou le Caucase*, Paris : Flammarion.

Charachidzé 1999 : Georges Charachidzé, « L'invention du "Dieu Lune" en Géorgie », *Comptes Rendus de l'Académie des Inscriptions et Belles-Lettres*, 429-434.

Chaumont 1984 : Marie-Louise Chaumont, « L'expédition de Pompée le Grand en Arménie et au Caucase, 66-65 avant J.-C. », *Quaderni Catanesi* 6/11, 17-94.

Cheishvili, Buchukuri 1983 : Guram Cheishvili, Merab Buchukuri, « On some Peculiarities of Monuments of Medieval Mural Paintings in Upper Svaneti », *IVe Symposium international sur l'art géorgien*, Tbilissi : Académie [brochure de 18 pages].

Čikovani 1947 : Mixeil I. Čikovani, *Miǯač'vebuli Amirani* (« Amirani enchaîné »), Tbilissi : Académie [en géorgien].

Čikovani 1959, 1965 : Mixeil I. Čikovani, *Kartuli ep'osi* (« L'épopée géorgienne »), Tbilissi : Académie, t. 1-2 [en géorgien].

Čikovani 1966 : Mixeil I. Čikovani, *Narodnyj gruzinskij êpos o prikovannom Amirani* (« L'épopée populaire géorgienne sur Amirani enchaîné »), Moscou : Académie [en russe].

Corpus des inscriptions cunéiformes ourartiennes, voir Arutjunjan 2001.

Creissels 1977 : Denis Creissels, *Les Langues d'URSS*, Paris : Centre d'études slaves.

Čursin 1957 : G. P. Čursin, « Masalebi Apxazetis etnograpiis šesaxeb » (« Matériaux sur l'ethnographie abkhaze »), réimpression dans Šinkuba 2001, 54-60 [en géorgien].

Darinsky 1900 : A. Darinsky, *Die Familie bei den kaukasischen Völkern*, Stuttgart.

Der Nersessian 1973 : Sirarpie Der Nersessian, « Le Synaxaire arménien de Grégoire VII d'Anazarbe », dans *Études byzantines et arméniennes*, t. 1, Louvain : Peeters, 417-435.

Diakonoff 1984 : Igor M. Diakonoff, *The Pre-History of the Armenian People*, Delmar NY : Caravan Books [traduit du russe par Lori Jennings et revu par l'auteur].

Dictionnaire 1986 : *Kartuli enis ganmart'ebiti leksik'oni ertt'omeuli* (« Dictionnaire explicatif de la langue géorgienne »), Tbilissi : Académie [en géorgien].

Dumézil, Namitok 1955 : Georges Dumézil, A. Namitok, « Récits oubykhs », *Journal Asiatique* 243/1, 1-48.

Feydit 1964 : Frédéric Feydit [trad.], *David de Sassoun, Épopée en vers*, Paris : Gallimard/Unesco.

Gamkrelidze, Ivanov 1984 : Tamaz V. Gamkrelidze, V. V. Ivanov, *Indoevropejskij jazyk i Indoevropejcy* (« La langue indo-européenne et les Indo-Européens »), Tbilissi [en russe].

Gamkrelidze 1989 : Thomas V. Gamkrelidze, *Alphabetic Writing and the Old Georgian Script*, Tbilissi : Académie-Université [en géorgien et en russe ; titre en anglais].

Ǧarsk'ia 1892, cité par Čursin 1957.

Gippert 1993 : Jost Gippert, *Iranica Armeno-Iberica. Studien zu den iranischen Lehnwörtern im Armenischen und Georgischen*, Vienne : Österreichische Akademie der Wissenschaften, t. 1-2.

Gippert 2011 : Jost Gippert, « The Script of the Caucasian Albanian in the Light of the Sinai Palimpsests », dans Werner Seibt, Johannes Preiser-Kapeller, *The Creation of the Caucasian Alphabets as a Phenomenon of Cultural History*, Vienne : Österreichische Akademie der Wissenschaften, 39-50.

Gippert, Schulze, Aleksidze, Mahé 2008 : Jost Gippert, Wolfgang Schulze, Zaza Aleksidze, Jean-Pierre Mahé [éd.], *The Caucasian Albanian Palimpsests of Mt. Sinai*, « Monumenta Palaeographica Medii Aevi, Series Ibero-Caucasica », Turnhout : Brepols, t. 1.

Ǧlont'i 1984[2] : Aleksandr Ǧlont'i, *Kartuli Kiloebis Leksik'oni* (« Dictionnaire dialectologique géorgien »), Tbilissi : Ganatleba [en géorgien].

Gulbenkian 1995 : Roberto Gulbenkian, *Estudos Históricos*, Lisbonne : Academia Portuguesa da Historia, t. 1 (*Relações entre Portugal, Arménia e Médio Oriente*).

Gulbenkian, Berbérian 1971 : Roberto Gulbenkian, Haig Berbérian, « La légende de David de Sassoun d'après deux voyageurs portugais du xvie siècle », *Revue des études arméniennes* 8, 175-188.

Holst 2009 : Jan Henrik Holst, *Armenische Studien*, Wiesbaden : Harrassowitz.

Ioak'imov 1873, cité par Čursin 1957.

J̌ahukyan 1987 : Gevorg B. J̌ahukyan, *Hayocʿ lezvi patmutʿyun. Naxagrayin žamanakašrǰan* (« Histoire de la langue arménienne. Période prélittéraire »), Érévan : Académie [en arménien].

J̌avaxišvili 1979 : Ivane J̌avaxišvili, *Txzulebani* (« Œuvres »), t. 1, Tbilissi : Académie [en géorgien].

Klimov 1969 : G. V. Klimov, *Die kaukasischen Sprachen* (trad. W. Boeder), Hambourg.

Lamberterie 1982 : Charles de Lamberterie, « Poids et force : reconstruction d'une racine verbale indo-européenne », *Revue des études arméniennes* 16, 21-55.

Lamberterie 2013 : Charles de Lamberterie, « Grec, phrygien, arménien : des Anciens aux Modernes », *Journal des Savants*, 3-70.

Lang 1956 : David M. Lang, *The Lives and Legends of Georgian Saints*, Londres : George Allen and Unwin Ltd / New York : The Macmillan Company.

Lang 1966 : David M. Lang, *The Georgians*, Londres : Thames and Hudson.

Lixačev 1881, cité par Čursin 1957.

Mahé 1980 : Jean-Pierre Mahé [éd., trad.], « Origène et la baleine », *Revue des études arméniennes* 14, 345-365.

Mahé 1982 : Jean-Pierre Mahé, « Le crime d'Artawazd et les K'ajk' ou le mythe du temps profané », *Revue des études arméniennes* 16, 175-206.

Mahé 1993 : Jean-Pierre Mahé, *Moïse de Khorène, Histoire de l'Arménie* (avec Annie Mahé), Paris : Gallimard (« L'Aube des peuples »).

Mahé 1993a : Jean-Pierre Mahé [trad.], avec Annie Mahé, *La Sagesse de Balahvar, une vie christianisée du Bouddha*, Paris : Gallimard (« Connaissance de l'Orient » 60).

Mahé 1999 : Jean-Pierre Mahé, « Une fausse étymologie : l'arménien Neṙn "Antéchrist" et l'empereur Néron », *Neronia V : Néron, histoire et* légende, « Collection Latomus » 247, Bruxelles, 278-280.

Mahé 2005-2007 : Jean-Pierre Mahé [trad.], « Koriwn, la Vie de Maštoc', traduction annotée », *Revue des études arméniennes* 30, 59-97.

Mahé 2008 : Jean-Pierre Mahé, « Le mythe d'Ištar dans l'oralité caucasienne », *Comptes Rendus de l'Académie des Inscriptions et Belles-Lettres*, 215-230.

Mahé 2009 : Jean-Pierre Mahé, « À la conquête du centre : géographie et révélation dans le Caucase chrétien », dans Jean-Marie Durand, Antoine Jacquet [dir.], *Centre et périphérie. Approches nouvelles des orientalistes,* « Cahiers de l'Institut du Proche-Orient ancien du Collège de France » 1, Paris : Jean Maisonneuve, 179-195.

Mahé 2010 : Jean-Pierre Mahé, « Magie caucasienne : la secte albanienne des Coupeurs de pouces », dans Jean-Marie Durand, Antoine Jacquet [dir.], *Magie et divination dans les cultures de* l'Orient, « Cahiers de l'Institut du Proche-Orient ancien du Collège de France » 3, Paris : Jean Maisonneuve, 185-199.

Mahé 2012 : Jean-Pierre Mahé, *Histoire de l'Arménie, des origines à nos jours* (avec Annie Mahé), Paris : Perrin (« Pour l'Histoire »).

Mariès 1924 : Louis Mariès, *Études de critique littéraire et textuelle*, Paris : Bibliothèque Nationale / Paul Geuthner [= *Revue des études arméniennes* 4, 1924, 113-205, et 5, 1925, 11-130].

Mariès, Mercier 1959 : Louis Mariès, Charles Mercier [éd., trad.], *Eznik de Kołb, De Deo*, « Patrologia Orientalis » 28, 3-4.

Marr, Brière 1931 : Nicolas Marr, Maurice Brière, *La Langue géorgienne*, Paris : Firmin-Didot.

Minassian 1981 : Martiros Minassian (Minasean) [éd.], « Le *Questionnaire* de Grégoire l'Illuminateur », *Bazmavēp* 139/1-2, 57-72 [en arménien].

Minassian 2003 : Martiros Minassian (Minasean) [éd.], *Eznik, Ełc ałandoc*ʿ (« Eznik, *Réfutation des sectes* »), dans « Matenagirkʿ Hayocʿ », t. 1, 429-512, Antélias [en arménien, d'après un volume paru à Genève en 1992].

Mirzoyan 1986-1987 : Alvida Mirzoyan, « Les représentations des saints militaires dans le manuscrit n° 6305 du Maténadaran », *Revue des études arméniennes* 20, 441-455.

Movsēs Xorenacʻi (Moïse de Khorène), voir Mahé 1993.

Olrik 1922 : Axel Olrik, *Ragnarök. Die Sagen vom Weltuntergang*, Berlin / Leipzig.

Oniani 1975 : Vaxt'ang Oniani [éd.], *Amirani* [préface de Šota Dzidziguri], Tbilissi : Sabč'ota Sakartvelo) [en géorgien].

Outtier 1993 : Bernard Outtier, « Langue et littérature géorgiennes », dans Micheline Albert, Robert Beylot, René G. Coquin et alii, *Christianismes orientaux*, Paris : Cerf, 261-296.

Pätsch 1975 : Gertrud Pätsch [trad.], « Die Bekehrung Georgiens. Mokcevay Kartlisay (Verfasser unbekannt) », *Bedi Kartlisa* 33, 288-337.

Pauly, Wissowa 1914-1972 : *Paulys Real-Encyclopädie der classischen Altertumswissenschaft. Neue Bearbeitung unter Mitwirkung zahlreicher fachgenossen*, Stuttgart.

Potanin 1883, cité par Čursin 1957.

Q'auxčišvili 1973 : S. Q'auxčišvili [éd.], *Kartlis Cxovreba* (« Vie de la Géorgie »), t. 3, Tbilissi : Sabč'ota Sakartvelo [ce volume est entièrement consacré à la description du royaume de Géorgie par le prince Vaxušt' Bat'onišvili, en géorgien].

Rapp 2003 : Steve Rapp, *Studies in Medieval Georgian Historiography*, « Corpus Scriptorum Christianorum Orientalium » 601, Louvain : Peeters.

Renoux 1969-1971 : Charles Renoux, *Le Codex arménien Jérusalem 121*, « Patrologia Orientalis » 35/1 fasc. 163, et 36/2 fasc. 168.

Renoux 1989 : Charles Renoux, *Le Lectionnaire de Jérusalem en Arménie : le čašocʻ, 1. Introduction et liste des manus-*

crits, « Patrologia Orientalis » 44/4, fasc. 200, Turnhout : Brepols.

Renoux 2012 : Charles Renoux, *Le Lectionnaire albanien des manuscrits géorgiens palimpsestes NSin 13 et NSin 55 (Xe-XIe siècles). Essai d'interprétation liturgique*, « Patrologia Orientalis » 52/4, fasc. 234.

Russell 1982 : James R. Russell, « Zoroastrian Problems in Armenia : Mihr and Vahagn », dans Thomas J. Samuelian, *Classical Armenian Culture. Influences and Creativity*, « Armenian Texts and Studies » 4, University of Pennsylvania, Chico Ca. : Scholars Press, 1-7.

Russell 1986-1987 : James R. Russell, « Some Iranian Images of Kingship in the Armenian Artaxiad Epic », *Revue des études arméniennes* 20, 253-270.

Sarjveladze 2012 : Sophio Sarjveladze, « The Problem of Establishing the Recensions of the Georgian Versions of the Gospels », dans Amphoux et alii 2012, 167-190.

Sharabidze 2012 : Tamar Sharabidze [éd.], *Amiran* [traduction anglaise par Levan Gigineishvili], Tbilissi : Cezanne.

Šinkuba 2001 : Bagrat' Šinkuba, *Abrsk'ili*, Tbilissi [réimpression de l'édition abkhaze originale de 1947, avec une version géorgienne et plusieurs essais critiques].

Sruanjteancʿ 1874 : Garegin Sruanjteancʿ, *Grocʿ u brocʿ* (« Des lettrés et des rustres »), Constantinople [en arménien].

Stevenson 1958 : R. H. Stevenson [trad.], *Amiran-Darejaniani. A Cycle of Medieval Georgian Tales, Traditionally Ascribed to Mose Khoneli*, Oxford : Oxford University Press.

Tarchnišvili 1955 : Michael Tarchnišvili, *Geschichte der kirchlichen georgischen Literatur*, « Studi e Testi » 185, Città del Vaticano.

Tchitouny 1942 : Dicran Tchitouny, *Sassounacan. Épopée populaire arménienne*, Paris : Arakʿs [en arménien ; titre en français].

Tchoubinof 1840 : David Tchoubinof, *Dictionnaire géorgien-russe-français*, Saint-Pétersbourg : Académie.

Thelamon 1981 : Françoise Thelamon, *Païens et chrétiens au* IVe *siècle. L'apport de l'Histoire ecclésiastique de Rufin d'Aquilée*, Paris : Institut des études augustiniennes.

Thelamon 2014 : Françoise Thelamon, « Conversion des Ibères du Caucase et adhésion au Christ Dieu », *Mélanges Jean-Pierre Mahé*, « Travaux et Mémoires » 18, Paris : ACHCByz, 649-662.

Thomson 1982 : Robert W. Thomson [trad.], *Ełishē, History of Vardan and the Armenian War*, Cambridge, Mass. : Harvard University Press.

Thomson 1995 : Robert W. Thomson, *A Bibliography of Classical Armenian Literature to 1500 A.D.*, « Corpus Christianorum », Turnhout : Brepols.

Toumanoff 1963 : Cyril Toumanoff, *Studies in Christian Caucasian History*, Washington : Georgetown University Press.

Tsouladzé 1965 : Serge Tsouladzé [trad.], *Le Chevalier à la peau de tigre de Chota Roustaveli*, Paris : Gallimard / Unesco.

Wolohojian 1969 : Albert Mugrdich Wolohojian [trad.], *The Romance of Alexander the Great by Pseudo-Callisthenes, Translated from the Armenian Version*, New York / London : Columbia University Press.

Xačʿikyan 1995 : Levon S. Xačʿikyan, « Yałags taremtin i Vanakan vardapetē asacʿeal » (« Discours de Vanakan Vardapet “Sur le seuil de l'année” »), *Ašxatutʿiwnner* (« Travaux »), t. 1, Érévan : Ganjasar, 180-192 [en arménien].

Xalatjanc 1896 : Grigor Xalatjanc, *Armjanskij epos v Istorij Armenij Moiseja Xorenskago* (« L'Épopée arménienne dans l'*Histoire de l'Arménie* de Movsēs Xorenacʿi »), t. 2 (Matériaux), Moscou [en russe].

Yeghiazaryan 2008 : Azat Yeghiazaryan, *Daredevils of Sasun : Poetics of an Epic* (trad. S. Peter Cowe), Costa Mesa Ca. : Mazda Publishers.

Zuxba 1988 : Sergei Zuxba/Zyxuba, *Apxazuri zep'irsit'q'vie-reba* (« L'oralité abkhaze »), Tbilissi : Université [trad. géorgienne par Teimuraz Gvanceladze et Avtandi].

Table des illustrations

Samtavro à Mcxeta (Mtskheta) : Amiran et ses deux frères sont en train de chasser

Figure 5
p. 110-111

Le bouclier d'Anzaf. Détail schématique de l'unique fragment du bouclier ourartien d'Anzaf (VIe s. avant notre ère) : les dieux d'Ourartou, Khaldi en tête, mettent en déroute les Assyriens

Figure 6
p. 111

Le dieu ourartien Khaldi sur le bouclier d'Anzaf (dessin d'Aline Elmayan)

Figure 7
p. 132

Carte : l'Abkhazie, patrie d'Abrsk'il

Figure 8
p. 150

Manuscrit illustré (XIXe s.) du recueil épique de Mose Khoneli, *Amiran Darejaniani* : Amiran lutte contre des monstres, avaleurs d'hommes. On lit, dans la légende, en écriture chevaleresque géorgienne : « mise à mort du dragon par Amiran, fils de Darejan, délivrance et fuite de ses soldats »

Figure 9
p. 171

Spécimen d'écriture géorgienne : calligraphie archaïsante du peintre Vakhtang Oniani, Tbilissi 1975 ; cf. notre traduction, *Amiran*, § 43.

Table des matières

Chapitre 4

Chapitre 5

Traductions

Composition et mise en pages
Nord Compo à Villeneuve-d'Ascq

Ce volume,
le deuxième
de la collection Bibliothèque de l'Orient chrétien
publié aux éditions Les Belles Lettres
a été achevé d'imprimer en décembre 2016
sur les presses de la Nouvelle Imprimerie Laballery,
58500 Clamecy, France

N° d'éditeur : 8452
N° d'imprimeur : 612030
Dépôt légal : janvier 2017